国家出版基金项目
NATIONAL PUBLICATION FOUNDATION

曾巩研究书系
ZENG GONG YANJIU SHUXI

闵定庆 主编

曾巩校书考

ZENG GONG JIAO SHU KAO

闫真真 邓骏捷 著

江西高校出版社
JIANGXI UNIVERSITIES AND COLLEGES PRESS

图书在版编目（CIP）数据

曾巩校书考 / 闫真真，邓骏捷著．-- 南昌：江西高校出版社，2021.12
（曾巩研究书系 / 闵定庆主编）
ISBN 978-7-5762-0916-7

Ⅰ．①曾…　Ⅱ．①闫…　①邓…　Ⅲ．①古籍—校勘—研究—中国—北宋　②曾巩（1019 -1083）—人物研究　Ⅳ．① G256.3 ② K825.6

中国版本图书馆 CIP 数据核字（2021）第 014132 号

出版发行	江西高校出版社
社　　址	江西省南昌市洪都北大道 96 号
总编室电话	（0791）88504319
网　　址	www.juacp.com
印　　刷	浙江海虹彩色印务有限公司
经　　销	全国新华书店
开　　本	700mm × 1000mm　1/16
印　　张	15
字　　数	196 千字
版　　次	2021 年 12 月第 1 版 2021 年 12 月第 1 次印刷
书　　号	ISBN 978-7-5762-0916-7
定　　价	45.00 元

赣版权登字 -07-2021-76

主编简介

闵定庆，男，江西永修人，1964年生，苏州大学中国古代文学博士、中山大学中国古代文学博士后。现任华南师范大学文学院中国近代文学研究室主任，教授。主要研究方向为唐宋文学、近代文学、古籍整理。

作者简介

闫真真，女，河南漯河人，1985年生，浙江大学古典文献学硕士，澳门大学文学博士，现任教于平顶山学院。主要从事古代文学与古典文献学的研究与教学，参与出版古籍整理三种，发表论文六篇，主持并完成河南省社科联调研项目两项。其中，独立负责“国家新闻出版改革发展项目、财政部文化产业发展专项资金重点资助项目”《天一阁藏明代科举录选刊》之《会试录》的整理、点校。

邓骏捷，男，广东南海人，1972年生，山东大学博士。澳门大学中国语言文学系教授、博士生导师，澳门文献信息学会会长，澳门近代文学学会会长，中华文学史料学学会古代文学史料研究分会常务理事，Corresponding member of Sub-Committee on Education and Research (SCEaR),Corresponding member of Memory of the World, UNESCO。从事古代文学与古典文献学研究，担任《两汉全书》《清人著述总目》《中国古籍珍本丛刊》的编委。主要著作有《刘向校书考论》《明清文学与文献考论》《澳门古籍藏书》，古籍整理成果有《七略别录佚文·七略佚文》(校补)、《晋会要》(合作整理)、《〈两当轩集〉珍本选刊》(合编)等，主编《澳门文献信息学刊》。

总 序

曾巩（1019—1083），字子固，北宋建昌军南丰（今江西省南丰县）人，北宋文学家、史学家、政治家，人称“南丰先生”。曾巩早年遭逢变故，一方面“经营食众口，四方走遑遑”，一方面刻苦治学，备尝艰辛困苦，迟至三十九岁才得中进士。虽偃蹇不偶，却久负才名，在文学、经学、史学、金石、治政等方面皆取得巨大成就。他追随欧阳修进行诗文革新，成为北宋古文运动的骨干，其文在当时极受欢迎，“学士大夫手抄口诵，唯恐得之晚”。在学术方面，敬承欧学之“醇”，与欧阳修一起推动“孟子升格”运动，又折冲于张载、二程之间，上续孟韩，下启濂洛，对“宋学”的形成起到了不可替代的作用；馆阁九年，校勘古籍，成就斐然，尽传向、歆校雠学的精髓。在为政方面，他不愿卷入无谓的政治争斗，自求外放，相继主政七州，居官勤政廉洁，积极造福一方，深受百姓的爱戴，南昌“子固路”，济南“南丰祠”“南丰桥”“曾堤”等“活地名”，就是当地百姓对这位地方长官的肯定。

曾巩是两宋时期一颗极其耀眼的“明星”，当时有“两宋文人半江西”之说，曾巩与众多江西文人一起谱写了江西文化史上最璀璨的篇章。他有力推动了“宋学”的建立，在很大程度上改变了中国封建后期文化史的建设，为后学奉为“千古醇儒”。一代宗师欧阳修视其为“传人”，亲授经史、文学之“秘”。王安石有诗赞云：“曾子文章众无有，水之江汉星之斗。”陈师道有诗称道：“向来一瓣香，敬为曾南丰。”朱熹更奠定了“曾巩崇拜”的基调，他说：“公之文高矣，自孟、韩以来，作者之盛，未有至于斯。”故《宋史·曾巩传》做了以下“定论”：“曾巩立言于欧阳修、王安石间，纡徐而不烦，简奥而不晦，卓然自成一家，可谓难矣。……宋之中叶，文学法理，咸精其能，若刘氏、曾氏之家学，盖有两汉之风焉。”明初朱右创辑《八先生文集》，由此开启中国文化史上独具特色的“唐宋八大家”选学系统与文脉体系。清初张伯行编《唐宋八大家文钞》，于曾文情有独钟，选文一百二十八篇，略等于欧、三苏、王之文的总和。清乾隆帝《唐宋文醇》不但选曾文最多，且于评点中再三致意，抉出“醇儒”风致。曾巩，作为一个“文学－文化现象”，很早就为人所瞩目，并一度形成了“曾巩崇拜”。无论是就中国文化史而言，还是就中国文学史而言，曾巩作为一个标志性人物，一直是人们无法绕过去的“明星般的存在”。

1983年，江西省有关部门发起、组织了曾巩逝世九百周年的纪念活动，会议论文集结为《曾巩研究论文集》，引发了曾巩研究的热潮。2019年，适逢曾巩诞辰一千年。我们认为，最好的纪念便是恢复曾巩本来的面目，既可消除“唐宋八大家”“千古醇儒”等标签化认知，又可祛“唐宋八大家中最不受重视的一个”等论述的“悲情”之魅。在全球化的文化语境中，如何以现代的、宏通的视野，按严格的学术规范，对曾巩其人其文进行新的整合、新的理解、新的思考，描摹其内在精神、个性特征、独特内涵，并做好传统价值的转换工作，揭示其现实意义，运圆览之力，收会通之功，塑造出一个南丰的、江西的、中国的、世界的曾巩形象，是我们应该担当起的一项迫切而光荣的使命。

有鉴于此，我们诚邀海内外曾巩研究专家共襄盛举。他们当中既有学有夙成的文化名家，也有崭露头角的学术新锐，大家分工协作，从曾巩的家族、年谱、传记、思想、诗歌、散文、学术及接受史等方面切入，运用了新材料和新发现，多维、立体、全面地展现曾巩的文学造诣、学术成就，及他对中华优秀传统文化的发展所做出的重大贡献。各书稿均为重新撰作，充分吸收学界的研究成果，并在此基础上有所出新，体现出材料新、语境新、观点新的特点。我们深知，由于学力有限，见闻不广，必然出现这样或那样的问题，在此，热切期盼各位方家、读者批评指正，在以后的研究和写作中一定加以改进、提高。

闵定庆

己亥五月于华南师范大学

目 录

第一章

时代与家世：曾巩校书的历史背景

曾巩（1019—1083），字子固，北宋建昌军南丰县（今江西省南丰县）人，后居临川，北宋文学家、史学家、政治家，“唐宋八大家”之一。

曾巩生活的北宋中期，国家政局稳定，经济、文化繁荣。宋代文化之发达，早有确论。陈寅恪曾云：“华夏民族之文化，历数千载之演进，造极于赵宋之世。”[①] 邓广铭甚至对宋代之文明给予最高级的赞美：“两宋期内的物质文明和精神文明所达到的高度，在中国整个封建社会历史时期之内，可以说是空前绝后的。”[②] 宋代文化的繁荣是多方面的结果，但最重要的原因则与两宋持之以恒的右文政策分不开。在这一政策的推动下，宋代社会大力推行科举取士制度，提高士人的待遇，增加升迁机会，给予士人空前活跃的政治发展空间和极为包容的文化创作自由，极大地促进了宋代人读书治学的积极性，从而在全社会形成了浓厚的崇文风气。在这一风气的影响下，朝野上下展开了丰富多样的文化活动。家族性的文化活动也得到了发展，出现了许多文化家族，南丰曾氏即是其中的典型代表。

① 陈寅恪：《邓广铭宋史职官志考证序》，《金明馆丛稿二编》，生活·读书·新知三联书店，2015年，第277页。

② 邓广铭：《谈谈有关宋史研究的几个问题》，《社会科学战线》，1986年第2期。

曾氏家世业儒，为孔门高徒、宗圣公曾参的后裔。自曾巩之祖曾致尧于宋太宗太平兴国八年（983）得中进士后，至宝祐元年（1253），曾氏一门出了五十五位进士，其中曾巩辈至少有十二人。[①]曾巩于嘉祐二年（1057）进士及第，同年进士不但有自己的弟弟曾布、曾牟，堂弟曾阜、妹婿王回、王无咎等六人，还有蜀学的代表苏轼、苏辙兄弟，洛学鼻祖程颢及其弟子朱光庭，关学的开创者张载及其弟子吕大钧，一代名将王韶，水利学家郏亶，等等。宋学四大流派之三派：洛学、关学、蜀学，会聚一堂；而于文学言，则“唐宋八大家”集齐一半。同时，这一榜进士中，出任宰执官的就有九人之多，包括曾巩的弟弟曾布、王安石变法的助手吕惠卿，真可谓人才济济，群星熠熠，极一时之盛。他们对北宋中后期的政治、经济、军事、文学、经学、教育等方面的影响是巨大而深远的，故而时至今日还有不少学者对嘉祐二年的贡举念念不忘。[②]

曾巩也是群星中一员，他在古文革新运动中十分活跃，其古文创作也成为后世散文的楷模之一；其为政谨严方直，任职地方时政绩突出；其入职馆阁时，校书严谨有法，《战国策》等书皆赖其校勘方能完整地传之后世。同时，曾巩每校一书，除了勘定文字外，必仿效西汉刘向校书故事，每一书成，作书序一篇以介绍图书篇次、版本、校勘情况，继而对作者生平、全书大旨、是非得失等阐发自己的见解，书序中包含了曾巩深刻

① 据统计，从太平兴国八年（983）曾致尧中进士开始，至宝祐元年（1253），南丰曾氏登进士第者共五十五人，曾巩辈进士包括：天圣二年的曾咢（曾巩伯父曾易直之子），庆历六年的曾叔卿（曾巩叔叔曾易简之子），皇祐五年的曾炳，嘉祐二年的曾巩、曾布、曾牟、曾阜，嘉祐四年的曾庠（曾巩伯父曾易从之子），嘉祐六年的曾宰、曾幸，嘉祐八年的曾准，治平四年的曾肇等。（廖应生、周世泉《北宋南丰曾氏考》，载《抚州师专学报》，2002年第3期）

② 对于嘉祐二年贡举的研究论著不断，如曾枣庄的专著《文星璀璨：北宋嘉祐二年贡举考论》，复旦大学出版社，2010年；王水照的论文《嘉祐二年贡举事件的文学史意义》，《王水照自选集》，上海教育出版社，2000年；王连旗的博士论文《北宋嘉祐二年进士研究》，河南大学，2011年；周菡的硕士论文《试论嘉祐二年科举榜》，中国人民大学，1999年；等等。

的学术思想和政治见解。因此可以说，曾巩所作的书序不仅是对典籍流变的梳理，以求“辨章学术，考镜源流”，还是阐发其经学观、史学观、文学观、治世论等理论的专论性文章。对曾巩的研究，不能局限在古文一隅，或只就书序的文学价值进行论述，还要结合他所生活的时代背景，考察曾巩校书的渊源及其校书的原则、方法，最后探讨其校书活动中所寄寓的思想。不无遗憾的是，目前无论是对曾巩的研究，还是对古文献学发展史的研究，曾巩校书之成果及其所包含的文学、史学、经学价值、文献学意义等都往往被一笔带过，甚或付之阙如，不但在众多曾巩研究中难得一见，而且在众多文献学、文献学史论著中也被有意无意地忽略了。

第一节　宋代右文政策与科举取士

《尚书·尧典》曰：“帝曰：‘畴咨若时？登庸。”注曰：“畴，谁。庸，用也。谁能咸熙庶绩，顺是事者，将登用之。”① 尧时官职有缺，故而访求人才。若有贤人可以胜任职务，就选拔为官，管理国家事务。治国必要贤才辅助，而贤才如何选拔也就成为国家政治生活中至关重要的大事。三代之时，有所谓的“乡举里选”，战国至秦有军功制，两汉有察举制、征辟制，魏晋南北朝有九品中正制。随着社会的进步，文明的发展，文化的繁荣，官员选任有了更为公正、客观的制度——科举制。“全以文字高下为进退，盖有以一日之长，而决取终身之富贵者。”② 这种选士制度源于隋唐，兴盛于两宋，成熟于明清，几乎延续到中国封建社会的结束。

① 〔汉〕孔安国著，〔唐〕孔颖达等正义：《尚书·尧典》，〔清〕阮元校刻《十三经注疏》本，中华书局，1982 年影印本，第 122 页。

② 〔元〕马端临：《选举五》，《文献通考》卷三十二，中华书局，1986 年影印本，第 304 页。

唐代自太宗皇帝起，科举取士已成为朝廷选拔官员的一条途径，且慢慢重要起来。一批批寒门子弟通过科举考试入仕，逐渐成为执政的新贵，士族政治开始出现瓦解。“三百年来，科第之设，草泽望之起家，簪绂望之继世。孤寒失之，其族馁矣；世禄失之，其族绝矣。”[①]但唐末、五代战乱频繁，短命王朝如走马灯似的交替更迭，地方军阀割据，武夫窃国，皇权不稳，文人更加没有地位。五代武将史弘肇曾对宰相苏逢吉厉声说道：“安朝廷，定祸乱，直须长枪大剑，至如毛锥子，焉足用哉！”[②]究其原因，正如清赵翼所总结的：“王政不纲，权反在下，下凌上替，祸乱相寻，藩镇既蔑视朝廷，军士亦胁制主帅，古来僭乱之极，未有如五代者……”[③]科举试几成摆设，读书人当真是“百无一用”。

以史为鉴，宋代自太祖、太宗皇帝开始即大力推行崇文政策。甚至在统一战争尚未结束之时，宋太祖就已经开始打压武臣的权势，提拔文臣掌权。因为太祖认识到“五代方镇残虐，民受其祸，朕令选儒臣干事者百余，分治大藩，纵皆贪浊，亦未及武臣一人也”[④]，主张“宰相须用读书人”[⑤]。后世继位者也认为“王者虽以武功克定，终须用文德致治”[⑥]。经过历代帝王的大力提倡、坚持如一地贯彻执行，右文政策成为两宋持之不移的“祖宗家法”、既定国策。如史学家柳诒徵先生所说：“盖宋之政治，士大夫之政治也。政治之纯出于士大夫之手者，惟宋为然。”[⑦]而尊重知识、重视人才的右文政策也对宋代文化的发展“起着决定性的促进作用”[⑧]。

① ［五代］王定保：《好及第恶登科》，《唐摭言》卷九，上海古籍出版社，2012年，第64页。
② ［宋］薛居正等：《史弘肇传》，《旧五代史》卷一百七，中华书局，1976年，第1406页。
③ ［清］赵翼著，王树民校证：《五代诸帝多由军士拥立》，《廿二史札记校证》卷二十一，中华书局，1984年，第467页。
④ ［宋］李焘：《续资治通鉴长编》卷十三，中华书局，1995年，第293页。
⑤ ［宋］李焘：《续资治通鉴长编》卷七，第171页。
⑥ ［宋］李焘：《续资治通鉴长编》卷二十三，第528页。
⑦ 柳诒徵：《中国文化史》下卷，东方出版中心，1988年，第516页。
⑧ 杨渭生：《宋代文化新观察》，河北大学出版社，2008年，第4页。

一、科举取士，引导时代重文风尚

在右文政策的推动下，选拔文臣的最佳方式，自然是“一切以程文为去留”①的科举选士。故而，宋初几代君王对科举制进行了一系列改革，把取士的大权收归皇帝手中，采取锁院、糊名、誊录等制度，提高考试的公平、公正性。同时，提高科第入仕者的待遇，不但及第即释褐②，而且在迁官、授予差遣的时候往往占据优势③，很多差遣是非科第出身者不授的。“本朝取人虽曰数路，然大要以进士为先”④，往往“士之策名前列者，或不十年而至公辅”⑤。且宋代官制于流品上区分精密，进士出身、门荫入仕、军功或纳粟出官等人在迁转、改官上有不同的安排。京朝官自诸寺、监主簿至三师，有出身者迁转三十五阶，无出身者却要迁转四十二阶⑥。很多官职成为非科举出身官员的专属，而这些官职有时候会成为有科举出身的士大夫的笑资。如官制未改之前，初升朝官，有出身人为太子中允，无出身人为太子中舍：苏子美在进奏院，会馆职，有中舍者欲预席，子美曰：“乐中既无筝、琶、筚、笛，坐上安有国、舍、虞、比。”国谓国子博士，舍谓中舍，虞谓虞部，比谓比部员外、郎中，皆任子官也。⑦

可见，任子官在一般的士大夫集会中常是被轻视的对象，甚至是连参加的资格都没有。

① 〔宋〕陆游撰，高克勤校点：《老学庵笔记》，《宋元笔记小说大观》第四册，上海古籍出版社，2001 年，第 3501 页。

② 〔宋〕李焘：《续资治通鉴长编》卷六十，第 1343—1344 页。

③ 王曾瑜：《从门第到有无出身》，《燕京学报》，2007 年第 22 期。

④ 〔清〕徐松辑：《宋会要辑稿》，中华书局，1957 年，第 4311 页。

⑤ 〔宋〕洪迈：《高科得人》，《容斋随笔》卷九，《唐宋笔记史料丛刊》，中华书局，2005 年，第 120 页。

⑥ 〔元〕脱脱等：《职官九》，《宋史》卷一百六十九，中华书局，1977 年，第 4023—4029 页。

⑦ 〔宋〕洪迈：《中舍》，《容斋三笔》卷十六，第 617 页。

元丰改制后，“并一等改转，别无分别”[①]，此举引起科举出身人的不满：

> 窃见官制已行，流品混并，不足以激劝来者，适足以长奔竞之风……夫圣人用名为教，故为之差别品类，辨明科目。一定其号，人不敢有觊望之心，侥幸之意。今贤愚混淆，清浊同流，非所以为善处天下之物也。[②]

故行之不久，元祐四年（1089），官制规定官阶分左右，有出身带“左”，无出身带“右”，[③]“自行官制以来，一切以寄禄名官，至于流品，无复旌别。乃者朝廷以为未便，始诏吏部，因其旧各分为左、右，自是清浊有辨，众论称允”[④]。其后，加左、右的寄禄官阶稍有变化，但分流品的做法一直得以贯彻，直到南宋孝宗淳熙初年方罢去。但是有出身与无出身人的迁转仍然是迟速不一，“无出身人逐资转，有出身人超资转”[⑤]。所以，在宋代，进士出身往往被认为是获得高官厚禄、权势与地位的通行证。相传宋真宗《劝学歌》正是宋代皇帝用巨大的物质利益鼓励士人积极读书求学，以求学而优则仕而作：“富家不用买良田，书中自有千钟粟。安居不用架高堂，书中自有黄金屋。出门莫恨无人随，书中车马多如簇。娶妻莫恨无良媒，书中自有颜如玉。男儿若遂平生志，六经勤向窗前读。”[⑥]天子亲自下场为读书摇旗呐喊，无怪乎哲宗时期的观文殿大学士汪洙撰《神童

① ［宋］李焘：《续资治通鉴长编》卷四百三十五，第10473页。
② ［宋］丁骘：《上哲宗论寄禄官宜分左右》，赵汝愚：《宋朝诸臣奏议》卷六十九，上海古籍出版社，1999年，第759页。
③ ［宋］李焘：《续资治通鉴长编》卷四百三十五，第10473页。
④ ［宋］刘安世：《论犯赃人于寄禄阶改左右字不当事》，《尽言集》卷十二，《丛书集成初编》第九〇四册，中华书局，1985年，第144页。
⑤ ［元］马端临：《职官十八》，《文献通考》卷六十四，第578页。
⑥ ［宋］黄坚选编，熊礼汇校：《真宗皇帝劝学》，《详说古文真宝大全》卷一，湖南人民出版社，2007年。

诗》，开篇即说“天子重英豪，文章教尔曹。万般皆下品，唯有读书高。少小须勤学，文章可立身。满朝朱紫贵，尽是读书人”①。由此可见，科举进士的出身在当时读书人心中无与伦比的地位。

同时，科举出身者还有很多精神层面上的荣耀。如新进士及第，有皇帝临轩唱名，赐袍、笏之仪，另赐官钱以开展丰富多彩的期集聚会，赐御制诗或书等②，这些都给新进士强烈的优越感，似锦的前程似乎就近在眼前了。官宦、布衣皆视其为不可限量的贵人，故时人感叹：“状元登第，虽将兵数千万，恢复幽蓟，逐强虏于穷莫，凯歌劳还，献捷太庙，其荣亦不可及也。”③如名将狄青，位至枢密使，犹恨“我少一进士及第耳”④。陈执中以门荫入仕，遭遇真宗，得幸仁宗，官至宰相，却因进“不由科第，不谙典故，致受讥于女子”⑤。即是百姓之家，“为父兄者，以其子与弟不文为咎；为母妻者，以其子与夫不学为辱”⑥。科举制是如此深入人心，朝野上下无不以读书、考取科名为人生要事，以至“上之为人君者，无不典学；下之为人臣者，自宰相以至令录，无不擢科”⑦。因此，宋代士人的人生多是沿着读书—科考—做官这条轨迹而来。

这样的人生轨迹固然充满功利性，“非惟道化所陶，抑由宠利所诱也”⑧；但不可否认的是，此举极大地影响了时代风气，造就了宋代浓厚的

① 徐梓、王雪梅编：《蒙学歌诗》，山西教育出版社，1991 年，第 145 页。

② 祖慧：《宋代科举唱名赐第与期集仪制》，浙江大学古籍研究所编：《礼学与中国传统文化》，中华书局，2006 年，第 108—118 页。

③〔宋〕撰人不详：《儒林公议》卷上，《丛书集成初编》第二七九八册，中华书局，1985 年，第 3 页。

④〔宋〕王铚：《默记》，《宋元笔记小说大观》第五册，上海古籍出版社，2001 年，第 4546 页。

⑤〔宋〕洪迈：《待制知制诰》，《容斋四笔》卷二，第 654 页。

⑥〔宋〕洪迈：《饶州风俗》，《容斋四笔》卷五，第 683 页。

⑦〔元〕脱脱等：《文苑一》，《宋史》卷四百三十九，第 12997 页。

⑧〔宋〕张方平：《选举论》，李舜臣、欧阳江琳编：《历代制举史料汇编》，武汉大学出版社，2009 年，第 280 页。

崇文之风。两宋三百多年间，读书风气之盛不但见诸史册、奏议、文集，即使是宋诗中都有体现。如诗人晁冲之在《夜行》中说："老去功名意转疏，独骑瘦马取长途。孤村到晓犹灯火，知有人家夜读书。"[①] 即使是偏僻荒凉的孤村中，都有彻夜不眠、沉迷于读书的士人。可见，读书好文的风气遍及宋代社会的各个角落。崇文的风气带动了宋代官私双方的文化教育，同时也带动官私双方丰富多样的文化活动。士大夫于举业之余，也积极主动地从事各类文化活动，如藏书、校书、编书、刻书等。

二、以身作则，宋代帝王普遍好学

宋代皇帝不但重视文人，而且自身也非常好学。自太祖以来，宋代皇帝多喜读书。据《续资治通鉴长编》载，宋太祖赵匡胤即使是在早年的戎马生涯中，也是"独喜观书，虽在军中，手不释卷。闻人间有奇书，不吝千金购之"。太祖虽是行伍出身，但很早就认识到读书能够"广闻见，增智虑"[②]。黄袍加身后，他不但强调"宰相须用读书人"[③]，甚至还多次号召武臣也当读书："今之武臣欲尽令读书，贵知为治之道。"[④] 在宋太祖的提倡下，宋代涌现了一批为将而知书的儒将，如众所周知的狄青、岳飞等。即使是普通的禁军"宿卫诸将"，也"有士君子之行焉，尤武士之所难能也"[⑤]。在位者的提倡，使得读书之风普及到了莽夫武将当中了。

继任者太宗皇帝"幼颖悟，好读书"。他曾说自己"他无所爱，但喜读书，多见古今成败，善者从之，不善者改之，斯已矣"[⑥]。他常晨间处理政事，之后便将大部分时间用于读书，直至深夜："辰巳间视事，既

① 〔宋〕晁冲之：《夜行》，《晁具茨先生诗集》卷十二，《续修四库全书》第 1317 册，上海古籍出版社，2006 年，第 53 页。
② 〔宋〕李焘：《续资治通鉴长编》卷七，第 171 页。
③ 〔宋〕李焘：《续资治通鉴长编》卷七，第 171 页。
④ 〔宋〕李焘：《续资治通鉴长编》卷三，第 62 页。
⑤ 〔元〕脱脱等：《宋史》卷三百五十，第 11091 页。
⑥ 〔宋〕李焘：《续资治通鉴长编》卷三十二，第 713 页。

罢，即看书，深夜乃寝，五鼓而起，盛暑永昼未尝卧。”① 这样的苦读精神甚至感动了士林代表、宰相宋琪，宋琪劝太宗读书不要过度劳累，“恐圣躬疲倦”②；太宗反而说：“朕性喜读书，开卷有益，每见前代兴废，以为鉴戒，虽未能尽记其未闻未见之事，固以多矣。”③ 历来多有大臣劝谏君王多读书明理，少嬉戏误事者，如宋代大臣反而担心天子读书过勤者实在少有。

宋太宗不但以身作则亲身实践勤学苦读，还下诏组织了一系列的求书、编书、刻书等文化活动。如太平兴国年间，他下诏面向全国范围征集图书，藏于史馆、昭文馆、集贤院，并命李昉等人编纂《太平御览》《太平广记》《文苑英华》三部大书，计二千五百多卷。他曾对近臣说：“夫教化之本，治乱之源，苟无书籍，何以取法？”④ “朕每退朝，不废观书，意欲酌前代成败而行之，以尽损益也。”⑤ 作为一朝天子，太宗皇帝读书当然离不开对治国理政的思考。而对于这方面的读书收获，他曾说：“朕览前书，备见历代治乱。大抵君臣之际，先要情通，情通则道合，故事皆无隐，言必可用。”⑥ 不仅如此，“欲求博雅之儒，以采群言之胜”的太宗，自太平兴国八年（983）起，“命文仲以著作佐郎充翰林侍读，寓直御书院，与侍书王著更宿，而书学葛湍亦直禁中。每暇日，多召问文仲以经书，著以笔法，湍以字学”。⑦ 由此开启宋代“经筵之始”⑧，皇帝不但自己读书，还积极求教士人，这在很大程度上满足了以修身、齐家、治国、平天下为己任的士人心中最大的职业理想——出任帝王师。

---

① 〔宋〕李焘：《续资治通鉴长编》卷二十五，第588页。
② 〔宋〕李焘：《续资治通鉴长编》卷二十四，第559页。
③ 〔宋〕江少虞：《宋朝事实类苑》卷第二，上海古籍出版社，1981年，第21页。
④ 〔宋〕李焘：《续资治通鉴长编》卷二十五，第571页。
⑤ 〔宋〕李焘：《续资治通鉴长编》卷二十三，第528页。
⑥ 〔宋〕李焘：《续资治通鉴长编》卷二十四，第558页。
⑦ 〔宋〕李焘：《续资治通鉴长编》卷二十四，第559—560页。
⑧ 〔宋〕林駉：《经筵》，《古今源流至论》卷九，上海古籍出版社，1992年，第492页。

太宗不但自己读书，还教育皇子多读书，并设立专人教导皇子阅读经史典籍。在宋太宗的言传身教下，宋真宗尚为太子时就已精读《尚书》七遍，《论语》《孝经》四遍，对儒家经典的阅读深度几可与儒生相较。宋真宗继位后，不但继续保持读书的习惯，还继续维持和进一步规范了经筵制，设立翰林侍读学士、侍讲学士，轮流值班，为皇帝解答读书中遇到的疑惑。后世的宋代皇帝基本上都接受这样的培养模式。经真宗朝过渡，到仁宗时期，宋代经筵制度正式确立，所谓“天下重任，唯宰相与经筵：天下治乱系宰相，君德成就责经筵”①，可知经筵讲学对宋代政治的影响。两宋皇帝通过读书学习来提高自身文化道德素质，有了制度化的专门平台。

到了仁宗朝，皇帝不仅热爱读书，还在范仲淹等人的推动下大兴办学之风。庆历四年（1044），宋仁宗下诏“诸路州、府、军、监，除旧有学外，余并各令立学。如学者二百人以上，许更置县（学）”②，由此掀起了北宋第一次全国性大规模的兴学热潮。不得不说，为实现大宋“文治”的目标和培养选拔合格人才的需要，宋初几代帝王从自身做起。皇帝的鼓励、倡导和示范，营造了浓郁的读书氛围，推动了读书之风的兴起；宋初文臣武将及全社会各个阶层，读书蔚然成风。

三、优礼儒士，以宽大养士人之正气

宋廷以科举考试选拔文臣后，并非待以虚席，而是大加培养、重用。即使是宋太祖即位之初，百废待兴，南方尚未平定之时，仍注意启用文臣谋士，诸如赵普、李崇矩、王仁赡、楚昭辅、李处耘、刘温叟、窦仪、吕徐庆、刘熙古、李穆、薛居正、陶谷、徐铉等，都是有一定特长的文士，在社会上形成了重文的氛围，以至于“鲁之学者始稍稍自奋，白袍举子、

① 〔宋〕程颐：《论经筵第三札子》，〔宋〕程颢、程颐著，王孝鱼点校：《二程集》（上），中华书局，1981年，第540页。
② 〔清〕徐松辑：《崇儒》二之四，《宋会要辑稿》，第2189页。

大裾长绅，杂出戎马介士之间”[①]。其后，太祖又令文臣充知州、通判、监军等，逐步取代武人的地位。后世评价：“艺祖革命，首用文吏而夺武臣之权，宋之尚文，端本乎此。”[②]与此同时，艺祖还立下家法，“太祖勒不杀士大夫之誓以诏子孙，终宋之世，文臣无欧刀之辟”[③]。这为后世的继位者树立了典范，要让士人勇于参政议政，积极组织和参与各类文化活动，而不再像魏晋南北朝时期的士人一样日夜忧心因言获罪。这实是“以宽大养士人之正气”[④]，优礼儒士、养育儒士浩然之气的重要举措。

这一举措极大地鼓舞了宋代知识分子积极投身仕途、参政议政的热情，以至于士人“开口揽时事，议论争煌煌”[⑤]。无论是处江湖之远，还是居庙堂之高，士人都普遍关注时事，上自皇帝言行，下至州县行政，凡是有不合礼法者，皆敢于直言劝谏。其学风、文风以批判现实，干预现实为主，“言必中当世之过”，“务为有补于世”，为经国大略鞠躬尽瘁，死而后已。尤其是科举取士制度给出身寒门的知识分子提供了绝佳的进入国家政治中心的机会，知识分子甚至可以出将入相，真正肩负起“治国平天下”的历史使命。这也使得宋代的士人普遍重视气节，以天下为己任，极具国家主人翁精神。“先天下之忧而忧，后天下之乐而乐”的名臣范仲淹，“为天地立心，为生民立命，为往圣继绝学，为万世开太平”的大儒张载，“天变不足畏，祖宗不足法，人言不足恤”的变革先驱王安石等，正是这种时代风气的杰出代表。

宋代对士人的优遇还表现在培养模式上，入学读书，考取进士，进士及第后授官。这并不意味着，官方教育到此结束。凡是科举高等出身，

---

① 〔元〕马端临：《选举三》，《文献通考》卷三十，第 283 页。
② 〔元〕脱脱等：《文苑一》，《宋史》卷四百三十九，第 12997 页。
③ 〔清〕王夫之：《宋论》卷一，《船山遗书》第 11 册，中国书店，2016 年，第 7 页。
④ 〔清〕王夫之：《宋论》卷一，《船山遗书》第 11 册，第 6 页。
⑤ 〔宋〕欧阳修著：《镇阳读书》，李逸安点校：《欧阳修全集》卷二，中华书局，2001 年，第 35 页。

往往被朝廷置于崇文院、学士院等清贵之所，他们博览群书，校雠文字，编修经史之类有益于朝政治乱、人心教化的图书，以磨砺操守，增广异闻。并且，朝廷从读书、校书、编书等工作中考察官员的才学、德行，视其能力大小，决定其是否进一步被提拔重用："宋太宗即位之初，即建三馆与秘阁，宠文臣以学士之名，盖欲借唐代三馆学士之清名，稍示风向，以牢笼天下英雄，惩唐末五代海宇分崩、斯文扫地之祸，存封建纲常之体，以消除动乱，扭转世风，稳定社会，维持宋王朝的长治久安。"①宋代王明清的《挥麈录》也说："太平兴国中，诸降王死，其旧臣或宣怨言。太宗尽收用之，置之馆阁，使修群书，如《册府元龟》、《文苑英华》、《太平广记》之类，广其卷帙，厚其禀禄赡给，以役其心，多卒老于文字之间云。"②宋代帝皇实欲以崇文之政牢笼天下人心，体现仁厚崇文的姿态，引导士林风气，使之终身求学治道，而其所求之道无不合乎儒家正统道德、关系国家治乱得失。所以，宋代士人著书立书无不怀有指点江山、经世济用的目的，实是以主人翁的态度为官从政。

第二节 宋代藏书、校书成风

崇文之风可说是从上到下，从始至终，贯穿了两宋三百余年的历史。北宋建国以来即推行文治，重视文治除了体现在科举取士上外，还体现在教育和养士，以及对图书的收藏、整理、校勘和印刷发行等一系列官方文化活动上。朝廷文教事业的繁荣，求书、藏书、校书活动的盛行，推动了民间教育和藏书、校书的兴起与后出转精。不但士大夫身体力行，民间也出现了大量的书坊主。他们积极搜求善本、珍本秘籍，聘请专家校勘，最

① 李昌宪：《宋代文官贴职制度》，《文史》，1988 年第 30 辑。
② 〔宋〕王明清：《后录》卷一，《挥麈录》，上海书店出版社，2001 年，第 42 页。

后刻印成书，以此获利。这一风气的盛行与宋代雕版印刷技术的提高也有很大关系，或者说二者相辅相成。由于崇文风气的影响，士林间求书若渴，而商人、书工为了获利，积极改进印刷技术；而印刷技术的提高，又大大促进了图书的流通，进一步推动了全民读书、藏书的热潮。因此，在中国文献学的发展历史上，宋代历来被认为是刻书、校书实践、理论、技术发展的兴盛时期，“在中国古典文献学史上占有极其重要的地位”①。

一、雕版印刷的盛行

中国文字的雕刻技术历史久远，早在商代，用来记述国家政治生活大小事务的甲骨卜辞就是将文字刻在龟骨、兽骨之上；青铜器铭文，在浇铸前也需要雕刻凸起的反体字作为字范。这都说明，早在商代中国就有了较高的文字雕刻技术。石刻文字同样如此，最著名的早期石刻文字有先秦的《石鼓文》、秦刻石、东汉的《熹平石经》、三国曹魏时期的《正始石经》、唐代的《广政石经》等。

其中，《熹平石经》可说是中国历史上最早的官方制定的儒家经学教科书，倡导者是东汉文学家、书法家蔡邕。汉代自武帝“罢黜百家，独尊儒术”以来，奉行以儒学选拔人才，所以汉代士人无不以诵读儒家经说为务。汉廷立五经于学官，置十四博士。但是，儒家经典原文相继毁于秦时大火、秦末战乱和楚汉相争中，汉代经书来源复杂，所以出现了今文经学与古文经学之争，绵延两汉几百年历史。各家传经皆以家法为限，师弟子间互相手工传抄所习所见，并无专供传习的官方标准定本。虽前后有董仲

① 张三夕主编：《中国古典文献学》(第三版)，华中师范大学出版社，2018年，第24页。另，在各种文献学、文献学史的研究著作中，对宋代文献学的发展评价颇为一致，如洪湛侯的《中国文献学新编》(浙江大学出版社，2008年)中认为宋代刻书盛极一时，编纂、辨伪、辑佚成果丰富，并且出现了校勘理论的著作，是校勘理论的形成时期。张子开、项楚主编的《古典文献学》(重庆大学出版社，2015年，第93页)也认为“两宋时代是文献繁荣的时代”。

舒、孔安国、刘向、班固等人整理、校勘经书及各种国家藏书，但并没有形成遍及全国的统一版本。博士考试亦常因文字异同引起争端，甚至出现“博士试甲乙科，争弟高下，更相告言，至有行贿定兰台漆书经字，以合其私文者”①的荒唐现象。故而，汉灵帝熹平四年（175），蔡邕等奏求正定六经文字，得到灵帝许可。于是，蔡邕等人参校诸家经文异同，确立定本，由蔡邕等书法大家书写汉代通行的隶书标准文字为范本，再由工匠原样镌刻成四十八块石碑（其中经书四十六块石碑，校记另立两块石碑），立于洛阳城南的太学讲堂前，以供士林传抄、学习。所刻经书有《周易》《尚书》《鲁诗》《仪礼》《春秋》《公羊传》《论语》。除《论语》外，其他六经皆是当时学官所立。每部石经以立为博士的一家经文为主而各有校记，备列诸家异文于正文之后。此做法与后世的图书校勘方式，即选定底本，在底本基础校定文字，写成定本，而将它本文字异同备列为校勘记的做法并无二致。因此可以说，官方校勘，勒定范本，组织刻写的行为应从《熹平石经》开始。

这次的石刻经文无论对当时还是后世，影响甚大。当时石经刻成以后，每天有上千人前去抄写石碑上的经文，或拿了抄本去仔细校对，一时间车水马龙，甚至堵塞了太学前的街道：“其观视及摹写者，车乘日千余两，填塞街陌。”②其后的三国曹魏时期的《正始石经》、唐代的《开成石经》、五代蜀国的《广政石经》等，在规范经文，统一文字上，皆是效法《熹平石经》，只是在具体做法上略有区别。如《正始石经》刻有《尚书》《春秋》两部经书，全部经文用战国时期的古文、秦代通行的篆文、两汉盛行的隶文三种字体刻成，故又称为《三体石经》。其贡献不但是经书文字上的规范，更多的还是体现在保存了战国时期和秦代的文字，因此对文

① 〔南朝宋〕范晔撰，〔唐〕李贤等注：《宦者列传》，《后汉书》卷七十八，中华书局，1965年，第2533页。
② 〔南朝宋〕范晔：《蔡邕列传》，《后汉书》卷六十，第1990页。

字学、书法艺术等方面都有积极的意义。唐代的《开成石经》则更为慎重，不但具名书石人外，还将校勘文字、覆定字体，详定文字者等等所有参与校勘、刻石的各级官员、学者均署名，以示负责。这些都可视为雕版印刷术发明前，官方组织的图书编辑、校勘活动。其校勘、刻书过程与后世雕版印刷的区别很大程度上在于刻印文字的载体不同，一为石制，一为纸质，但整体的校勘、刻写过程则极为相似。

石刻经文的盛行，带来了拓碑的技术。所谓拓碑，即是先在石碑上用纸捶拓出字口，再刷上一层墨，把字印下来，可说是雕版印刷的先驱。雕版印刷术的诞生时间一直是学术界存疑的话题，但在唐朝确实有雕版印刷。这可以从传世的几件唐代雕版印刷品中得到确证，尤其是发现于敦煌石室的《金刚经》。该经书用七张纸缀合而成，末有“咸通九年四月十五日王玠为二亲敬造普施”一行字，明确标明了此物印刷于唐代咸通九年的时间。从现存实物来看，唐代的雕版印刷主要用于印制历书、佛经，也有印刷书籍者。如中唐时期，“书商们在市上出卖白居易诗集，并以之换茶易酒”[①]。可见白居易的诗集当时就曾以雕版印刷的方式出版。

不过，雕版印刷书籍的盛行则始于宋代。“近岁市人转相摹刻诸子百家之书，日传万纸，学者之于书，多且易致如此”。[②]这既是宋代雕版印刷术盛行的写照，也是两宋时期知识传播与技术推广速度明显加快的重要原因。宋真宗景德二年（1005），真宗到国子监检阅书库，即发现“国初不及四千，今十余万，经、传、正义皆备”[③]。不到五十年的发展，国子监刻书的版片比之建国初期多出几十倍，可见雕版印刷之速、刻书数量之多。当时的国子祭酒邢昺也不由得感慨：“臣少从师业儒，经具有疏者，

① 郭伯南、刘福元：《中国史话》下，上海古籍出版社，2016 年，第 613 页。

② 〔宋〕苏轼：《李氏山房藏书记》，孔凡礼点校：《苏轼文集》，中华书局，1986 年，第 359 页。

③ 〔宋〕陈均：《九朝编年备要》，《四库全书》本卷七，第 16 页。

百无一二，盖力不能传写。今版本大备，世庶之家皆有之，实乃儒者逢辰之幸也。”[①] 雕版技术的盛行，使得图书大盛，于儒士确乎是幸事。

雕版印刷对于图书的传播是手工抄写所难以想象的，宋人常感慨“即日传播”，或曰“不日传都下”，或曰“落笔辄为人所传诵”，说的即是印刷术使得读书人摆脱了手写、背诵之苦，图书变得易于购买、搜求。雕版印刷术的兴盛对宋代图书的编辑、传播起了难以估量的作用。正是因为雕版印刷使得图书的出版、传播极为便利，使得士人得书较为容易，所以宋代购书、藏书之风亦随之盛行。“私家藏书之风，至宋代而大盛”，“加以雕版流行，得书较易，藏书之家，指不胜屈，士大夫以藏书相夸尚，实开后世学者聚书之风。”[②]

二、官方积极藏书、刻书

在以文立国的右文政策的影响下，宋廷尤其重视文化事业，而要推动文化事业的发展，不得不广求图书。清代藏书家张金吾曾说：“欲致力于学者，必先读书；欲读书者，必先藏书。藏书者，诵读之资而学问之本也。”[③] 藏书越是丰富，越能为读书治学创造优越的条件，所以宋代积极地扩大官方藏书。北宋自建国以来，汇聚了后周、荆南、后蜀、南唐、吴越及后汉诸国的藏书。特别是西蜀、南唐、吴越这三地经济富庶、文化繁荣，官方、私人出资雕版印刷图书的风气很盛，如后蜀宰相毋昭裔曾出私财刻版印《九经》《文选》《初学记》和《白氏六帖》，不但造就了印刷精品——蜀本《九经》，且在历史上最早大规模刻印文学选集和丛书，开私刻之先河，极大地带动了蜀地的刻书事业，故而蜀地刻书、藏书也十分可

① 〔元〕脱脱等：《邢昺传》,《宋史》卷四百三十一，第 12798 页。
② 潘美月：《宋代藏书家考》，学海出版社，1980 年，第 2 页。
③ 〔清〕张金吾：《爱日精庐藏书志》,《爱日精庐文稿》，凤凰出版社，2015 年，第 67 页。

观。北宋于此三地得书最多：宋太祖乾德三年（965）九月灭后蜀，收蜀地图书一万三千册；开宝九年（976）春，平定江南时，又收书两万余篇。不但如此，“其书多雠校精当，编帙全具，与诸国书不类。”[①]南唐不但刻书、藏书丰富，而且精于编纂、雠校，因此所刻之书水平极高。而太宗太平兴国三年（978）三月，吴越国归朝后，将图书文物全部交送朝廷。[②]太平兴国四年，宋廷平定北汉后，左赞善大夫雷德源点验北汉官中藏书，将其书籍、图画尽数运回京城。宋初，官方藏书仅万余篇，经此三地藏书的丰富，北宋的官方藏书方初见规模。

不但如此，宋代历任帝王屡次下诏求书，根据献书的价值大小，“小则偿以金帛，大则授之以官”。[③]还有因献书而赐予科第出身者，如宋太祖乾德四年（966）下诏求书，“凡吏民有以书籍来献者，令史馆视其篇目，馆中所无则收之。献书人送学士院试问吏理，堪任职官，具以名闻。”[④]凡是所献书为宫中馆阁所无者，皆得入藏馆阁。献书人送学士院试吏理，试其能力大小，可勘为官者，具名进奏。朱载、涉弼、彭干应诏献书一千二百二十八篇，皆得赐科名。献书而得赐第，以后循为故事。

太平兴国九年（984）正月壬戌，太宗下求书诏曰：

> 国家勤求古道，启迪化源。国典朝章，咸从振举。遗编坠简，宜在询求。致治之先，无以加此。宜令三馆所有书籍，以开元四部书目比较，据见缺者，特行搜访。仍具录所少书于待漏院，榜示中外。若臣僚之家有三馆缺书，许上之。及三百卷以上者，其进书人送学士院引验人才。书判、试问公理，如堪任职官者，与一子出身。或不亲儒墨者，即与安排。如不及三百卷者，据

① 〔宋〕江少虞：《宋朝事实类苑》卷第三十，第389页。
② 路保安、杨雅君、马明霞：《北宋馆阁搜求校勘典籍文献述略》，《兰台世界》（下半月）2010年第2期。
③ 〔宋〕程俱撰，张富祥校证：《储藏》，《麟台故事校证》，中华书局，2000年，第40页。
④ 〔宋〕李焘：《续资治通鉴长编》卷七，第178页。

卷秩多少，优给金帛。如不愿纳官者，借本缮写。[①]

此次以唐代《开元四部书目》为准下诏求书，凡于《开元四部书目》有载，而馆阁有阙者，条其书名，张榜公示中外。对应诏献书者的奖励也有了明确的界定：三百篇以下者，给金帛；三百篇以上者，方得到召试的机会，试中赐一子出身，而不再是免试赐出身了。其后求书多准此办理。如真宗咸平四年的求书诏中称："庶坠简以毕臻，更悬金而示赏，式观献书之路，且开与进之门"，直接将献书与仕进挂钩。并且，规定献书一篇，赏钱一千；如及三百篇以上，量材试问，与出身酬奖。大中祥符八年（1015）求书时，则提高了奖励的标准，"五百卷以上，优其赐。或艺能可采者，别奏候旨"，当时献书者十九人悉赐出身及补三班。至仁宗时再下求书诏，"及五百卷特与文武资内安排"[②]。随着官藏书的日益丰富，朝廷对献书人的奖励也随之降低。但早期赐官职、金帛、出身等奖励手段，极大地鼓励了民间献书的热情，使得"四方之书往往间出矣"[③]，官府藏书也因此达到了"图书之盛，近代无比"[④]的程度。

宋初，国家藏书不足，还是求诸私家的例子很多。如真宗时，曾命人就宫中藏书所缺而宋初名相、藏书家王溥家所有者，借本抄录以补充馆阁藏书，抄完后遣中使送回。真宗还对辅臣说："国家搜访图书，其数渐广，臣庶家有聚书者，朕皆令借其录目，参校内府及馆阁所有，其缺少者，借本抄填之。迩来所得甚多，以便观览。"[⑤]这是另一种"礼失则求诸野"的体现，使得书籍得以在公私间流通，丰富了官方藏书。这种做法在当时是十分普遍的，显然效果也很突出，所以真宗才会洋洋自得"所得

① 〔清〕徐松辑：《崇儒》，《宋会要辑稿》四之一六，第 2238 页。
② 〔清〕徐松辑：《崇儒》，《宋会要辑稿》四之一七、一八，第 2238—2239 页。
③ 〔宋〕李焘：《续资治通鉴长编》卷二十五，第 571 页。
④ 〔宋〕程俱：《书籍》，《麟台故事校证》，第 258 页。
⑤ 〔宋〕程俱：《书籍》，《麟台故事校证》，第 259—260 页。

甚多”。

朝廷不但下诏求书，而且还派遣官员至四方购募珍稀图书。如至道元年六月十日，命内品监、秘阁三馆书籍官裴愈等往江南、两浙等文化事业特别发达的地区购募图书，实行买卖自由。愿送官者优给其直，不愿者差书吏缮写誊抄，原本返还本家。经过官方多方营求，到了宋仁宗景祐初年，官方三馆、秘阁藏书总计有图书十三万八千一百八十三卷，其中昭文馆三万八千二百九十一卷，史馆四万一千五百五十三千余字，集贤院四万二千五百五十四卷，秘阁一万五千七百八十五卷。① 一时间，可谓图书大盛。

图书被大量收入官府之后，朝廷还有专门的机构——馆阁，对其进行整理、校勘；勘定完本后，转交国子监雕版印行。宋代刻书机构大致可分为官刻、私刻和坊刻，三大系统鼎足而立，而官刻最先发展起来。官刻有中央和地方之别，中央刻书以国子监为代表。国子监在宋代是最高教育管理机构，除了行使教育职能外，还兼职刻书。国子监刻书始于五代，后唐长兴三年（932），朝廷看到民间刻印书籍杂乱，“绝不及经典。如经典校定，雕摹流行，深有益于文教”，因此令国子监聚集博士儒师，校勘儒家经典，“然后雇召能雕字匠人，各部随帙刻印版，广颁天下”。② 这说明在后唐时期，官方已经意识到雕版印刷对国家教化的影响，所以开始介入刻书行列。

宋代沿袭五代制度，设置国子监，不但掌管文教工作，同时负责刻印有关国家治乱、人心教化的经史典籍，并配合科举取士，“诏自今试举人，非国子监见行经书，毋得出题。”③ 宋代规定科举考试的标准教材正是国子监校定、出版的书籍，科举考试的试题只能从国子监刻印的典籍中出

① 〔宋〕江少虞：《宋朝事实类苑》卷第三十一，第 394—395 页。
② 〔宋〕王溥：《经籍》，《五代会要》，上海古籍出版社，2006 年，第 128 页。
③ 〔宋〕李焘：《续资治通鉴长编》卷一百二十二，第 2872 页。

题。这就意味着所有参加科举考试的士人必得人人备有或熟知国子监本的图书，此举极大地推动了国子监刻书的发展。此外，国子监刻书还有专门的经费支持。淳化五年（994），判国子监李至上言："国子监旧有印书钱物所，名为近俗，乞改为国子监书库官。"并提出设立专职管理，"置书库监官，以京朝官充，掌印经史群书，以备朝廷宣索赐予之用，及出鬻而收其直以上于官。"[①]由此可知，北宋国子监设有专门的机构负责印刷经费，经费来源主要是朝廷拨款，也有图书发行的收入。国子监刻书主要是经史方面的典籍，且会成为朝廷赏赐的礼物。国子监还会刻印一些有益于民生的医药、算学、农书、字学等书籍。如皇祐三年，林忆等上书："臣昨在南方军中，连年疾疫瘴疠，其尤者，一军有死十余万人。此虽天会，亦缘医工谬妄，凡增其疾。臣曾细询诸州，皆阙医书，习读除《素问》《疾源》，余皆传习伪书，故所习浅俚，贻误疾者。"[②]故而仁宗诏令馆阁校勘所藏医书，由国子监刻印，颁布四方。

遗憾的是，北宋末年靖难之役后，金人攻陷北宋都城汴京，大肆搜罗图籍、版片，"押监书及道释印版并馆阁图籍纳虏营"[③]。不久局势变动，金人北撤，秘阁图书等"不急之物"无暇顾及，遂"狼藉泥土中"[④]。由于国子监本之书版大量散亡，所以南宋的国子监刻书数量有限，质量也不及北宋监本精湛。

三、宋代私家藏书、校书之盛

书籍的刊刻普遍遵循一条规律，即"其最初源头来自民间，传播社

① 〔元〕脱脱等：《职官五》，《宋史》卷一百六十五，第3916页。

② 〔宋〕林忆等校：《重订唐王焘先生〈外台秘要方〉》卷首《重订唐王焘先生〈外台秘要方〉内降札子》，人民卫生出版社，1982年，第25页。

③ 〔清〕黄以周等辑注，顾吉辰点校：《续资治通鉴长编拾补》卷五十九，中华书局，2004年，第1863页。

④ 〔宋〕不著撰人，赵铁寒主编：《宋史全文续资治通鉴》第二册卷一十五，"宋史资料萃编"第二辑，文海出版社，1980年，第960页。

会后，由于得到上层官方的认可和推动，而后在其传播的过程中逐渐形成了风气。这样的风气形成又进一步地促成了它的发展和繁荣。”① 宋代藏书、刻书的风尚同样遵循着这样的流行规律。国家推行右文政策，民间刻书、藏书、读书成风。官方积极搜求图书、刻书的风气带动了私家藏书、刻书的热情，而私家藏书、刻书的蓬勃发展，使得北宋后期、南宋时期，私家藏书、刻书的数量和质量超过了官方。

据范凤书统计，“宋代三百年中，有明确文献记载的藏书家就达七百人，是周至唐五代千年左右藏书家总和的近三倍。”② 众多的藏书家，比较有名者动辄有几万卷的藏书。如北宋李淑藏书二万三千余卷，田伟近三万卷，宋绶、宋敏求父子约五万卷，王钦臣四万三千卷，赵明诚、李清照夫妇两万卷；南宋的如晁公武二万五千卷，陈振孙五万一千卷，尤袤近四万卷，周密四万二千卷。③ 篇帙庞大，确实可以媲美秘府。丰富藏书常常非一人之力可就，多是家族几代人的艰辛经营而成；所以宋代还出现了藏书世家，家族几代维系藏书事业。典型的例子如安阳韩氏，宋初名相韩琦首建万籍堂，聚书万卷。第二代韩忠彦又有增补，第三代又扩建丛书堂六库。传到第四代，金人入侵，安阳藏书散失殆尽。南渡后，韩侂胄在杭州建阅古堂藏书。再传至第八代韩伉、韩性兄弟建经堂藏书，第九代韩耘之建钟学堂藏书，第十代韩谔建经训堂藏书。“安阳韩氏历数百年，更十数世，藏书衰而复兴，堪称宋元第一藏书世家。”④ 福建莆田方氏，自北宋仁宗皇祐至南宋淳祐间，百余年中出现了十多个藏书家，藏书皆破万卷。⑤ 还有莆田郑樵、郑寅祖孙，郑樵一生酷爱藏书，凡遇藏书家必留，读尽藏

① 苏勇强：《北宋书籍刊刻与古文运动》，浙江大学出版社，2010 年，第 95 页。
② 范凤书：《中国私家藏书史》（修订版），武汉大学出版社，2013 年，第 65 页。
③ ［日］井上进著，李俄宪译：《中国出版文化史》，华中师范大学出版社，2015 年，第 113 页。
④ 范凤书：《中国私家藏书史》，第 616 页。
⑤ 范凤书：《中国私家藏书史》，第 111—113 页。

书乃去；不但藏书，还著有《校雠略》，将校雠方法理论化。四明楼氏藏书，自北宋仁宗皇祐间楼郁始，到南宋孝宗的楼钥，“聚书东楼逾万卷，皆手校雠，尽善本。”[①] 其他，还有新喻刘氏、宋城王氏、巨野晁氏、筠州刘氏、会稽陆氏、汝阴王氏、临海陈氏、吴县叶氏等。[②]

私家藏书的来源，一般有三类：一是购书。宋代雕版印刷盛行，士人得书较之前代为容易。一些藏书家往往尽散家财，到处购书。朱昂尚且以所得俸赐之三分之一购置奇书，而赵安仁则是“所得禄赐，多以购书”[③]。“至蔡致君，不乐仕宦，独喜收古今之书，空四壁捐千金以购之，尽求善工良纸，手校而积藏之”。即使囊中羞涩，得遇好书，藏书家宁愿节衣缩食或典当衣物，必得购之而后快。如赵明诚、李清照夫妇就曾“质衣取半千钱，步入相国寺，市碑文、果实归”[④]。典衣换书，确乎是文人风雅。

二是馈赠。赠书之举，在东汉已有前例，蔡邕就将毕生藏书大半赠予王粲。在宋代，藏书家之间馈赠图书也是一段佳话。如宋绶就先后得外祖杨徽之，以及毕士安两家藏书，故藏书的数量一度赶超秘府。晁公武得井度赠书，在此基础上撰写了目录学史上的名著《郡斋读书志》。也有互赠图书者，如宋敏求和王钦臣两位大藏书家，互置目录一册，相约“凡我所有而彼所无者，互为传录写寄”。除此之外，士大夫出身的藏书家有时也会得到朝廷的赐书，比如司马光曾得到宋神宗赐书两千四百卷之多。

三是手抄。如宋初藏书家周启明，“藏书数千卷，多手自传写，而能口诵之”。[⑤] 俗话说“好记性不如烂笔头”，这句话用于抄书十分贴切。手

---

① 〔元〕袁桷：《延祐四明志》卷五，台北：成文出版社，1983年，第342页。
② 范凤书：《中国私家藏书史》，第616—617页。
③ 〔元〕脱脱等：《赵安仁传》，《宋史》卷二百八十七，第9659页。
④ 〔宋〕李清照：《金石录后序》，〔宋〕赵明诚撰，金文明校证：《金石录校证》，广西师范大学出版社，2005年，第531页。
⑤ 〔元〕脱脱等：《周启明传》，《宋史》卷四百五十八，第13442页。

抄一遍，远比看一遍记忆深刻得多。抄写实际上是精读的过程，于治学是相当有进益的，因此抄书成为藏书家普遍的爱好。被誉为“近世（藏书）冠”的大藏书家尤袤“日计手抄若干古书。其子弟及诸女，亦抄书”①。抄写不但是尤袤的每日课业，甚至成为尤家教育子女的家法。南宋陈振孙于时藏书“最多，盖尝仕于莆，传录夹漈郑氏、方氏、林氏、吴氏旧书至五万一千一百八十余卷，且仿《读书志》作解题，极其精详……”②陈振孙著有私家目录双璧之《直斋书录解题》，得益于五万多卷的藏书，而其藏书多是手抄多家藏书。藏书家亲手抄写毕竟精力、时间有限，有时会请专门的书工抄录图书。如周密的《齐东野语》所记：“吾家三世积累，先君子尤酷嗜，至鬻负郭之田以供笔札之用。冥搜极讨，不惮劳费，凡有书四万二千余卷，及三代以来金石之刻一千五百余种，庋置书种、志雅二堂，日事校雠……”③这里的“鬻负郭之田以供笔札之用”，不仅指日常抄书的笔墨纸砚之费，还指雇佣书工抄录图书之费。

藏书家抄写的过程即是校勘的过程，如《演山集》所记之元丰时期的藏书家郭逢原，“藏书数万卷，得一书不计字多寡，必亲录而手校之，心记其统类”④。王洙、王钦臣父子藏书之富，至有四万三千卷之多，时人称之“虽秘府之盛，无以逾之”。王氏父子不但藏书多，且每本书皆手抄精校：“每得一书，必以废纸草传之。又求别本参校至无差误，乃缮写之。必以鄂州蒲圻县纸为册，以其紧慢厚薄得中也。每册不过三四十页，恐其厚而易坏也。此本传以借人及子弟观之。又别写一本，尤精好，以

①〔宋〕李焘：《跋遂初堂书目》，《中华大典》，广西师范大学出版社，2015年，第468页。
②〔宋〕周密：《齐东野语》卷十二，《唐宋史料笔记丛刊》，中华书局，1983年，第217页。
③〔宋〕周密：《齐东野语》卷十二，《唐宋史料笔记丛刊》，第218页。
④〔宋〕黄裳：《朝散郭公墓志铭》，《演山集》卷三十三，《四库全书珍本初集》，第91页。

绢素背之，号‘镇库书’，非己不得见也。”[①] 王氏藏书不但多是出自手书，而且每得一本先以废草纸抄写，再寻得其他版本进行对校。校勘完毕，再进行抄写，此为定本。抄写时甚为精审，对用纸、每册页数都十分讲究。必得用厚薄适中的蒲圻纸，每册抄写内容不超过三四十页，害怕单本书太厚不易保存。并且，每本书抄录有复本，抄写质量较差者供借阅，质量上佳者以绢素包装好作为镇库本收藏，秘不示人。

再者，藏书必然伴随着校书，因为藏书必要收藏善本。宋人所说的“善本”，正是精较本。如欧阳修的《集古录·唐田弘正家庙碑跋尾》所言：“余家所藏书万卷，唯《昌黎集》是余为进士时所有，最为旧物。自天圣以来，古学渐盛，学者多读韩文，而患集本讹舛。惟余家本屡更校正，时人共传，号为善本。”[②] 欧阳修是当时的文坛领袖，家中藏书不但多，而且质量好，经欧阳修亲加校勘，文字讹误较少，时人以欧阳修校本为善本。沈括的《梦溪笔谈》载：“宋宣献博学，喜藏异书，皆手自校雠。常谓‘校书如扫尘，一面扫，一面生。故有一书每三四校犹有脱谬’。”[③] 宋绶是北宋有名的藏书家，“兼有毕文简、杨文庄二家之书，不减中秘”[④]，每得一书，即亲自校勘。因其校勘之勤谨，故有校勘之难的感叹：校书如扫尘，难以一蹴而就，即使几经反复，犹有错漏。所谓“书三写，鲁为鱼，帝为虎”，无论藏书是刻本还是抄本，帝虎亥豕之误在所难免。而且，藏书家很大一部分的图书源自手抄，无论是亲手抄录，还是雇佣书工传录，错误更多，更需要校勘。这也是藏书家“日事校雠”“求别

① 〔宋〕徐度：《却扫编》，〔宋〕赵与时、徐度撰，傅成、尚成校点：《宾却录却扫编》，上海古籍出版社，2012 年，第 154—155 页。

② 〔宋〕欧阳修著，李逸安点校：《集古录跋尾卷八》，《欧阳修全集》卷一百四十一，中华书局，2001 年，2270 页。

③ 〔宋〕沈括著，施适校点：《梦溪笔谈》卷二十五，上海古籍出版社，2015 年，第 174 页。

④ 〔宋〕魏了翁：《遂初堂书目跋》，王余光主编：《藏书四记》，湖北辞书出版社，1998 年，第 31 页。

本参校”“手校而积藏之”的原因所在。流风所及，道士藏书也喜手写校雠，如陈景元“自幼喜读书，至老不倦。凡道书皆亲手自校写，积日穷年，为之佝偻。”[①] 也就是说，宋代藏书家普遍重视校勘，且多精于校勘。“许多人不仅是著名的藏书家，也是著名的校勘家。”[②] 重视校勘，手自校勘藏书是一种流行于宋代私人藏书家中的普遍现象。

四、宋代校勘理论的发展

藏书、校书的盛行，不但使得大量书籍得到名家精细校勘，而且还积累了丰富的校勘经验，最终形成了系统的校勘理论。

校勘之学，由来已久。早在西周晚期，正考父即对《商颂》进行了一番校勘工作，事见《国语·鲁语》下：“昔正考父校商之名《颂》十二篇于周太师，以《那》为首，归以祀其先王。”正考父是孔子七世祖，宋国大夫。宋国作为商朝的后裔，对于商朝的礼乐之制应当十分重视。而商朝亡国已久，文献残缺，连宗庙祭祀的颂诗都有亡散，所以正考父才会对商代的《颂》诗进行校勘。如唐代孔颖达的《毛诗正义》中所解释：“言校者，宋之礼乐虽则亡散，犹有此诗之本。考父恐其舛谬，故就太师校之也。”[③] 正考父具体的校勘方法无从得知，但大致过程是正考父就宋国官方所存之《颂》诗向周朝掌管音乐教化的乐官之长——太师请教，类似于后世校勘中广求异本的做法。

作为正考父的后世子孙，孔子继承了先祖校定文字的传统，对于校定六经贡献极大。所谓“述而不作”，就包含了孔子对六经的整理、校勘工作。比如考订《礼》，孔子曾说：“夏礼，吾能言之，杞不足征也；殷

① 〔宋〕佚名著，潘运告主编，桂第子译注：《宣和书谱》卷六，湖南美术出版社，1999年，第127页。
② 周少川：《藏书与文化：古代私家藏书文化研究》，北京师范大学出版社，1999年，第55页。
③ 〔汉〕郑玄笺，〔唐〕孔颖达等正义：《毛诗正义》，上海古籍出版社，1990年，第789页。

礼，吾能言之，宋不足征也。文献不足故也。足，则吾能征之矣。”[①] 孔子对于夏、商时期的礼乐文化皆有所得，但苦于文献不足，找不到足以证验自己观点的文献依据。可见，孔子治学之严谨，言必有据，无据则不可妄言：“君子于其所不知，盖阙如也。”[②] 对于无据可征或不知者，宁可保留存疑不言，空缺不书的原状，决不凭私意窜改，开创了一种极为谨慎的校勘方法和态度。

孔子的学生子夏长于文学，校勘一事也有涉猎。《吕氏春秋·察传》：“子夏之晋，过卫，有读史记者曰：‘晋师三豕涉河。’子夏曰：‘非也，是己亥也。夫‘己’与‘三’相近，‘豕’与‘亥’相似。’至于晋而问之，则曰：‘晋师己亥涉河也。’”[③] 子夏偶听人读史有误，不合常理，便利用文字学的知识，指出“三豕”与“己亥”字形相近，导致了文字记载有误。最后，子夏到了晋国，实地询问了当地人，用事实证明了自己文字校定之正确性。很明显，子夏这里的校勘可说是属于理校法。但是这时的校勘是偶一为之，不是有组织、有计划的校勘活动。

真正有组织有计划地进行大规模的校书活动是从汉代开始的。汉初，图书散乱，高祖命“萧何次律令，韩信申军法，张苍定章程，叔孙通制礼仪”[④]。这里指的就是汉高祖令萧何、韩信、张苍、叔孙通等从事专门职务的专门人才去勘定各自相关的法律条文。汉武帝采纳董仲舒“罢黜百家，独尊儒术”的建议，于是掀起了轰轰烈烈的校经书、注经书的活动。这一活动到了汉成帝时期达到了高潮，汉成帝不但下诏求书，并且诏令刘向、任宏、尹咸等专家校定各自专业范围的国家藏书。据《汉书·艺文志》记载：“昔仲尼没而微言绝，七十子丧而大义乖。故《春秋》分为五，《诗》

① 杨伯峻译注：《八佾篇第三》，《论语译注》，中华书局，1980年，第26页。
② 杨伯峻译注：《子路篇第十三》，《论语译注》，第132页。
③ 〔汉〕高诱注：《吕氏春秋》，上海古籍出版社，2014年，第546页。
④ 〔汉〕班固：《高帝纪》，《汉书》，第81页。

分为四，《易》有数家之传。战国从衡，真伪分争，诸子之言纷然殽乱。至秦患之，乃燔灭文章，以愚黔首。汉兴，改秦之败，大收篇籍，广开献书之路。迄孝武世，书缺简脱，礼坏乐崩，圣上喟然而称曰：'朕甚闵焉！'于是建藏书之策，置写书之官，下及诸子传说，皆充秘府。至成帝时，以书颇散亡，使谒者陈农求遗书于天下。诏光禄大夫刘向校经传诸子诗赋，步兵校尉任宏校兵书，太史令尹咸校数术，侍医李柱国校方技。每一书已，向辄条其篇目，撮其指意，录而奏之。会向卒，哀帝复使向子侍中奉车都尉歆卒父业。歆于是总群书而奏其《七略》，故有《辑略》，有《六艺略》，有《诸子略》，有《诗赋略》，有《兵书略》，有《术数略》，有《方技略》。"[①]可见，汉代以刘向为首组织专业人士分工合作，校勘取得了巨大的成绩。

降及宋代，官、私家藏书众多，许多藏书家本身就精于校雠，宋代的校雠学异常发达，不但有实践，也有了理论著作，专门归纳校雠方法。张舜徽先生在《广校雠略》中就详细讲了宋代的校雠实践之作，如经部有郑樵的《书辨妄》、张淳的《仪礼识误》、朱熹的《孝进考异》等；史部有赵忭新校的《前汉书》、余靖的《汉书刊误》、张泌的《汉书刊误》、刘颁的《汉书刊误》、吴仁杰的《两汉刊误补遗》、吴缜的《新唐书纠谬》《五代史纂误》等；子部有陈襄校定的《梦书》及《相笏经》、朱熹的《阴符经考异》《参同契考异》等；集部有洪兴祖的《楚辞考异》、黄伯思校定的《楚辞》及《杜工部集》、彭叔夏的《文苑英华辨证》等。校雠成果如此丰富，"盖宋时书版既多讹舛，故士大夫有意购藏者，莫不兢兢于雠校"[②]。

经宋人校勘的书往往质量绝佳，成为后世其他版本的祖本。如韩愈文集，先经过南宋初年藏书家方崧卿校定，方崧卿"聚书四万卷，手自雠

① 〔汉〕班固：《艺文志》，《汉书》，第1701页。
② 张舜徽：《广校雠略》，上海古籍出版社，2013年，第84页。

校。尤喜韩昌黎文，为举正十卷、附录五卷、晚别成笺校十卷”。[①]方崧卿藏书丰富，且积极搜罗南宋之前韩愈的文章，经过多年校勘，整理出《韩集举正》这部详细记录方崧卿校理韩愈诗文集的校勘记，也是一部独立完整的校勘著作。自方氏后，韩愈集的文字内容基本上定型。此后，朱熹又在《韩集举正》的基础上，重新校对、增补，撰成《韩文考异》。后来人整理的韩愈文集，大多数都是从朱熹的《韩文考异》演化而来。可以说，韩愈集的定型与流传，必须归功于方崧卿、朱熹等宋人的努力搜求、细致校勘。

宋人校勘、出版的古籍会如此重要的原因在于：其一，宋代雕版印刷术大行，许多书籍在宋代才第一次被刊印，故而宋版书更接近于图书的原貌；其二则是宋代士大夫热衷于藏书，可以搜罗到更多今已亡佚的古书，且这些古书必得亲自勘定。也就是说，宋代人用以校勘的版本、参考资料更加丰富。可以说，古代图书在宋代被大规模、长时期的整理、校勘，而且是经专家学者之手。这些学者还会将自己的校勘心得进行总结，形成了为数众多的校勘专著，以及零星收录的校勘成果和理论式的笔记、别集等著作。前者如《韩集举正》《韩文考异》，后者如王应麟的《困学纪闻》、沈括的《梦溪笔谈》、洪迈的《容斋随笔》等。这些笔记并非专门的校勘学专著，而是记录学者在日常读书、校勘活动中的零散心得，尚不成体系。

郑樵的《通志·校雠略》开始有意识地总结宋人校雠的理论与方法，分析古书散佚的原因，总结“求书八法”，尤其是提出“求书之官，不可不遣；校书之任，不可不专”。求书要派遣专门之官，校书则是更艰难的工作，必须专人治专书，“随其学术所长者而授之”。郑樵指出，校书之官不但要专，而且从事校雠的时间要长，这样才能保证书的质量。并举

① 〔宋〕周必大：《京西转运判官方君崧卿墓志铭》，《文忠集》卷七十一，《景印文渊阁四库全书》第一一四七册，台湾商务印书馆，1986年，第754页。

“司马迁世为史官，刘向父子校雠天禄，虞世南、颜师古相继为秘书监，令狐德棻三朝当修史之任，孔颖达一生不离学校之官”[①]等典型案例，以佐证“校雠久任”理论的正确性。校勘实非易事，尤其是在古代书籍的传播为口传手抄之时，鱼鲁亥豕在所难免。即使精通博学之人担任此职，如果不长久担任，也很难取得成绩。《编次失书论》中云“书之易亡，亦由校雠之人失职故也”，可见校雠之官的重要性，一旦有疏漏就会造成书籍的亡佚。郑樵在《校雠略》中，还对一些典型的错误进行了校勘。

校勘文献，不能偏信一家之说，要广搜异本，进行认真的比较与勘定。这些校勘理论，事实上是两宋官、私双方校勘活动的概括、总结，也是北宋时期官方专设馆阁官员专任校书，且多数馆阁官员任职时都在五年以上的原因所在。尤其是在北宋初期，馆阁初设，地位最为清贵，当时儒学之士由馆职择侍从，或有终身不为外官者。如此长时期、专门从事校勘活动，使得宋代校书事业获得了突出的成就，也为我国校勘学的成立奠定了基础。

值得注意的是，郑樵“校雠久任”论的源头可追溯到北宋治平三年（1066）欧阳修的《又论馆阁取士札子》：“新制，馆阁共置编校八员，本为馆中书籍久不齐整，而馆职多别有差遣，不能专一校正，乃别置此八员。故选新进资浅人，令久任而专一校读。”[②]欧阳修两度担任馆阁校勘，参与《崇文总目》的编撰工作，嘉祐七年（1062）还奉命提举三馆、秘阁写校书籍、同译经润文，负责当时的馆阁古籍整理工作，“校理定著了1474部，8494卷”[③]图书，有着丰富的馆阁校书经验。景祐元年（1034），欧阳修初次担任馆阁校勘，参与编修《崇文总目》。三年后，因支持范仲

① 〔宋〕郑樵撰，王树民点校：《校雠略》，《通志二十略》，中华书局，1995年，第1812页。
② 〔宋〕欧阳修：《又论馆阁取士札子》，《欧阳修全集》卷一百一十四，1729页。
③ 管锡华：《汉语古籍校勘学》，巴蜀书社，2003年，第50页。

淹的改革，被贬夷陵。康定元年（1040），欧阳修被召回京，复任馆阁校勘，编修《崇文总目》，但很快被调任知谏院。欧阳修的两次馆阁校勘活动都被迫中断，因此他充分体会到校雠的艰难，以及校雠需专任的重要性。而朝廷对此也有认识，正式添置了资历较浅的人员担任编校书籍，以期专职从事馆阁校雠。但事实上很难做到久任，因为那些编校书籍官二年后若任职勤勉，即可升馆职，继而担任其他差遣，不再专门供职校雠。且校雠久任，在朝廷看来会导致“滞材”、冗官现象，神宗朝已不再设置编校。元丰改制后，三馆消失，藏书、校书的任务又回归秘书省。原本的馆职不复除授，秘书省官转为职事官，大致三年一任，具体的校书任务从此纳入差遣的范围，专人校书尚可保证，但久不过三年。这与北宋馆阁制度的变化是直接相关联的，这一点在下一章中有专门论述。

第三节　江西学风与南丰曾氏

宋代尚文，流风所及，各地士人读书热情极高；并且，宋代私家藏书成风，其中出现了很多沿袭二代、三代，甚至更长时期的藏书世家。而且，藏书之风，甚至会造成某一地区的藏书、读书高度集中的现象，进而带来这一地区学术思想、文学创作的兴盛。宋代是江西文化发展最为辉煌的时期，读书、藏书、著书之风也十分兴盛。杨立诚等著《中国藏书家考略》载录九十位宋代藏书家，其中江西就有十一位，约占宋代藏书家的八分之一。潘美月的《宋代藏书家考》中收录的一百二十六名藏书家，江西有十五名，仅次于江苏、浙江，名列第三。由此可见，宋代江西藏书事业的兴旺。曾氏则是江西藏书家的杰出代表，曾巩更是曾氏藏书的集大成者。可以说，曾氏作为江西文化的杰出代表，既受到江西学风的影响，同时也深深地影响了江西学风的形成。曾巩不但是曾氏家学的受益者，也是曾氏家学的继任者和传承者。

一、南丰曾氏家族的渊源

曾氏，源于上古八大姓之姒姓。据考证，姒姓是一个有四千多年历史的姓氏，其祖先被推为千古传颂的治水英雄、夏朝的开创者禹，姒姓也因此成为夏朝的国姓。从《曾氏家谱》之《曾氏世系歌》的记载来看，曾氏得姓的渊源是：夏朝少康封子曲烈在鄫地（今山东临沂境内），建立鄫国。鄫国国祚绵长，历经夏、商、周三代，历经千年，一直到鲁襄公六年即公元前 567 年，被莒国所灭，公子巫出奔临近的鲁国避难，并在鲁国定居、做官。其后代以原国名“鄫”为氏，除去邑旁，表示离开故城，但不忘先祖，称曾氏，此为曾氏得姓之始。[①] 后人尊曲烈后裔巫为曾氏第一世祖。从曲烈至巫改为曾姓，经历五十四代传至巫，五十八代传至曾参。曾参与其父曾点都是孔子的得意门生，世居鲁国南武城。在儒家经典著作《论语》中也常有曾参的身影，提出“吾日三省吾身”(《论语・述而》）的修身养性之法；“士不可以不弘毅，任重而道远”、君子当“仁以为己任”“可以托六尺之孤，可以寄百里之命，临大节而不可夺”（《论语・泰伯》）的思想品格和“慎终追远，民德归厚”(《论语・学而》）的孝治理念。曾参是孔子思想的继承者和传播者，相传《论语》《大学》《孝经》等儒家经典的编撰都经曾参之手，所以曾参被称为“宗圣”。自唐代以来，曾参广受推崇，成为与孔子、颜回、子思、孟子比肩的儒学圣人。

南丰曾氏源自西汉末年，据曾巩二十六世孙曾琟玢的考证，南丰曾氏乃曾参之后，曾参“十九代孙曰据，为汉关内侯，一载袭都乡侯，见新

① 《曾氏世系歌》,《曾氏家谱》，转引自罗伽禄《曾巩家族》，江西人民出版社，2014 年，第 2 页。另，王安石在为曾致尧所作之墓志铭中，提到曾氏得姓之由时，也说是“先封鄫，鄫亡，去‘邑’为氏”。见《曾巩资料汇编》第 26 页。杨时为曾肇作《曾文昭公行述》，对曾氏家族之渊源有较多介绍，与《曾氏世系歌》内容基本一致，见《曾巩资料汇编》第 60 页。

莽得政，已有篡机，乃弃侯爵携家渡江，避地豫章，居庐陵之吉阳乡，乃永丰县属。至三十七代名丞，生三子，曰硅、旧、略。……幼略迁抚州之南城，盖南城时为抚州属邑。略后三祖长可徙居南城甘山，幼宏立生子延寿，其后居南丰五十四都京源。次洪立为南丰令，后居南丰县治，丰之曾氏所由来也。是以今南丰曾氏之作谱者，咸以洪立祖为一代祖。"[①] 由此可知，曾氏的源头在山东，祖上曾出现了曾参这样的儒家大师，这对曾氏家族的发展有很大的影响，曾氏由此世代以儒学传家。西汉末年，因王莽之乱，曾氏避乱迁徙到江西，居于江西吉安，再迁至江西南城。至曾洪立为官南丰县令，他的这一支开始在南丰定居，所以曾洪立是南丰曾氏这一支的始祖。

曾洪立，字子展，唐昭宗时期人。于时天下多故，战乱不宁，而洪立治理南丰期间，平定乱贼有功。洪立三子延铎定居南丰，其孙正是曾巩的祖父曾致尧。曾致尧是南丰曾氏兴盛的开始，如欧阳修所说，曾氏自曾参、曾元等人之后，千年不兴，到了曾致尧方显。[②] 宋代人普遍有这样的观点，杨时、王安石等人为曾致尧、曾巩之弟曾肇等人所写行状、墓志中都有类似的意思。[③]

之所以有如此观点，是因为在曾致尧以前，南丰曾氏虽号称耕读世家，但在政治、社会地位上几近白身，没有太大影响力。从曾致尧于太平兴国八年（983）举进士起，曾家在科举考试中大显神威。七十七年间，中进士者十九位。进士中，曾致尧辈七人，其子曾易占辈六人，其孙曾巩辈六人。此外，曾巩之妹婿王安国、王无咎、关景晖等一批人亦皆进士。前文已详细论述过科举考试在宋代的重要性，进士出身在宋代不仅是入仕

① 〔清〕曾珒玢：《本支单吊并略祖迁徙考》，《曾巩家族》，第 5 页。

② 〔宋〕欧阳修：《尚书户部郎中赠右谏议大夫曾公神道碑》，李震编《曾巩资料汇编》，中华书局，2009 年，第 10 页。

③ 杨时：《曾文昭公行状》，60 页；王安石：《户部郎中赠谏议大夫曾公墓志铭》，26 页；两书俱见李震的《曾巩资料汇编》。

的通行证，还是仕途通达的护身符。南丰曾氏在科举上的成就，使得曾氏很快在朝堂之上占得一席之地，并逐渐致位通显，曾巩之弟曾布就曾一度拜相。南丰曾氏在宋代可称得上是名门望族，“世言名家者推曾氏”[①]。科举上的成功，提高曾氏政治地位的同时，也提升了曾氏的家族文化底蕴。“南丰七曾”名号并不单指七人科举得中高等，入官拜相，更指的是七人的学术、文学等文化方面的成就卓绝一时。

二、江西学风与曾氏家学

江西好学，读书之风由来已久，素有文人之乡的美誉。从孔子开聚徒讲学之风以来，孔子弟子澹台灭明曾在南昌钟陵县的钟陵山上讲学，将儒家思想、人文风气带入江西。到了唐玄宗时，江西又出现了中国历史上最早的书院之一——桂岩书院。唐昭宗时期，江州浔阳县陈崇家族就创办有东佳书院，有“堂庑数十间，聚书数千篇，田二十倾，以为游学之资”。[②]南唐升元年间，朝廷在江西庐山创办“庐山国学”，又称“白鹿国学”，是中国历史上唯一的一所由中央政府于京城之外设立的国学，体制完备，与当时金陵秦淮河畔的国子监齐名。到了宋代，江西的教育和读书的风气更加兴盛。据统计，“宋代全国书院623所，江西占有229所，为全国第一”。[③]这其中有著名的濂溪书院、白鹿洞书院、鹅湖书院等。其中白鹿洞书院为北宋初期江州人士在南唐庐山国学的基础上改建的；宋初十分受朝廷重视，宋太宗曾颁赐国子监印本“九经”给白鹿洞书院。到了南宋，理学家朱熹重建书院，并亲自讲学，制定了《白鹿洞书院揭示》作为书院规条，此规条后来成为天下书院共同遵守的学规和书院精神的象

① 陈柏泉：《江西出土墓志选编》，江西教育出版社，1991年，第41页。
② 〔南唐〕徐锴：《陈氏书堂记》，许怀林著《江西史稿》，江西高校出版社，1993年，第161页。
③ 陈晓强、陈小芒：《江西书院文化谈》，《西南民族大学学报》（人文社科版），2004年第11期。

征。其课程设置，教学规条，教学形式，读书方法都成为后世书院教学的准则。可以说，白鹿洞书院确立了古代书院的范式，是宋末至清初数百年来中国文化发展的重要摇篮之一，也是中国教育文化的重要发祥地之一。

江西教育的兴盛带动了江西学风的醇厚，培养了一大批优秀的人才。尤其是在北宋真宗、仁宗时期，晏殊、欧阳修、王安石、曾巩等一批江西士人相继考中进士、登入仕途并进而入主文坛后，甚至形成了“文章之士，特盛于江西”① 的盛况。南宋时，江西人洪迈曾总结江西学风之盛，已经到了“为父兄者，以其子与弟不文为咎，为母妻者，以其子与夫不学为辱”② 的程度。家族成员间互相砥砺、学习，甚至出现许多文化家族，除南丰七曾（曾巩、曾肇、曾布、曾纡、曾纮、曾协、曾敦）外，再如临川二晏（晏殊与其子晏几道）、临川三王（王安石、王安国、王安仁）、鄱阳三洪（洪适、洪遵、洪迈）、金溪三陆（陆九韶、陆九龄、陆九渊）、临江三孔（孔文仲、孔武仲、孔平仲）等。他们以群体性、家族性的形式显现于当时的历史文化舞台上，仿如群星璀璨。这不能不说是江西学风与家族教育的濡染授受的结果。

南丰曾氏自曾巩祖父曾致尧始登进士第。曾致尧，字正臣，南唐后主时曾中进士，但因眼见时局渐乱，辞不就仕。直到北宋统一，政权稳定以后，太宗太平兴国八年复举进士，成为北宋以来南丰第一位进士。曾致尧初任符离主簿，累迁著作佐郎、直史馆，使行视汴河漕运，称旨，迁秘书丞，出为两浙转运使。其性格刚正，体察百姓疾苦，敢于上书言事，对有违法制的苛捐杂税给予减免或废除，所到之处，颇有政声。又敢于揭人之过，谏议大夫魏庠知苏州时，多行不法，无人敢言，致尧则“劾

① 〔宋〕李传道：《谥文节公告议》，辛更儒笺校《杨万里集笺校》附录，中华书局，2007年，第5149页。
② 〔宋〕洪迈：《饶州风俗》，《容斋四笔》卷五，《唐宋史料笔记丛刊》，中华书局，2005年，第683页。

其状以闻”。宋太宗惊曰：“是敢治魏庠，可畏也。”卒罢魏庠之职。不久，命曾致尧安抚西川（今四川成都），改知寿州（今安徽寿县）。“寿近京师，诸豪大商交结权贵，号为难治。”但曾致尧治理年余，使得地方豪强敛手，莫敢犯法。党项族李继迁围攻灵州，真宗欲以宁夏五州来安抚李继迁。曾致尧上书，认为李继迁反复无常，多次降叛，不可信任，而宁夏为大宋之西陲，不宜放弃，应派兵防守。因词旨尖锐，被贬为黄州团练副使。未几，迁为吏部员外郎，历知泰、泉、苏、扬、鄂等州。大中祥符初（1008），迁礼部郎中，转户部郎中。卒后，谥右谏议大夫。①

从曾致尧的生平事迹看来，其为政练达，刚直敢谏，不畏权贵。这对曾巩影响很大。曾巩为政的风格与祖父极为相似，廉平无私，奉法循理，勤于政事，“为州务去民疾苦”，“澄清风俗，振理颓坏，斗讼衰熄，纲纪具修”②，其他如打击豪强、平盗除乱、救灾防疫、决狱息讼、疏河架桥、兴办学校、削减公文、废除苛捐杂税等惠民之举比比皆是，“故所至有惠爱，既去，民思之不已。”③但因“仕不肯苟合”“挺立无所附，远迹权贵，由是爱公者少。”④在曾巩为祖父文集作的后序中曾巩强调曾致尧为政“勇言当世之得失”，“不以利害祸福动其意”，并认为这才是“圣臣直者”⑤应有的态度等等，从这里可以清晰地看到曾巩从政颇以祖父为榜样。

再者，曾致尧治学求“知治乱得失兴怀之理”，为文“闳深隽美”，“长于讽喻”。⑥其子、曾巩父曾易占“以文章有名”，所言“皆天下事，

① 〔宋〕欧阳修：《尚书户部郎中赠右谏议大夫曾公神道碑铭并序》，《曾巩资料汇编》，第8—9页。

② 〔宋〕曾肇：《行状》，曾巩撰，陈杏珍、晁继周点校《曾巩集》下册，中华书局，1984年，第792—793页。

③ 〔宋〕林希：《朝散郎试中书舍人轻车都尉赐紫金鱼袋曾公墓志铭并序》，《曾巩资料汇编》，第40页。

④ 〔宋〕曾肇：《行状》，《曾巩集》下册，第794页。

⑤ 〔宋〕曾巩：《先大夫集后序》，《曾巩集》上册，第194—195页。

⑥ 〔宋〕曾巩：《先大夫集后序》，《曾巩集》上册，第194页。

古今之所以存亡治乱”[①]，与曾致尧相类。其他族人，无论男女，无论仕途高低，皆嗜好读书，尤喜史部书。如曾致尧之女“于财无所蓄，于物无所玩，自司马氏以下史所记世治乱、人贤不肖，无所不读，盖其明辩智识，当世游谈学问知名之士有不能如也”[②]。曾巩长妹德操也是“喜读书”[③]。而曾巩兄晔“欢愉忧悲，疾病行役，寝食之间，书未尝去目。”“于治乱兴亡、是非得失之际，莫不能议焉”。[④]曾巩弟宰“少力学，六艺百子、史氏记、钟律地理、传注笺疏、史篇文字，目览口诵手抄，日常数千言，手抄书连榻累笥不能容。于其是非治乱之意既已通，至于法制度数、造物立器，解名释象、声音训诂，纤悉委曲，贯穿旁罗，无不极其说”。[⑤]曾巩弟曾肇亦能文，清代四库馆臣认为曾肇文章“尔雅典则，得训词之体。虽深厚不及其兄巩，而渊懿温纯，犹能不失家法”[⑥]。曾巩之妹亦“能读书言古今”[⑦]。曾巩之侄曾觉“善于属文……慨然慕有为于世”[⑧]。这是一个真正的文化家族，其文其学有一脉相承的家法。而曾氏的家法即是，读书治学作文应该始终坚持“言古今治乱、得失、是非、成败”，“弥纶当世之务”[⑨]，简而言之，即是文以明道，学以经世。这一宗旨也是宋代古文革新运动的宗旨，亦合乎宋代官方提倡的治学、为官宗旨。

曾氏的兴盛得益于家学的传承、父兄的言传身教。“江西籍知名作家少从家学，使他们比一般同龄儿童更早接受教育，其学习内容也往往贯彻

① 〔宋〕王安石：《太常博士曾公墓志铭》，《曾巩资料汇编》上册，第30页。
② 〔宋〕王安石：《河东县太君曾氏墓志铭》，《曾巩资料汇编》，第31页。
③ 〔宋〕曾巩：《郓州平阴县主簿关君妻曾氏墓表》，《曾巩集》下册，第637页。
④ 〔宋〕曾巩：《亡兄墓志铭》，《曾巩集》下册，第624页。
⑤ 〔宋〕曾巩：《亡弟湘潭县主簿子翊墓志铭》，《曾巩集》下册，第634页。
⑥ 〔清〕纪昀等：《四库全书总目》，中华书局，1965年，第1323页。
⑦ 〔宋〕曾巩：《江都县主簿王君夫人曾氏墓志》，《曾巩集》下册，第626页。
⑧ 〔宋〕曾巩：《亡侄韶州军事判官墓志铭》，《曾巩集》下册，第628页。
⑨ 〔宋〕曾肇：《行状》，《曾巩集》下册，第791页。

着家学理念。”[1]曾巩“幼则从先生受书”[2]“生而警敏，不类童子，读书数百千言，一览辄诵。年十有二，日试六论，援笔而成，辞甚伟也。”[3]曾巩在童年时期即开始延师读书，生来机警，记忆力超群。十二岁即能做论文，且有辞采。十四岁即随父至任上，亲见父亲为官处事之道。“十六七时，窥六经之言与古今文章，有过人者，知好之……”[4]未几，“家事滋生”，曾巩开始“涉世而奔走”，在磨难中拓宽了眼界与阅历，更为关注现实和民生，不只是单纯的闭门读书，所以才能够“未冠，名闻四方”[5]。

三、曾氏藏书考

曾氏世代业儒，随着朝廷右文政策的推行，朝野间崇文风气的带动，曾氏家族重文之风极盛。这不仅表现在曾氏子弟积极读书治学，参加科举考试；还表现在受到士大夫雅好典籍，积极藏书风尚的影响，家族也有收藏图书的习惯。曾巩受到时代、家族、交友的影响，也极嗜藏书，从政之便，广览博收。而藏书活动又往往伴随着校书。因此，曾巩校书并不只限于馆阁校书，其自身也自觉地校勘所藏图书，这一点在许多文献中都有记载。林希在《墓志》中说，曾巩“性嗜书，家藏至二万卷，集古今篆刻，为《金石录》又五百卷，出处必与之俱”[6]。曾肇在《行状》中也说“(子固)平生无所玩好，顾喜藏书，至二万卷”[7]。这二万卷藏书多得曾巩亲手校勘，如韩维在《神道碑》中称曾巩平生所好，惟藏书而已，且藏书

① 冯志弘：《北宋“江西文风”与古文运动——兼论南丰曾氏、临川王氏之士族家风》，《江西师范大学学报》(哲学社会科学版)，2008年第5期。
② 〔宋〕曾巩：《学舍记》，《曾巩集》上册，第284页。
③ 〔宋〕曾肇：《行状》，《曾巩集》下册，第791页。
④ 〔宋〕曾巩：《学舍记》，《曾巩集》上册，第284页。
⑤ 〔宋〕曾肇：《行状》，《曾巩集》下册，第791页。
⑥ 〔宋〕林希：《墓志》，《曾巩集》下册，第800页。
⑦ 〔宋〕曾肇：《行状》，《曾巩集》下册，第796页。

二万卷，“皆手自雠定”。[①] 又，陈直在《寿亲养老新书》中言：“曾子固平生嗜书，家藏至六万余卷，手自讎对，白首不倦。此储书以遗其子孙者也。”[②] 可见，曾巩如同时代的士大夫一样，喜欢藏书、校书，算得上是名副其实的藏书家、校勘学家和金石家。而其藏书和校书的目的，还在于为子孙留下学习的资源，促进家族的发展，所以曾氏藏书会形成家族子孙间的传承与亲旧间的相互影响。

如曾巩的弟弟曾肇家也有很多藏书，傅伯寿在《云庄集·原序》中说：“文昭公家多书，已而毁于兵，家贫无以市，一阅于肆，终身不忘，遂博通六籍、诸史、传记、百家之言。”[③] 由此可见，藏书已经成为曾氏的传统，曾肇的儿子曾统家藏书更多，以至于绍兴年间编修国史时，朝廷藏书不足，多赖曾氏藏书，方不得谬误百出：“统，文献故家，藏书素多。绍兴间，重修国史，诸老沦谢，无所订正，成书不谬，足以传信，统之力为多。”[④] 曾布的儿子曾纡，其女婿王銍家也有很多藏书，甚至因藏书之富而引起秦桧之子秦熺的觊觎。在陆游的《老学庵笔记》中就记载了这样的故事：“（铚）既卒，秦熺方恃其父（秦桧）气焰熏灼，手书移郡，将欲取其所藏书，且许以官其子。长子仲信，名廉清，苦学有守，号泣拒之曰：‘愿守此书以死，不愿官也。’郡将以祸福诱胁之，皆不听。熺亦不能夺而止。”[⑤] 王氏藏书也有其家族传统，王銍之子王明清在《挥麈录后录》篇七中说：“先祖早岁登科，游宦四方，留心典籍，经营收拾，所藏书逮数

① 〔宋〕韩维：《神道碑》，《曾巩集》下册，第 804 页。

② 〔宋〕陈直原著，〔元〕邹铉增补，叶子、张志斌、张心悦校点：《寿亲养老新书》，福建科学技术出版社，2013 年，第 116 页。另，曾巩藏书应无六万之多，以《行状》《墓志》《神道碑》所载，均为二万卷，当以此为准。《寿亲养老新书》或为传抄之误。

③ 〔宋〕傅伯寿：《云庄集·原序》，曾枣庄主编《宋代序跋全编》第 2 册，齐鲁书社，2015 年，第 1104 页。

④ 〔宋〕刘宰撰，王勇、李金坤校证：《京口耆旧传校证》卷二，江苏大学出版社，2016 年，第 55 页。

⑤ 〔宋〕陆游：《老学庵笔记》卷二，《历代史料笔记丛刊》，第 20 页。

万卷，皆手自校雠，贮之于乡里，汝阴士大夫多从而借传。……先人南渡后，所至穷力抄录，亦有书几万卷。”[①] 可见，曾氏藏书代有传统，其藏书多有家族积累及亲友间传录。

上文已经说过，私人藏书家的藏书来源基本上是三类：传录、购买和赠与。曾巩的藏书也不出这三类渠道。喻进芳、常毓晗在《曾巩藏书考论》[②] 中认为曾巩藏书来源有六种：1. 先祖著述和藏书；2. 为人指点文章，得到别人投递的文稿；3. 为他人文集写序而得到该人文集；4. 友朋赠送；5. 为他人撰写碑铭而得赠书；6. 购买、抄写。其中，第 1 种，来自祖父辈藏书者，在曾巩早年所写的《南轩记》确有体现：“顾吾之所好者远，无与处于是也。然而六艺百家史氏之籍，笺疏之书，与夫论美刺非、感微托远、山镵冢刻、浮夸诡异之文章，下至兵权、历法、星官、乐工、山农、野圃、方言、地记、佛老所传，吾悉得于此……”[③] 这里的“是”“此”，指的都是南轩，即曾巩三十六岁时为自己开辟的书屋。此时曾巩尚未考取进士出仕做官，而其祖、父早亡，家业败落。曾巩也一直耕读为生，还要养活弟、妹，当无余力大肆收购图书，南轩图书当大部分来自祖父辈的积累无疑。

第 2、3、4、5 种说的藏书来源，基本上都是亲友故旧的馈赠。至于第 6 种，购买、抄写也是宋人藏书的主要来源。尤其是曾巩曾历馆阁近十年，接触到最丰富的藏书，有许多还是外间难得一见的珍本、孤本、秘本，必然会亲自手抄副本，作为自己的珍藏。正如苏颂置身馆阁九年之久，“传写秘阁书籍，每日记二千言，归即书于方册。家中藏书数万卷，秘阁所传者居多。”[④] 这也是藏书家多出身馆阁的主要原因。《曾巩藏书考

① 〔宋〕王明清：《后录》卷七，《挥麈录》，第 136 页。

② 喻进芳、常毓晗：《曾巩藏书考论》，《兰台世界》，2015 年 10 月上旬。

③ 〔宋〕曾巩：《南轩记》，《曾巩集》上册，第 285 页。

④ 〔宋〕苏象先：《丞相魏公谭训》，朱易安、傅璇琮等主编《全宋笔记》第 3 编第 3 本，大象出版社，2008 年，第 60 页。

论》中还少了一点，就是赐书。曾巩在馆阁近十年，按惯例会多次受到皇帝的赐书。馆阁官员多有此荣耀，如北宋大藏书家宋绶与其父宋皋同在馆阁，“每赐书必得二本”[①]，成为一时佳话。《却扫编》中也记有仁宗朝馆阁官员李大临，“一日自秣马，会例赐御书”[②]一事。再如，“熙宁十年九月，（神宗）命刘挚等校《六典》。元丰元年成，上之。三年，禁中镂版，以摹本赐近臣及馆阁。”[③]可惜的是，此时的曾巩刚从沧州改任京师，未在馆阁，没有得到御赐的《唐六典》，故不得已上《乞赐〈唐六典〉状》，最终获得赐书。由此可以推想，曾巩于馆阁之时，当拥有一定数量的皇帝所赐之书。

① 葛渭君、周子来、王华宝编：《宋人轶事汇编》，上海古籍出版社，2015年，第806页。

② 〔宋〕徐度：《却扫编》，《宾却录却扫编》，第141页。

③ 〔宋〕王应麟：《玉海》卷第五十一，广陵书社，2016年，第1002页。

第二章

曾巩与北宋馆阁校书

馆阁之职，在宋代十分耀眼，“进擢之异，待遇之渥，资任之优，选除之遴，简书之略，盖不与他司等也。”[①] 欧阳修曾说“自祖宗以来，所用两府大臣多矣，其间名臣贤相出于馆阁者十常八九”。欧阳修所说的比例虽然有夸张的成分，但在一定程度上也说明了一个事实：馆阁为官员升迁的捷径，尤其是对于宰执官，出任馆阁是其十分重要的晋升资历。欧阳修作为曾经的馆职、后来的执政官，对此应有更加深刻的体会。而他举荐曾巩入职馆阁，也充分说明了对这个门生的器重与提携。

第一节　北宋馆阁校书的特点

北宋自建国之初，即积极搜求各地藏书，以赐官职、金帛、出身等手段，极大地鼓励了民间的献书热情，因而求书令得到民间积极的响应，大量珍稀典籍得以汇入官中。为了更好地收藏图书，北宋因唐、五代之旧制，设立专门的机构来收藏、整理图书。这一机构就是馆阁，因北宋馆阁

① 〔宋〕程俱：《沿革》，《麟台故事校证》，第 7 页。

藏书十分丰富，故号称“书林”。同时，由于宋代雕版印刷技术水平大为提升，图书上版摹刻非常流行，馆阁也成为国家整理颁印图书典籍的重要场所之一。既要刻书，就要在上版之前有一个定本，而要确认定本就需要有图书校勘的过程。因此，馆阁也负责重要典籍的校勘、编目等工作，以确保刻印的图书没有文字上的错漏，因此馆阁就被称为“图书之府，校雠之司”。馆阁不仅要主持图书的搜求、整理、编目工作，更要直接经手图书的校勘工作，这也是“自汉代刘向整理宫廷藏书以来，由政府主持对文献典籍进行全面整理这一传统的延续，并且随着宋代文化事业的发展，进一步制度化，形成了固定的程式。”①

所谓馆阁，指的是三馆：昭文馆、史馆、集贤院以及秘阁。北宋沿袭唐、五代旧制，于禁中设置昭文馆、史馆和集贤院，收藏管理古今图书，简称“三馆”。三馆设置之初，规模狭小，只有小屋十数间，且地势“湫隘喧杂”，太宗认为此非所以蓄天下图书、待天下贤俊之地，故而于太平兴国三年（978年）兴建崇文院，于内“敞园圃植花木，引御沟水注其中，开便门西序备行幸”，以寓三馆。三馆藏书全部迁入崇文院，分库收藏：“东廊为昭文书库，南廊为集贤书库，西廊分经史子集四部，为史馆书库。”②端拱元年（988），增设秘阁于崇文院中堂，以收藏“三馆真本书籍”万余卷以及宫廷所藏珍稀书画；并将史馆中收藏的天文、占候、谶纬、方术书五千余卷，书画一百四十轴归入秘阁。三馆、秘阁，总称崇文院，故又有“馆阁”之称。

大中祥符八年（1015），宫城发大火，崇文院亦受祝融之祸，三馆秘阁藏书受灾严重。为尽快重建馆阁，翰林学士陈彭年上书，建议将秘阁留

---

① 李更：《宋代馆阁校勘研究》，凤凰出版社，2006年，第2页。

② 〔宋〕曾巩撰，王瑞来校正：《馆阁》，《隆平集校证》卷一，中华书局，2012年，第31页。

置崇文院旧址，“奉安太宗圣容、御书、供御书籍、天文图画”[①]，三馆则迁至宫城之外，称崇文外院。此议被采纳，虽然此后三馆再次迁回宫中，与秘阁合于一处，但这次的分割，也在一定程度上说明，秘阁属于宫廷藏书，与三馆属于国家藏书的性质略有区别。[②]故而，元丰改制后，崇文院改为秘书省，三馆被取消，也只留下秘阁。虽然三馆被取消，但馆阁的名称一直得以保留，至南宋仍习惯以馆阁指代官方藏书机构。

一、校书目的：因其校雠，预闻朝廷政事

馆阁官员通称馆职，得入馆职者“皆天下英俊，然必试而后命。一经此职，遂为名流”，“中外皆称为学士”。[③]凡入馆阁者，皆称学士，是宋代最为清要的官职。最高者为昭文馆大学士；次之（史馆）监修国史；次之集贤殿大学士，或称集贤院大学士。宋朝沿用唐代故事，馆职历来由宰相兼任。宰相兼任的三种馆职中，昭文馆大学士、集贤殿大学士均无实际的馆职事务，只是虚职。只有监修国史对日历修纂有“兼修”“但提大纲”的职责。[④]

三馆大学士、监修国史外，昭文馆有学士、直学士，非常设职位；直昭文馆，亦无定员，由京朝官充。史馆有修撰、直史馆、检讨，皆无常员。修撰以朝官充，直史馆、检讨以京官以上充。集贤院亦有学士、直学士，无定员；直集贤院事、校理，无定员，以京官充任。判昭文馆事、史馆事、集贤院事，最初由馆内官职最高者担任，后来由两省五品以上朝官兼任。秘阁有直秘阁、校理，皆无定员。判秘阁事亦由两省五品以上朝官

① 〔宋〕陈彭年：《中书门下省修盖书库奏》，曾枣庄、刘琳主编：《全宋文》卷一八七，上海辞书出版社、安徽教育出版社，2006年，第224页。
② 李更：《宋代馆阁校勘研究》，第49页。
③ 〔宋〕洪迈：《馆职名存》，《容斋随笔》卷十六，第208页。
④ 〔宋〕谢维新：《史馆门》，《古今合璧事类备要》后集卷四二，四库全书本，不注页码。

充任，但品位较其他三馆判事为低。[①]

三馆通为崇文院，所以天禧初年还设有崇文院检讨、馆阁校勘。最初只是差遣，后来转化为正式职官。检讨、校勘无定员，以京朝官或京朝幕府、州县官充任。熙宁年间还设有崇文院校书，其为非正式馆职，“有文学被举荐于朝廷可供提拔使用的选人，处之馆阁，以备朝廷访问与差遣使唤，为临时馆职，类似于汉代的待诏。两年后，依照个人考核成绩，或转为馆职，或授予馆阁实事官，或另行差遣”。此外，还设有编校馆阁书籍、史馆校勘、史馆祗候等准馆职，无定员、非常设，多因事而设。编校馆阁书籍始置于仁宗嘉祐四年（1059），包括编校昭文馆书籍、编校史馆书籍、编校集贤院书籍、编校秘阁书籍各两员，是实际承担编校工作的实事官，也就是欧阳修所说的“令久任而专一校读”者。但在馆任职两年后，选人、京官充馆阁校勘，朝官除秘阁校理、集贤校理。

总体来说，宋初三馆是沿袭唐、五代以来旧习，专为藏书而设的机构。三馆除史馆有修纂国史、实录、日历等具体的机构人员外，其他两馆只有书库，用以藏书，并无具体职官系统。各馆职官的设置有一个逐渐增加的过程，到北宋中期形成的馆阁职官系统中，领导职务的学士、直学士、修撰、校理多是贴职。其他在职职官，除判史馆事、史馆修撰与直史馆需要分季撰录日历，直秘阁、秘阁校理掌秘阁图书缮写等明确职责外；其他馆职“名数虽异，职务略同”，“有位号而无分职”，虽笼统的说是掌管馆阁图书校雠之事，但并无确定事务。之所以会出现这种馆职实际职务不明的现象，实与宋初馆阁建立的目的有很大关系。

三馆秘阁之建，最初的目的以及最终的目的正是为了笼络人才，养育宰辅高官。正如欧阳修所说：

> 馆阁之职，号为育材之地。今两府阙人，则必取于两制……

① 关于三馆秘阁馆职的设置问题，详见《宋会要》职官一八之五〇，《容斋随笔》卷十六，《容斋四笔》卷一，《麟台故事》卷一、卷二之一九、卷三之一〇等。

两制阙人，则必取于馆阁。然则馆阁，辅相养材之地也。材既难得而又难知，故当博采广求而多畜之，时冀一得于其间，则杰然而出为名臣矣。其余中人以上，优游养育以奖成之，亦不失为佳士也。自祖宗以来，所用两府大臣多矣，其间名臣贤相出于馆阁者，十常八九也。祖宗用人，初若不精，然所采既广，故所得亦多也。是以有文章，有学问，有材有行，或精于一艺，或长于一事者，莫不畜之馆阁而奖养之。其杰然而出者，皆为贤辅相矣。其余不至辅相而为一时之名臣者，亦不可胜数也。先朝循用祖宗旧制，收拾养育，得人尤多。①

在欧阳修看来，人才难得，故而应该博采广求，进而加以培养、奖进。最合适的培养场所就是馆阁，即使是中人之才，也有望养成佳士，成为一时名臣。若是天资卓越，脱颖而出为宰辅者在在皆是。馆职之清贵，在北宋是公认的事实。如曾巩也认为，馆阁“悉择当世聪明魁垒之材，处之其中，食于太官，谓之学士。其意非独使之寻文字、窥笔墨也，盖将以观天下之材，而备大臣之选。此天子所以发德音、留圣意也”②。当时大臣在关于馆阁的奏疏中亦表达了同样的观点，如孙升认为：“祖宗置三馆图书之府，聚四海英俊之材，优其禄赐，异其资任，试以内外要剧之务，观其进退去就之节，待其器业之成，以为廊庙之用。”③苏轼曰：“纳之于英俊相从之地，观之以世俗不见之书。非独使之业广而材成，抑将待其资深而望重。”④北宋时期，出身馆阁的高官、名臣俯拾皆是，如晏殊、范仲

① 〔宋〕欧阳修：《又论馆阁取士札子》，《欧阳修全集》卷一百一十四，第1727—1728页。
② 〔宋〕曾巩：《文馆》，《曾巩集》下册，第675页。
③ 〔宋〕孙升：《上哲宗乞诏大臣首荐名士》，〔宋〕赵汝愚编：《宋朝诸臣奏议》，上海古籍出版社，1999年，第652页。
④ 〔宋〕苏轼：《答试馆职人启》，《苏轼文集》卷四十七，第1370页。

淹、欧阳修、司马光等。所以，欧阳修才有“自祖宗以来，所用两府大臣多矣，其间名臣贤相出于馆阁者十常八九”之说。甚至这一时期，“重臣必得馆阁出身成为故事”。皇帝欲重用大臣，先授予馆职镀一层金后，再行提拔，方能顺应物议。如苏轼成名甚早，宋英宗未继位前便闻其名，欲以大用，召入翰林院，担任知制诰。宰相韩琦建议说：“轼之才，远大器，他日自当为天下用，要在朝廷培养之。”而培养的方式不是骤然与之高官，否则“天下之士未必以为然，适足以累之也”。“不若于馆阁中近上贴职与之，且请召试。”① 最终苏轼通过考试，方得以授予直史馆的贴职。“所谓贴职，即以他官兼三馆及殿阁学士等职名之谓”②，但实际上并不参与馆阁工作。

欧阳修还对馆阁取人的方式进行了概括，在仁宗嘉祐四年（1059）之前，馆阁取人分三路：第一路便是进士高科，“进士第三人以上及第者，并制科及第者，不问等第，并只一任替回，便试馆职。进士第四、第五人，经两任亦得试”；二是朝廷大臣举荐，“两府臣寮初拜命，各举三两人，即时召试”；三是岁月酬劳，“历任繁难久次，或寄任重处者，特令带职。”③ 总体来说，除了少数人出于皇帝的特别恩宠或奖励功劳，以及长期待次的省府监司官，朝廷出于安抚的目的，会授予馆阁的贴职外，馆职的主要成员还是科举出身者。进士前五名只要在外历一到两任，也就是三到六年的时间就有很大机会进入馆阁。

制科是宋代的非常科；大臣举荐也是一路，基本上被举荐者多出身科举，才学出众；这些人有了资格以后，还需要召试。召试一般在中书、学士院、舍人院内进行，主考官多为两省、两制官。北宋前期，馆阁召试并未形成制度，考试内容也无严格规定，多是试诗、赋各一首。如《宋

① 〔元〕脱脱等：《苏轼传》，《宋史》卷三百三十八，第 10802 页。
② 李昌宪：《宋代文官贴职制度》，《文史》1988 年第 30 辑，第 109 页。
③ 〔宋〕欧阳修：《又论馆阁取士札子》，《欧阳修全集》卷一百一十四，第 1728 页。

史·职官志》所载："元丰以前，凡状元、制科一任还，即试诗赋各一而入，否则用大臣荐而试，谓之入馆。"① 景德元年（1004）六月，"上密采群臣之有闻望者，……凡二十四人，内出其姓名，令阁门祇候，崇政殿再坐引对，外任者乘驿赴阙。每对，必往复抽绎其词气，或试文艺。"② 景祐（1034）初年，翰林学士承旨盛度等奉命制定了考核的标准与等第：以诗、赋的内容——义理和辞藻两方面综合评价，分为五等，"以文理俱高为第一，文理俱通为第二，或文理粗通为第三、分上下，文理俱粗为第四、分上下，纰缪为第五等"。③ 若诗赋落韵，便属于纰缪，属于第五等，或者说是不中等，无法入馆职。如嘉祐中，大理寺丞罗恺原为科举考试第二名及第，按例召试，因"考其赋，落韵"④，最终无缘馆阁。

但也有例外，如大中祥符八年（1015）十二月，"（真宗）诏枢密使王钦若都大提举抄写校勘三馆、秘阁书籍，翰林学士陈彭年副之。又令吏部铨选幕职、州县官有文学者，赴三馆、秘阁校勘书籍"，"因命吏部取常选人状，先试判三节，每节百五十字以上，仍择可者，又送学士院试诗、赋、论，命入馆校勘。"⑤ 这次的选拔校勘人员的要求极高，由枢密使主理，翰林学士辅助，负责具体校勘实务的是从吏部铨选幕职、州县官的选人中挑选的，必得是文学出众者。将其候选人生平履历作一书状进呈，若素有才名、文学出名者，先试判三节，三节一百五十字。所谓"判"是唐代以来吏部铨选试的考试科目之一，测试应试者的吏治能力和判案水平。评定"判"优劣的标准是符合朝廷法度、儒家伦理，同时也要看文笔是否优美。因为判的文体是骈文，一般以二百字为限度。大中祥符八年（1015）挑选的校勘实务人员是从吏部铨选中进行，必得经过吏部的铨选试。若判文合

① 〔元〕脱脱等：《职官二》，《宋史》卷一百六十二，第 3822 页。
② 〔宋〕李焘：《续资治通鉴长编》卷五十六，第 1238—1239 页。
③ 〔宋〕程俱：《选任》，《麟台故事校证》，第 236 页。
④ 〔宋〕李焘：《续资治通鉴长编》卷一百九十五，第 4731 页。
⑤ 〔清〕徐松辑：《崇儒》四，《宋会要辑稿》，第 2232 页。

格，方能进入学士院考试。此次学士院的考试，要求试诗、赋、论三道。综合起来看，这次的选拔方式较为严格，不但要求应试者熟悉朝廷律法，有一定从事地方实务的能力，还必得有文学才能。

此外，也有试论者，如苏轼第一次被欧阳修举荐入馆阁时，“试六论”；第二次被英宗召试授予贴职时，“试二论，复入三等，得直史馆”。[①]因其自言“久去场屋，不能为诗赋”，故而“特诏试论二篇”。[②]也有试文者，如咸平（998）初，有秘书丞监三白渠孙冕上书言事，召赐绯鱼，且令知制诰王禹偁试文，除直史馆。[③]也有试制诰者，“至道三年（997），金部郎中、直昭文馆李若拙上书自陈，乃命学士院试制诰三道，因以为兵部郎中史馆修撰。时若拙既已为馆职……此可谓误恩，非可以为永训也。”[④]虽然召试内容有诗、赋、论、文、制诰、判等多种文体，但大致以试诗、赋为主，其他多为特例。

治平四年（1067），御史吴申对召试制度提出异议，认为“所试止于诗赋，非经国治民之急”，建议“罢诗赋，试论策三道，问经史时务，每道问十事，以通否定高下去留”。此议得诸人的支持，最终确立了馆职考试以“论一首、策一道”为标准。但这一标准到元祐时期又降低为“试策一道而已”。[⑤]馆阁召试侧重策、论，这在一定程度上影响了宋代士人的文风，使之多带有论说文的性质。如欧阳修、王安石、三苏、曾巩这些文坛领袖人物的文章皆以策、论占优。

馆阁储养人才的职能决定了馆阁选拔、培养的直接目的在于造就“明于仁义礼乐，通于古今治乱，其文章议论，与之谋虑天下之事，可以决疑

---

① 〔元〕脱脱等：《苏轼传》，《宋史》卷三百三十八，第 10802 页。

② 〔宋〕徐度：《却扫编》，《宾却录却扫编》，第 146 页。

③ 〔宋〕程俱：《选任》，《麟台故事校证》，第 106 页、108 页。引《宋会要》选举三一之二四，曰：“舍人院试秘书丞孙冕杂文，诏直史馆。”可知，此次孙冕召试馆职的考试内容为杂文。

④ 〔宋〕程俱：《选任》，《麟台故事校证》，第 106 页。

⑤ 〔宋〕程俱：《选任》，《麟台故事校证》，第 131—132 页。

定策、论道经邦”的“儒学之臣”。馆阁取士的侧重点从宋初的“崇儒向学为先”，转向了“先材能而后儒学，贵吏事而贱文章”，所取得并非文学之士或校勘专家。[①] 基于这样的初衷，馆阁选人的标准必然要侧重于政治才能与道德修养。这也是宋代崇儒右文政策所决定。既是崇儒，必然要侧重于以儒家道德思想治国，以儒家思想规范人心，从而规范君君臣臣、上下尊卑的统治秩序。“行仁义、崇道德是宋代文官政治的核心理念，也是文官们在行政管理活动中的基本伦理指向。”[②] 表现在馆阁选人，“尤重人选的行义、道德。”

如太常少卿、知广州狄棐历官袁州、益州、壁州、广州，自广州“代还，不以南海物自随，人称其廉”[③]，故加直昭文馆。狄棐因差事做得好，且清正廉洁，所以得以入馆。相反，如若经过考核，发现其人非德行兼备之士，还会有撤职的危险。如欧阳修曾上《论凌景阳三人不宜与馆职奏状》称：“凌景阳者，粗亲文学，本实凡庸。近又闻与在京酒店户孙氏结婚，推此一节，其他可知，物论喧然，共以为丑。此岂足以当国家优待贤材之选？”其他二人，夏有章、魏廷坚“皆有赃污，著在刑书，此尤不可玷辱朝化。”[④] 欧阳修认为凌景阳才学平庸，只因“粗亲文学”，有一些文学才华得到举荐，但德行不佳，“给婚非类”[⑤]，自降身份与商户结婚，引得士林侧目，公认为这是丑闻；而夏有章、魏庭坚则各有案底在身，犯有贪污渎职之罪，说明其人不能坚守儒家安贫乐道的操行，不能成为士林的榜样，处之馆阁，实在有伤朝廷教化。

北宋之所以对馆阁官员要求如此之高，就在于“祖宗置三馆秘阁以待

① 〔宋〕欧阳修:《乞补馆职札子》,《欧阳修全集》卷一百一十四，第 1726—1727 页。
② 王泽应、唐凯麟:《中华民族道德生活史·宋元卷》，东方出版中心，2015 年，第 114 页。
③ 〔元〕脱脱等:《狄棐传》,《宋史》卷二百九十九，第 9925 页。
④ 〔宋〕欧阳修:《论凌景阳三人不宜与馆职奏状》,《欧阳修全集》卷一百六，第 1612 页。
⑤ 〔宋〕李焘:《续资治通鉴长编》卷一百四十一，第 3373 页。

天下贤才，公卿侍从皆由此出，不专为聚书设；校理、校勘之职，亦非专为校书也”[①]。而是“上跞番直，下底校雠。小言之则订正国籍文字之异同，大言之则预闻朝廷政事之论议”[②]。从某种程度上来说，校勘这种“订正国籍文字之异同”的工作反而是“小道”，馆阁人员真正要从事的是“预闻朝廷政事之议论”的“大道”。整理、校雠古籍的目的并非朝廷专为培养校勘学人才，而是希望馆阁英才从校雠中增广见闻、提高学识，即是欧阳修所说：馆阁“择聪明俊乂之臣以游其间，因其校雠，得以考阅，使知天地事物，古今治乱，九州四海幽荒隐怪之说，无所不通，名曰学士。一日天子缺左右之人，思宏博之彦，出赞明命，入承顾问，遂登宰辅，以釐百工，一有取焉，多从此出。”[③]陈襄的《熙宁经筵论荐司马光等三十三人章稿》中列有“学士有博学通典故者”“馆职有学行器识可备侍从者”“馆职有文学可为词臣者”“馆职有学行端正可以擢居清要者”等项，对苏颂、孙觉、李常、范纯仁、苏轼、曾巩、孙洙、王存、顾临、林希等出身馆阁或有馆阁贴职官员的品行、学识加以考察，并根据各自的特长，提出他们最为适合担任的官职。其中，论以集贤校理、权知洪州的曾巩“以文学名于一时”，“文词近典雅，与（苏）轼之文各一体，皆词人之杰，可备文翰之职”。[④]虽然这一建议没有被神宗很快采纳，但在神宗元丰五年（1082），曾巩擢拜外制中书舍人，出身馆阁的履历及陈襄的谏言当有很大的推动作用。

如果说，科举考试是宋代选拔人才的主要方式的话，那么馆阁的建置更多的是从科举中脱颖而出的人才中再经甄选，为国家挑选最为精英的人

① 〔宋〕范祖禹：《上哲宗论差道士校黄本道书》，〔宋〕赵汝愚撰《宋朝诸臣奏议》卷五十九，第653页。

② 〔宋〕刘挚：《谢馆职启》，《忠肃集》卷八，《丛书集成初编》，中华书局，1985年，第107页。

③ 〔宋〕欧阳修：《上执政谢馆职启》，《欧阳修全集》卷九十五，第1446页。

④ 〔宋〕陈襄：《熙宁经筵论荐司马光等三十三人章稿》，《古灵集》卷一，《陈襄文化文集》，福建省纪念陈襄暨陈氏首届源流研讨会筹委会刊，2000年，第3—5页。

才，以担负与天子共治天下的重任。正因为国家待馆阁如此重视，选择条件如此苛刻，才保证了馆阁官员普遍具有较高的道德品质和学识素养。如欧阳修所说："校雠之职，是正为难，委方册于程文，折群疑于独见。……自非识穷元本，学渐渊源，究百世之放纷，总群言而博达。则何以效官天禄，对青藜而属书；抱简羽陵，拂白蟫而辨蠹?"[①]这些当世一流的专家学识渊博，见解高超，能够穷究事物本元，厘清是非对错，从纷繁复杂的言论与莫衷一是的可疑字句中提炼出最为通透、真实的道理。这样校勘出来的图书才能上呈朝廷，传至士林，流芳后世。这样被选拔出来的高素质人才从事校雠，也保证了校勘图书普遍具有较高的质量，这就是长久以来学界所认同的宋代馆阁校书实为"专家校书"。[②]的原因可以说，北宋建馆阁以校雠、整理图书，目的在于为帝国培养学识、道德兼优的宰辅人才。因此，馆阁选人要求极高，使得馆阁中人才济济。这样高素质的人才历数年之久，"不亲米盐之务，专修经纬之业"[③]，"优悠议论，渐知朝廷之治体；群居讲习，以议国家之故事"[④]。这些资质绝佳的馆阁人员得以长时间不为俗务缠身，一心悠游珍稀典籍之中，整理、校勘古今图书；且与学识渊博的专家为伍，互相讨论切磋、取长补短，既是提高学识的绝佳锻炼方式，也能集众多专家之手客观上整理出相对来说较高质量的古籍，并形成较为科学合理的校勘程式。

二、群体校书

北宋前中期，馆阁作为最为清贵之地，聚集了一批当时的文学之选、

① 〔宋〕欧阳修:《谢校勘启》,《欧阳修全集》卷九十五，第 1440 页。

② 肖鲁阳:《北宋官书整理事业的特点》,《上海师范学院学报》, 1982 年第 1 期；汝企和:《北宋中后期官府校勘述论》,《中国史研究》, 2000 年第 1 期。

③ 〔宋〕范仲淹:《奏杜杞等充馆职》，李勇先、王蓉贵校点:《范仲淹全集》之《范文正公政府奏议》卷下，四川大学出版社，2002 年，第 624 页。

④ 〔宋〕胡宗愈:《请令带职人赴三馆秘阁供职奏》,《全宋文》卷一六五〇，第 342 页。

儒学之士。彼此讲求学问之道，真正的“疑义相与析，奇文共欣赏”。对待校书，也非下放到个人，由单个人闭门造车，而是鼓励，甚至是规定要组成群体校书：“择明博通辨文章之士，以群居讲解，刊正其谬戾。”[①]在具体工作中，如大中祥符年间补写馆阁书籍，也曾有“疑舛未辨正者聚议之”[②]的规定。一些大型图书校勘也多是集体参与，如淳化年间校前后《汉书》《史记》，咸平年间校《三国志》《晋书》《唐书》，天圣年间校《南史》《北史》，嘉祐年间校宋、齐、梁、陈、北魏、北齐、后周七朝史书等皆是召集馆阁众人，分工校勘。

而且，馆阁养才的根本出发点决定了任职其中的官员必然注重研习学问，探讨典故，以提高自身学识修养，为未来担任两制（外制：知制诰或中书舍人，内制：翰林学士）、两府（东府：政事堂，西府：枢密院）高官做好准备。这也促成了这个群体读书、校勘治学无比浓厚的风气。黄庭坚《以双井茶送孔常父》：“校经同省并门居，无日不闻君读书”[③]，所说的正是同处馆阁的群居读书、校勘生活。

馆阁人员还经常就藏书和校勘问题进行交流，如王洙与宋绶、王钦臣与宋敏求之间，父子两代间就图书校勘问题进行交流的事迹并非个例。宋敏求在《春明退朝录》中还记载了与苏颂就“敕”字本源的考据问题：“庆历中，予与苏子美同在馆，子美尝携其远祖珦唐时敕数本来观，与予家者一同。字书不载“敕”字，而近世所用也。”[④]曾巩校《鲍溶诗集》，也得益于宋敏求和欧阳修的帮助。宋敏求告知曾巩，关于史馆所藏《鲍防诗集》实为《鲍溶诗集》，原因有二：其一，其诗集中所收诗在《唐文萃》

① 〔宋〕郑獬：《访逸书诏》，《郧溪集》卷八，《宋集珍本丛刊》第15册，线装书局，2004年，第65页。

② 〔宋〕程俱：《书籍》，《麟台故事校证》，第266页。

③ 〔宋〕黄庭坚著，〔宋〕任渊、史容、史季温注，黄宝华点校：《山谷诗集注》上册，上海古籍出版社，2003年，第141页。按：元祐元年，黄庭坚与孔武仲（字常父）并为馆阁校书郎。

④ 〔宋〕宋敏求：《春明退朝录》，上海古籍出版社，2012年，第35页。

《唐诗类选》等书中皆注明是鲍溶所作。其二，鲍防最著名的《杂感》，于此诗集中无收。曾巩将宋敏求的发现进行了细致地考察，证明宋敏求的观点是正确的。再有，曾巩校《鲍溶诗集》时只有史馆藏本，幸得与欧阳修家藏本进行比较，不但通过对校发现两个版本之间的文字误谬，而且还发现了史馆本所无之 33 篇诗歌，进一步完善了《鲍溶诗集》。

如此优越的工作环境，很容易养成馆阁官员喜藏书、校书的日常习惯，也易于提高个人学识，为以后的学问的增长、具体政务的开展有很大意义。元丰四年（1081），宋神宗选用曾巩任史官修撰的手诏中就有"曾巩史学见称士类，宜典五朝史事"①，这与曾巩在馆阁奉诏校勘多部史书的成绩和影响有很大关系。再如沈括，以博闻广知见称，天文、历法、音乐、医药、军事、水利、科技等无所不通，这固然与其个人爱好和经历有关，②但更多的还在于沈括早年曾任编校昭文馆书籍、馆阁校勘、集贤校理，遍阅官府藏书有很大关系。

三、馆阁校书非久任

北宋馆阁自建立之初，即定下了"藏天下之书，储天下之才"的目的，储才是为集聚治国文臣，而藏书则是因为"千古治乱之道，并在其中矣"③。这就决定了馆阁校书的最终目的是为汇聚古今治乱的真理，锻炼通晓政略的人才，带有强烈的政治目的，而非单纯的保存典籍、传承文化。所以，馆阁成员不可能专一地、长久地从事校书一业，而是从一段时间的校书活动中学习治国安邦之策，为以后担任实际的政务积累知识储备。李更的《北宋馆阁校书之人员构成及其政治文化内涵》一文中将北宋馆阁校

① 〔宋〕韩维：《神道碑》，《曾巩集》下册，第 803 页。

② 比如，沈括自幼体弱多病，常需吃药调养身体；再者沈氏家族在医药学上颇有建树，有家传药书《博济方》。受此多方面的影响，沈括也对医学产生兴趣，热衷于搜集和专研医学。

③ 〔宋〕程俱：《储藏》，《麟台故事校证》，第 38 页。

书活动分为三个层面："馆阁官员的日常校雠；因清理补充馆藏或提供宫廷藏书而进行的集中整理，以及为统一文本、颁行全国而组织的专书校勘"①，并将从事这三类校书活动的人员进行了分析。从中可以看出，北宋馆阁中主要从事校书者，也就是真正在馆阁供职的人是"始入而位卑者"，资历尚浅、官职较低、外务较少者。北宋朝廷甚至还为大规模的校书活动，设立一些试官职或准馆职，如嘉祐年间的编校馆阁书籍官。对于专书的校勘活动朝廷会比较重视，如"宋代第一次明确由馆阁承担的专书校勘"是太宗淳化五年（994）校前三史，实行了分工校勘，参加人员均为直馆、校理或检讨，为馆阁中职位较高者。且部分官员学识渊博，为一时之选。而到仁宗朝后期，校勘南北朝七史时，委任编校的人员则是专门设立的编校馆阁书籍的准馆职人员，而不是从正式的馆阁成员中选用。其中的变化，很大程度上正是在于馆阁为储才之所，而非专职校书之地。高级馆阁成员多有具体差遣，馆职只是兼任，用来尊荣其身份，而非真的让其在馆阁中做事。

到了仁宗时期，甚至出现了"馆阁校雠之官，员数甚多，除系省府、南曹外，其余主判闲局及别无主判者，并各无书校对。既无职事，因此多不入馆。……今馆宇阒然，尘埃满席，有同废局"②的现象。即使是对待朝廷制定的校书任务也会存在潦草应付的情况，宋代多位皇帝三令五申都未见成效。如咸平时期，宋真宗尝谓宰臣曰："三馆秘阁书籍，近闻颇不整一，多有散失，雠校亦匪精详，遂使传闻迭为差误。自今凡差官校勘及典掌者，当严行约束，庶绝因循。"③但很显然，真宗的明令并没有得到真正的执行，馆阁校书不严的现象到了宋仁宗时期依然存在。天圣三年

① 李更：《北宋馆阁校书之人员构成及其政治文化内涵》，《江西社会科学》，2004年第7期，第21—32页。

② 〔宋〕欧阳修：《乞写秘阁书令馆职校雠札子》，《欧阳修全集》卷一百一十一，第1682页。

③ 〔宋〕程俱：《储藏》，《麟台故事校证》，第43页。

（1025），仁宗皇帝于禁中读书时，发现馆阁受命校勘之《十代兴亡论》"字非舛误，而妄涂窜，以为日课"，一怒之下，将两位直接从事校勘的集贤校理聂冠卿、李昭遘罢职，直昭文馆陈从易降职。①

曾入馆阁的沈括在《梦溪笔谈》中说道："旧校书官多不恤职事，但取旧书以墨漫一字，复注旧字于其侧，以为日课。"②沈括于嘉祐八年（1063）进士及第，因排名不在前列，按制守选。次年方授扬州司理参军，负责一州刑狱。任满后，治平二年（1065）受淮南路转运使张刍推荐，被调入京师，担任编校昭文馆书籍，参与详订浑天仪，并在闲暇研究天文历法之学。熙宁元年（1068），升任馆阁校勘。随后回乡守母丧。三年期满后，受到神宗和王安石的器重，被任为检正中书刑房公事。此后三年，皆从事实务。或主持汴河疏浚工作；或修撰南郊大礼，掌管郊祀事务；或主持救荒，疏通河渠、修治良田，皆有成效，升任集贤校理。沈括两次担任馆职，对仁宗朝后期馆阁人员的任职情况当非常熟悉。从他的升职情况来看，沈括最初受到举荐，先试担任编校书籍。按照当时的馆阁制度，两年后升任正式的馆职——馆阁校勘。因处理实务出色而被升为集贤校理。可见，馆阁升迁的标准不全在于校书的多少与质量的好坏，还在于个人从政能力的高低。除了担任编校昭文馆书籍时，沈括主要工作是详订浑天仪等天文之学外，其他馆阁校勘、集贤校理则主要是贴职，而非实际的差遣。既然校书非朝廷最为看重的馆职主要工作，那么出现敷衍塞责现象就不难理解了。

同时，仁宗后期，馆阁选任变得更加随意，甚至成为一种滥赏。如欧阳修所说的馆职取人有三途，其中之一是岁月酬劳，外任发运使、大郡知州往往得到贴职，"不择人材，不由文学，但依例以为恩典"③。此外，一

① 〔宋〕李焘：《续资治通鉴长编》卷一百三，第2382页。
② 〔宋〕沈括：《梦溪笔谈》卷十一，第75页。
③ 〔宋〕欧阳修：《论举馆阁之职札子》，《欧阳修全集》卷一百二，第1560页。

些权贵子弟亲戚“不以贤不肖，辄自陈乞馆阁职事者，亦得进补”[①]，导致“馆阁之中，大半膏粱之子，材臣干吏羞与比肩，亦有得之以为耻者”[②]。以至于宋初以来馆职的荣耀地位逐渐下降，“假之既不足为重，得者又不足为荣，授受之间，徒成两失。”[③]馆职中存在大量的冗员、滥进现象。仁宗嘉祐四年（1059）以后，馆阁取人的方式产生了变化。“只自近年议者患馆职之滥，遂行厘革而改更之。”[④]但裁员、改革等措施并没有改变仁宗朝后期馆阁冗滥的现象，“而馆职的冗滥在影响其人才储养职能的同时，也影响了基本的校书队伍，对图书整理职能的实现无疑会产生消极作用。”[⑤]馆阁储才的政治目的与高素质人员专职校书的双重目的都落了空，北宋后期的馆阁校书活动次数减少了，校书的质量也无法与前中期相媲美。

第二节　北宋馆阁校书的范围

自刘向父子受命校雠群书以来，官府校书几成常制，历朝历代皆有官方组织校书的活动。如东汉安帝时，诏刘珍等“校定东观五经、诸子传记、百家艺术”[⑥]。西晋武帝时，汲郡发现一座古墓，内有多种战国时期竹简。晋武帝令荀勖、束皙等大儒校理这批竹简，后被称为汲冢书；刘宋年间，谢灵运受命“整理秘阁书”[⑦]；北齐宣武帝命樊逊等校定群书。至唐代，仅《玉海》所载，综校四部之书就已达五次。因官府校书大多与整理官府藏书密切相关，所以官府校书的范围与官府藏书的范围基本相

① 〔宋〕李焘：《续资治通鉴长编》卷一百四十三，第3435页。
② 〔宋〕欧阳修：《论举馆阁之职札子》，《欧阳修全集》卷一百二，第1560页。
③ 〔宋〕欧阳修：《论举馆阁之职札子》，《欧阳修全集》卷一百二，第1560页。
④ 〔宋〕欧阳修：《又论馆阁取士札子》，《欧阳修全集》卷一百一十四，第1728页。
⑤ 李更：《北宋馆阁校书之人员构成及其政治文化内涵》，第31页。
⑥ 〔南朝宋〕范晔：《刘珍传》，《后汉书》卷八十，第2617页。
⑦ 〔南朝梁〕沈约：《谢灵运传》，《宋书》，中华书局，1974年，第1772页。

等。如刘向、刘歆等校书，实际是先将西汉官府的所有藏书进行整理，并为之分类，这也是我们图书的第一次分类，也就是“六分法”，即将图书分为六艺、诸子、兵书、数术、方技、诗赋六类。刘向校书的范围正是这六类书，涵盖西汉官府所有藏书。随着史部类著述的增多，逐渐出来了七分法、四分法，史部类图书在分类中的重要性不断提高，最终形成了经、史、子、集的四分法，史部紧随经部，成了古代图书中至关重要的一类典籍。这种分类，其实与政治息息相关。经、史常与王朝的治乱相关，经史之学也常指代经济时务之学，这类典籍在古代最为重要。上至朝廷，下至普通士人，经史都是无一日不读的经典。官府藏书的重点也主要是经史类图书，校书的范围也大多侧重于经史类。到了宋代，更是着意提倡经史之学，鼓励儒学修齐治平之道，经、史的地位就更高了。宋代官方校书，也就是馆阁校书的范围涵盖四部，但又以史部为主。这与宋太宗所说，馆阁藏书皆与“古今治乱之道”有关。而经部书的校勘主要集中在国子监。

据汝企和先生统计，北宋一朝馆阁校书活动接近六十次之多。[①] 其中经部书共计十次，[②] 始于太祖朝建隆三年以来接续后周时期校勘唐代陆德明的《经典释文》。其中，后周主要校释《周易》《尚书》《周礼》《仪礼》《礼记》，春秋三传等八部儒家经典的音、义内容。随后，宋太祖黄袍加身，兵不血刃地取代了后周政权，也接替了后周的校勘活动，继续校定了《孝经》《论语》《尔雅》，并且为之刻版颁行。但实际上，负责校勘的成员皆来自国子监，所以此次校书并不属于馆阁。此后的经部图书的校勘任务多是由国子监主导，如端拱元年（988），太宗命国子司业孔维等校勘孔颖达的《五经正义》，“《易》则维等四人校勘，李说等六人详勘，又再校，十月板成以献；《书》亦如之，二年十月以献；《春秋》则维等

① 汝企和：《北宋中后期官府校勘述论》，《中国史研究》，2000 年第 1 期，第 94 页。
② 汝企和：《宋代馆阁之校勘经部书》，《中国文化研究》，2003 年第 1 期，第 82 页。

二人校，王炳等三人详校，邵世隆再校，淳化元年十月板成；《诗》则李觉等五人再校毕，道升等五人详勘，孔维等五人校勘，淳化三年壬辰四月以献；《礼记》则胡迪等五人校勘，纪自成等七人再校，李至等详定，淳化五年五月以献。”[①]由此可见，此次校勘是将《五经正义》分为五部分，专人校勘专书，进行了初校、详校/详勘、再校、详定等多重校勘环节。尽管如此，此项工作到此犹未完成。淳化五年（994），因判监李至言：“义疏、释文尚有讹舛，宜更加刊定”，请命馆阁官员杜镐、吴淑、孙奭、崔颐正、李沆、崔偓佺等人覆校、详校；咸平元年（998），又因刘可名“上言诸经版本多误”，真宗再命崔颐正、苏雅、李维、李慕清、王涣、刘士元等国子监官员详校，国子监祭酒邢昺总领其事。至咸平二年，《五经正义》才最终定版。历时两朝、十年之久的《五经正义》校勘活动前后经过国子监员五十多位学者反复的校勘、详勘、再校、覆校、详定等流程，方算定版。从此次《五经正义》的发起，到最后的收官，皆由国子监主导，馆阁个别官员在国子监官员的推荐下，参与了其中覆校、再校等中间环节。

当然，馆阁也参与经部图书的校勘，如真宗咸平年间校《七经疏义》时，直秘阁杜镐、秘阁校理舒雅、直集贤院李维三位馆阁人员亦有参加；但主持者为国子监祭酒邢昺，其他人员皆是国子监官员。这一校勘分工正如淳化五年李至所说：“本监先校定诸经音疏，其间文字讹谬尚多，深虑未副仁君好古诲人之意也。”[②]也就是说，经部书与教育息息相关，甚至可以说是教育与科举考试的教科书。既然是教科书，就需要有统一的文本为日常的教育学习和科举考试的出题范围做一个标准性、权威性的规定。教材的编订，自然与国子监这个主管教育的机构分不开了。由国子监主持教材的编订当是最为名正言顺、责无旁贷的，馆阁只从事一些辅助性的工

① 〔宋〕王应麟撰：《玉海》卷四十三，第845页。
② 〔宋〕脱脱等：《崔颐传》，《宋史》卷四百三十一，第12822页。

作。如作为藏书秘府，提供校勘资料；或作为复校、详校成员列席经部书校勘的收尾工作中。但部分参与的馆阁人员多是曾任职国子监、为国子监校勘经书多年的大儒，如杜镐、吴淑等人。不过主持者始终是国子监。除经部书外，与教育和考试相关的教材书，如《说文解字》等字书韵书，《律文音义》等律法书，《孙子》《吴子》《司马法》《李靖问对》《三略》《六韬》等用于武学、武举的兵书等，也是由国子监主持。

史部书是馆阁校书的主要内容。据汝企和统计，北宋馆阁校史部书有12次；[①]但事实上还有几次并不是馆阁主导的校书活动，而是由国子监发起，主要参与人员皆是国子监官员，馆阁只作为协作人员参与。如景祐四年校勘《国语》与校子书："景祐四年十月十七日，翰林学士李淑言：'……《国语》《荀子》《文中子》……欲望取上件三书差官校勘、刻板，撰定《音义》，付国子监施行。'诏可。"[②]本次校勘是为考试出题之需，因《国语》《荀子》《文中子》等史、子之书与科举考试关系比较大，所以是由国子监主导，并交付国子监根据校勘、撰写《音义》，并统一刻版发行。又如乾兴校《后汉书》中的志书："乾兴元年十一月，判国子监孙奭言：'刘昭注补《后汉志》三十卷……乞令校勘，雕印颁行。'从之。命本监直讲马龟符、王式、贾昌朝、黄鉴、张维翰、公孙觉、崇文院检讨王宗道为校勘，奭洎龙图阁直学士冯元详校。天圣二年，送本监镂版。"[③]此次主要是校对刘昭补注的三十卷《后汉志》，校勘参加者至少有九人，且分校勘、详校两个步骤，又费时一年有余，可见亦是一次相当认真的校勘。倡议者和主要参与者都是国子监成员，最终交由国子监刻版。

① 汝企和：《论两宋馆阁之校勘史书》，《史学史研究》，2001年第1期。另，李明杰《宋代版本学研究——中国版本学的发源及形成》第四章《宋代版本学形成的社会基础》中有对这12次馆阁校勘史书活动的详细介绍。见李明杰《宋代版本学研究——中国版本学的发源及形成》，齐鲁书社，2006年，第121—124页。

② 〔清〕徐松辑：《崇儒》，《宋会要辑稿》，第2233页。

③ 〔清〕徐松辑：《崇儒》，《宋会要辑稿》，第2232—2233页。

虽然这几次的史书校勘并非由馆阁主导，但基本上史书的校勘是馆阁的专利。如至道二年（996）王炳所说“秘阁藏图书，太学藏经典，三馆藏史传，皆其职也”[①]。从秘阁、三馆、国子监的藏书分工上即可看出，北宋时期官方对群书的校勘活动是有所分工的。大致上书画、图经等归秘阁，儒家经典归国子监，史部类归馆阁。

馆阁校史书始于太宗淳化五年的校勘“前三史”：“淳化五年七月，诏选官分校《史记》、前后《汉书》。虞部员外郎崇文院检讨兼秘阁校理杜镐、屯田员外郎秘阁校理舒雅、都官员外郎秘阁校理吴淑、膳部郎中直秘阁潘慎修校《史记》，度支郎中直秘阁朱昂再校；又命太常博士直昭文馆陈充、国子博士史馆检讨阮思道、著作佐郎直昭文馆尹少连、著作佐郎直史馆赵况、著作佐郎直集贤院赵安仁、将作监丞直史馆孙何校前后《汉书》。既毕，遣内侍裴愈赍本就杭州镂版。”[②]这次校勘参加人数颇多，并且采取分工校对的方式：

《史记》：崇文院检讨兼秘阁校理杜镐，秘阁校理舒雅、吴淑，直秘阁潘慎修校勘，直秘阁朱昂再校；

《汉书》《后汉书》：直昭文馆陈充、史馆检讨阮思道、直昭文馆尹少连、直史馆赵况、直集贤院赵安仁、直史馆孙何校勘。

此次分工明确，《史记》由秘阁官员负责，前后《汉书》由昭文院、直贤院、史馆三馆官员负责。参加人员为直馆、校理或检讨，都是正式的馆职人员。而且，还分初校与再校，校后立即“镂版”发行。

但此次校勘结果并不理想，到了真宗咸平年间，“真宗谓宰相曰：‘太宗崇尚文史，而三史版本，如闻当时校勘官未能精详，尚有谬误，当再加刊正。’乃命太常丞直史馆陈尧佐，著作郎直史馆周起，光禄寺丞直集贤院孙仅、丁逊覆校《史记》。寻而尧佐出知寿州，起任三司判官，又以著

① 〔元〕脱脱等：《职官八》，《宋史》一百六十八，第4002页。
② 〔宋〕程俱：《校雠》，《麟台故事校证》，第281页。

作佐郎直集贤院任随领其事。景德元年正月校毕，任随等上覆校《史记》并刊误文字五卷，诏赐帛有差”。[①] 这次校勘是由真宗亲自发起的，他认为太宗时期校勘的前三史质量不佳，需要重新校勘。当时集中精力重校的是《史记》，校勘的官员不再是秘阁成员，而是三馆官员。值得注意的是，此次校勘还规定，校勘完毕以后，将“刊误文字”另编为五篇上进。“刊误文字”应当就是现在所说的校勘记。

《史记》于景德元年（1004）校勘完毕后，继而开始了前后《汉书》的重校：“命驾部员外郎直秘阁刁衎、右司谏直史馆晁迥与丁逊覆校前后《汉书》版本”。至景德二年七月，“衎等上言：‘《汉书》历代名贤竞为注释，是非互出，得失相参，至有章句不同，名氏交错，苟无依据，皆属缺疑。其余则博访群书，遍观诸本”。此次校勘历时一年半，最终成果显著：“凡修改三百四十九，签正三千余字，录为六卷以进。”[②] 本次校勘亦将校勘结果结集成册“以进”。咸平三年（1000）十月，真宗还下诏校定《三国志》《晋书》《唐书》，其校勘成员皆是馆阁官员。同样分专人校书，分成校勘、详校两个环节。咸平五年校毕，“送国子监镂版”[③]。

仁宗一朝，尤重史书的校勘。先后发起了天圣时期校南、北史，《隋书》，嘉祐校七史等。“天圣二年六月，诏右正言直史馆张观、太常博士集贤校理王质、晁宗悫、秘阁校理陈诂、光禄寺丞集贤校理李淑、馆阁校勘彭乘、国子监直讲公孙觉校勘《南北史》《隋书》，及令左司郎中知制诰宋绶、吏部员外郎龙图阁待制刘烨提举之”。[④] 至“（天圣）三年十月，《隋书》版成。四年十二月，《南史》《北史》校毕以献。”[⑤] 此次校勘由两制官提举，主要校勘人员来自馆阁官员。此外，国子监直讲公孙觉等人得以参与，但

① 〔宋〕程俱：《校雠》，《麟台故事校证》，第 283 页。
② 〔宋〕程俱：《校雠》，《麟台故事校证》，第 283—284 页。
③ 〔宋〕程俱：《校雠》，《麟台故事校证》，第 282 页。
④ 〔宋〕程俱：《校雠》，《麟台故事校证》，第 288 页。
⑤ 〔清〕徐松辑：《崇儒》，《宋会要辑稿》，第 2233 页。

可以看出主导者是馆阁。

“嘉祐六年八月庚申，诏三馆、秘阁校理《宋》《齐》《梁》《陈》《后魏》《周》《北齐》七史，书有不全者访求之。”至“嘉祐七年十二月，诏以七史板本四百六十四篇送国子监镂板颁行。”[①]其中《陈书》稍迟，“至八年七月，《陈书》三十六篇者始校定”[②]。这次为了校七史而搜求书籍，范围远及士庶、州县，求书达一年之久。

除史书外，馆阁还负责校勘地理、医药、农书、政书等与国计民生、政治变革等直接相关的图书。如北宋对地理书的整理修订，见于记载的就有五次，每次皆由馆阁全力承担。[③]尤其是医药类图书的整理，馆阁在其中承担了相当重要的角色。如仁宗天圣四年（1026），翰林医官副使赵拱等校定《黄帝内经》《素问》《巢氏病源》《难经》等医书，并命集贤校理晁宗悫、王举正、石居简、李淑、李昭遘看详校勘。这次校勘医书是由专业医官先行校勘，再由馆阁官员详校。嘉祐二年（1057），仁宗采纳韩琦所奏，以历代医书多有讹舛，“择知医书儒臣与太医参定颁行”[④]，为此专门设立校正医书局，任用直集贤院、崇文院检讨掌禹锡、秘阁校理林亿、张洞、馆阁校勘苏颂等馆阁成员校定，并选用医官秦宗古、朱有章“赴局祗应”[⑤]。这次同样是医官与馆臣合作校勘医书，但主导者则是馆阁，体现了当时人对医书的理解：“通天地人曰儒，通天地不通人曰技。斯医者虽曰方技，其实儒者之事乎？”[⑥]古人常有“不为良相，必为良医”的说法，就在于时人认为医乃儒家之事。

---

① 〔宋〕王应麟：《玉海》卷四三，第 846 页。

② 〔宋〕曾巩：《陈书目录序》，《曾巩集》上册，第 185 页。

③ 李更：《宋代馆阁校勘研究》，第 124 页。

④ 〔宋〕李焘：《续资治通鉴长编》卷一百八十六，第 4487 页。

⑤ 〔宋〕苏颂著，王同策、管成学、颜中其等点校：《苏魏公文集》下册，中华书局，1988 年，第 995 页。

⑥ 〔宋〕林亿：《校正〈黄帝鍼灸甲乙经〉序》，《全宋文》卷九三三，第 286 页。

第三节　北宋馆阁校书的程式

通过上文对北宋馆阁校书活动的介绍，可知馆阁校书主要校勘的是经部和史部之类关乎人心教化、存亡得失的正经、正史，以及关系民生的医书、药书等。而且，在长时间的校勘实践中形成了一定的程式：即选定人员→明确职责；初校→复校；初核→复核；工作总结。

首先，选拔参加校书工作的人员。先由皇帝任命宰辅中深得信任，且精于学术者为校书工作的总管；后由吏部等机构通过考试，选定校勘人员参加馆阁校书工作。校书人员在校定以后，再选定馆阁官员进行详校，最后由两制选派学问精湛之馆阁官员进行覆校。如翰林学士陈彭年提出：“命馆阁官及择吏部常选人校勘。校毕，令判馆阁官详校，两制内选官覆点检。又命两制举服勤文学官五人覆校。”“凡校勘官校毕，送覆校勘官覆校。既毕，送主判馆阁官点检详校。复于两制择官一二人充覆点检官，俟主判馆阁官点检详校讫，复加点检。皆有程课，以考其勤惰焉。”[①]也就是说，完整的馆阁校勘活动包括：初级馆阁官员校勘、判馆阁官员点检详校、两制覆点检三个环节的层层校勘、检查。最后校勘人员上呈校书报告，即西汉时刘向所谓之书序，说明校书工作所取得的成果，最后是校书人员在书序正文后署名，以明确责任。朝廷会根据校勘的结果，对校勘官予以奖惩。北宋历次图书校勘完成之后，主持者一般要将校勘成果以奏表或著作的形式上呈朝廷。如景德元年三月，“光禄少卿直秘阁黄夷简等上校勘新写御书凡二万四千一百六十二卷，赐缗帛有差。校勘官前大名府馆陶县尉刘筠等六人并授大理评事秘阁校理。”[②]不但赐予钱帛，还会对实

① 〔宋〕李焘：《续资治通鉴长编》卷八十五，第 1960—1961 页。
② 〔宋〕程俱：《校雠》，《麟台故事校证》，第 284 页。

际从事校勘工作的官员进行官职上的升迁。与此相对的，若校勘成果不理想，如前文所言之陈从易、聂冠卿、李昭遘等人“校勘太清楼书舛互”[①]而被降职、罢官，此亦非个案。

其次，规定参与人员的工作量，明确其职责。尤其是到了真宗时，真宗认为：“三馆秘阁书籍，近闻颇不整一，多有散失，校雠亦匪精，遂使传闻迭为差误，自今凡差官校勘及典掌者，当严行约束，庶绝因循。”为保证校书的效率和质量，真宗时期开始对校书人员的工作量予以定额，并且互相监督、定期检查。这也是馆阁人员的计课，类似于现在的定期考核。大中祥符八年（1015），翰林学士陈彭年在奏疏中，提到抄写馆阁藏书时，“其校勘、详校计课用秘书省式”[②]。所谓的“秘书省式”为：“雠校旧本书，有注、错多者，长功日十纸，中功日九纸，短功日八纸；错少，加二纸；无注，又加二纸；再校，各加初校三纸。其正字、刊正，各校三纸。”[③]宋初就沿用了唐代“秘书省式”的校勘计课方法：“其校勘、详校计课用秘书省式，群官迭相检察，每旬奏课，及上其勤惰之状。”[④]宋代馆阁的校勘计课大略依照唐代旧例，但实际操作中并没有沿革遵守“秘书省式”的规定。“仅大致规定馆职人员每人每日校书籍册页背、面二十一纸；同时规定夏季入伏日可传宣住校或功课减半，冬季寒冷日有时也传宣住校。”[⑤]极冷热时，馆阁人员还可免于校勘或工作减半，兼领他职的馆阁人员，其校勘工作量也是减半：“北宋前期日校十纸，哲宗时改为间日入馆，遇入馆日依条校对。”[⑥]宋代优待馆阁可见一斑。

但是这样的计课方法并没有得到严格的执行，出现了沈括所说的校定

① 〔宋〕程俱：《校雠》，《麟台故事校证》，第289页。
② 〔宋〕程俱：《书籍》，《麟台故事校证》，第266页。
③ 〔清〕徐松辑：《职官》，《宋会要辑稿》，第2760页。
④ 〔宋〕程俱：《书籍》，《麟台故事校证》，第266页。
⑤ 张富祥：《宋代文献学研究》，上海古籍出版社，2006年，第99页。
⑥ 张富祥：《宋代文献学研究》，第99页。

古籍，以墨色字抹去原字，再用墨色笔注上同样的字，这样敷衍差事、消极怠工的情景。即使在嘉祐年间，朝廷特设编校局，规定“只得以朱围之”，也就是说要改的字用红笔圈定，不得用墨色笔涂抹以后，这些馆阁官员仍然故我，“仍于篇末书校官姓名”①。因此，哲宗、徽宗以来对校雠的计课规定得越来越严格，要求校勘人员每日校书背面二十一纸，每十日将校定的书籍名称、页数进行申报，填写课程簿。每月月终，课程簿申报尚书省，由御史台等官员点检。但实际的校勘活动或许仍然不尽人意，所以才会三令五申，不断细化每日校勘任务。原因之一，在于朝廷对于不达标的校勘人员没有具体的惩罚措施。而缺乏惩罚机制的原因又在于馆阁养士并非培养校勘专家，而是储备政治精英。所以，主观目的与客观措施之间存在的悖论使得校雠计课始终沦为一纸空文。

再次，经过两宋馆阁校书百年的历史，到了南宋形成了馆阁校书专门的“校雠式”：“诸字有误者，以雌黄涂讫，别书。或多字，以雌黄圈之；少者，于字侧添入。或字侧不容注者，即用朱圈，仍于本行上下空纸上标写。倒置，于两字间书乙字。诸点语断处，以侧为正。其有人名、地名、物名等合细分者，即于中间细点。”②也就是说若校勘过程中，发现误字，即讹字，用雌黄涂掉，另写。多字，也就是衍文，用雌黄圈注。少字，即脱文，在字的侧面加入；若字侧无法加字，就用朱圈，将字移置本行上下空纸处标写。两字倒置，在两字间用“乙”号表示。断句，在字侧采用“·”号。遇到各种名称并列时，用“·”在其中间点断。对一字音，校雠式规定“诸点发字，本处注释有音者，即以朱抹出，仍点发。其无音而经传子史音同有可参照者，亦行点发。或字有分明，如‘传记’之‘传’，为‘邮传’之‘传’，又为‘传习’之‘传’……之类，虽本处无音，亦便

① 〔宋〕沈括：《梦溪笔谈》卷一一，第 75 页。

② 〔宋〕陈骙：《储藏》，《南宋馆阁录》卷三，中华书局，1998 年，第 23 页。

行点发。点有差误，却行改正，即以雌黄盖朱点，应黄点处并不为点”[①]。即需要校点四声的字，在字的角上用朱点表示字的读音。

雌黄改字的方法，并非南宋首创，在南北朝颜之推的《颜氏家训》中有所谓“读天下书未遍，不得妄下雌黄”之语。这种方法在沈括的《梦溪笔谈》亦有记载：“馆阁新书净本有误书处，以雌黄涂之。尝校改字之法，刮洗则伤纸，纸贴之又易脱，粉涂则字不没，涂数遍方能漫灭，唯雌黄一漫则灭，仍久而不脱。”[②]

再有，北宋馆阁藏书的校勘已不再仅局限于字句的勘正，还对图书佚失内容进行了增补。北宋馆阁藏书的种类、版本都很齐全，为校勘者参考各种图书增补佚失提供了条件。加之参与校勘者学术水平较高，在补佚方面取得较大的成就便是水到渠成之事，补佚也由此成为北宋校勘的体例。如景祐年间（1034—1038），仁宗命余靖、张观等复校《汉书》。此次复校主要对佚失内容进行了增补，“靖等悉取三馆诸本，及先儒注解、训传、六经、小说、字林、说文之类数百家之书，以相参校。凡所是正，增损数千言，尤为精备”[③]。再如嘉祐年间（1056—1063）校宋、齐、梁、陈、后魏、周、北齐七朝史书，“有不全者访求之”，访求范围遍及京师及州县藏书之家。由此说明北宋馆阁藏书在校勘时，十分注重“本校法”“他校法”“对校”的应用。如校书前“博访群书，遍观诸本”，或用“秘阁古本对校”，校毕“皆题名篇末”，最后“送国子监刊板”等等。归结起来就是：访得众本，校正讹谬，刊行成书。历次校勘皆不局限于只参照本书的“本校”，还广泛参考其他图书进行精校。

总之，北宋政府在对馆阁藏书进行校勘时，创建了较完备的校书机构

① 〔宋〕陈骙：《储藏》，《南宋馆阁录》卷三，第 23 页。
② 〔宋〕沈括：《梦溪笔谈》卷一，第 5 页。
③ 〔宋〕王尧臣等编次，钱东垣等辑释：《崇文总目》卷二，《丛书集成初编》，商务印书馆，1937 年，第 44—45 页。

与校勘人员的选拔机制，其时形成的规范的校勘流程与完善的校勘条例、方法，使馆阁藏书的校勘成果达到了前所未有的高度。

第四节　曾巩馆阁生涯考

宋代馆阁的设立，最初是沿袭唐代故事，用以收藏图书。但宋代独特的崇文国策又赋予馆阁优待文臣、养育人才的政治职能，甚至这一职能成为北宋时期馆阁存在的最主要目的，因此使得馆阁校书有了更加丰富的内涵。曾巩得以跻身馆阁，其校书也不只是单纯的勘定文字正误、编排图书篇次，而是有更深刻的政治与文化意义。

但从曾巩的履历上来看，曾巩在宋仁宗嘉祐五年（1060），得恩师、时任枢密副使的欧阳修上书举荐，得以入馆，担任编校史馆书籍。历任秘阁校勘、集贤校理。宋神宗熙宁元年（1068），曾巩为英宗实录院检讨官，未逾月罢职，出为越州通判。辗转齐州、襄州、洪州、福州、亳州、沧州等地为官。元丰三年（1080），御前奏对称旨，方再次被召回京城，留判三班院。元丰四年（1081），迁史馆修撰，专典五朝国史。但曾巩第二次进入馆阁的时间不长，几个月后升任中书舍人，掌管外制。寻遭母丧，罢职守制。元丰六年（1083）四月，曾巩卒于江宁，终年六十五岁。曾巩的校书活动主要集中在第一次入馆阁，即从嘉祐六年至熙宁元年。这一时期的曾巩虽然年至不惑，却是初入官场，正该是积极进取、大展拳脚以图升迁的黄金期，但却不思外放以增添从政资历或政绩，反而始终栖身于馆阁，优游于读书、校勘当中，其原因颇值得深思。

一、曾巩入馆经过

馆阁取人分三路，曾巩走的是第二条路。曾巩在宋仁宗嘉祐二年

（1057）中进士，次年外放一任后，嘉祐五年（1060），得恩师、时任枢密副使的欧阳修上书举荐，曾巩于本年冬顺利入馆，担任编校史馆书籍官。从此，曾巩开始了将近九年的馆阁校书生涯。

编定馆阁书籍官设职于嘉祐四年（1059）二月，因秘阁校理吴及言：“近年用内臣监馆阁书库，借出书籍，亡失已多。又简编脱略，书吏补写不精，非国家崇尚儒学之意。请选馆职三两人，分馆阁人吏编写书籍。其私借出与借之者，并以法坐之。仍请求访所遗之书。”[①] 乃命馆阁官员蔡抗、陈襄、苏颂、陈绎分昭文、史馆、集贤院、秘阁书而编定之，不兼他局，二年一代。本年六月，“太子中允王陶、大理评事赵彦若、国子博士傅卞、於潜县令孙洙并为馆阁编校书籍官。馆阁编校书籍自此始”[②]。嘉祐四年还规定了馆阁编校书籍官的名额：编校史馆书籍、编校集贤院书籍、编校昭文馆书籍、编校秘阁书籍各两员，共八员。任满两年，选人、京官除馆阁校勘，朝官除校理。馆阁编校书籍的长官为“提举三馆秘阁写校书籍”，该项工作至熙宁八年（1075）二月四日方完成。工作内容是编校三馆、秘阁书籍，时间为两年。第一批编校书籍官是王陶、赵彦若、傅卞、孙洙，曾巩则在两年后任职编校史馆书籍，当为第二批。编校史馆书籍两年后，曾巩因由选人选任，故循例升任馆阁校勘，再升至集贤校理。熙宁二年（1069），任《宋英宗实录》检讨。不久后，方被外放越州通判。

欧阳修此次共举荐三人：章望之、王回、曾巩。欧阳修嘉祐五年《举章望之曾巩王回等充馆职状》云：

> 臣窃见秘书省校书郎章望之，学问通博，文辞敏丽，不急仕进，行义自修。东南士子，以为师范。太平州司法参军曾巩，自为进士，已有时名，其所为文章，流布远迩，志节高爽，自守不回。前亳州卫真县主簿王回，学行纯固，论议精明，尤通史传姓

① 〔宋〕李焘：《续资治通鉴长编》卷一百八十九，第 4551 页。
② 〔宋〕李焘：《续资治通鉴长编》卷一百八十九，第 4569—4570 页。

氏之书，可备顾问。此三人者，皆一时之秀，宜被朝廷乐育之仁。而或废处江湖，或沉沦州县，不获闻达，议者惜之。其章望之、曾巩、王回，臣今保举，堪充馆阁职任。[①]

在三人中，除章望之因伯父章得象荫补入仕外，王回、曾巩皆为嘉祐二年进士及第。章得象，仁宗朝名臣，任职翰林院十二年、枢密院三年，居相位八年，是福建籍官员中第一位拜相者。为官“清忠无所附，且未尝有所干请”，“在中书凡八年，宗党亲戚，一切抑而不进”。在避嫌的同时，“殊喜荐拔人物，乐善不倦”[②]，故而深得仁宗皇帝信任，在士林间极有声望，时称“简重之相”。章望之得章得象教导，“喜问学，志气宏放。为文辩博，长于议论”[③]，被荫补为秘书省校书郎、监杭州茶库。但章望之不乐靠荫补入仕，很快辞官后，求试“贤良方正”，后因章得象居相位需避嫌而止。章望之与曾巩、孙侔、王安石等为“忘形之交，其诗书相赞美，天下皆传之”[④]，才学、志向皆为欧阳修所赞赏，称其“儒其衣冠，气刚色仁，好学而有志”，期之为“万世之望”，“为民之表”，[⑤]故为之取字表民。章望之因伯父得官，又因伯父而无法应试，一生仕途不顺。“翰林学士欧阳修、韩绛、知制诰吴奎、刘敞、范镇同荐其才”[⑥]，先后除签书建康军节度判官、知乌程县，皆不受。故而，欧阳修称其“不急仕进，行义自修”，堪为士人典范，举荐其入馆阁。但从结果来看，章望之再次谢绝了欧阳修的举荐，并未应举入馆。

王回，字深甫，福州人。嘉祐二年进士，与曾巩为同年进士。补亳州

① 〔宋〕欧阳修：《举章望之曾巩王回等充馆职状》；《曾巩资料汇编》上册，第 12 页。
② 〔元〕脱脱等：《章得象传》，《宋史》卷四百四十三，第 10206 页。
③ 〔元〕脱脱等：《章望之传》，《宋史》卷四百四十三，第 13097 页。
④ 〔宋〕李焘：《续资治通鉴长编》卷二百二十七，第 5532 页。
⑤ 〔宋〕欧阳修：《章望之字序》，《欧阳修全集》卷四十四，第 622 页。
⑥ 〔元〕脱脱等：《章望之传》，《宋史》卷四百四十三，第 13098 页。

卫真县主簿，与上司不合，岁余称病辞官，久之不复出仕。王回舅舅是曾公亮，仁宗嘉祐六年（1061）拜相，至神宗熙宁三年（1070）方因年老罢相。累封鲁国公，卒赠太师、中书令，配享英宗庙廷，为昭勋阁二十四功臣之一。王回“惇行孝友，质直平恕，造次必稽孔子、孟子所为，而不为小廉曲谨以求名誉于世，其学问所得，自汉以来列于儒林者罕及也”①。王安石称其为“有道君子”，“以书来言者三四”，极力介绍给曾巩。曾巩本着对王安石“相信甚至”的情谊，于庆历六年（1046），在《再与欧阳舍人书》中将王回推荐与欧阳修。②欧阳修与王回介于师友之间，南宋时人西麓周氏③曰：“王深父学于欧阳公，与王介甫、曾子固、刘原甫游。其文出欧阳体而尤纯淡，序事曲折不穷，特壮伟不及也。”④而欧阳修在文章中则称王回为“余友”⑤。朝廷屡有人举荐王回，欧阳修称其“学行纯固，论议精明，尤通史传姓氏之书，可备顾问”，但不喜仕进的王回最终没有入馆。治平二年（1065），朝廷再次征召“前亳州卫真县主簿王回”为忠武军节度使推官、知南顿县时⑥，任命甫下而王回已卒。

曾巩自庆历元年（1041）入京应试未中，投简自荐于欧阳修门下开始，一直受到欧阳修的赞赏。未识面之初，曾巩所写之信与寄送的策、论两卷文章，即引起欧阳修的极大兴趣：“初骇其文，又壮其志”⑦，对曾巩的落第表示不满。继而，曾巩受教于欧阳修，自谓“受赐甚大”⑧，文风为之一变，如欧阳修所言：“我始见曾子，文章初亦然。昆仑倾黄河，渺漫盈

① 〔宋〕李焘：《续资治通鉴长编》卷二百五，第 4970 页。
② 参见〔宋〕曾巩：《再与欧阳舍人书》，《曾巩集》上册，第 248 页。
③ 仝卫敏：《周氏〈涉笔〉考》（《古籍整理研究学刊》2007 年第 1 期）一文考证出马端临《文献通考》中所称之“西麓周氏”，当为南宋人周端朝，其书全称为《西麓涉笔》。
④ 〔元〕马端临：《经籍考》六十二，《文献通考》卷二百三十五，第 1877 页。
⑤ 〔宋〕欧阳修：《集古录跋尾卷七》，《欧阳修全集》卷一百四十，第 2247 页。
⑥ 〔宋〕李焘：《续资治通鉴长编》卷二百五，第 4970 页。
⑦ 〔宋〕欧阳修：《送曾巩秀才序》，《欧阳修全集》卷四十四，第 625 页。
⑧ 〔宋〕曾巩：《上欧阳学士第二书》，《曾巩集》上册，第 233 页。

百川。决疏以道之，渐敛收横澜。东溟知所归，识路到不难。”[①] 曾巩早年的文章学韩愈，颇为雄浑奔放，有如山川倾覆，浩渺无边，不受节制。经过欧阳修的引导，文风变得收敛含蓄，平正有度。故而，欧阳修视曾巩为生平最得意的学生，曾言“过吾门者百千人，独于得生为喜”，[②] 可见推赏之切。二人自庆历元年结识以来，关系十分密切，书信往还不断，曾巩还多次拜访欧阳修，是公认的欧门第一人。这样一位备受期待的门生终于在嘉祐二年进士及第，所以，熟知其才学抱负的欧阳修必然会在仕途上为之筹划。

再者，欧阳修初任枢密副使，“故事，二府[③] 初入，举所知者三人，将以观大臣之能”。[④] 按照惯例，初入两府需要举荐人才，以此考察两府宰辅官的执政能力。欧阳修举荐的三人，皆素日交好、知之甚深的才学之士，对其道德、文章都颇为赞赏，确乎发自内心地为朝廷举荐贤才。但三人中，唯有曾巩于此次应举馆试，顺利入馆，其他两人皆辞而不就。

究其原因，其一，章、王两人皆曾在入仕之初受挫，对仕进抱有抵触情绪。章望之才学出众，却以荫补入仕，制科应试又无望；精心上奏的万言书毫无回音，兄长又被上官诬陷，困于囹圄多年。至于王回，进士及第后，甫一任职，与上司不合，即报病辞官。其二，与宋代士林之中普遍重视行义有关。行义，特指品行高尚，躬行仁义。在宋代崇儒重教的文化氛围下，行义是整个社会普遍推崇的个人品德。日常的学习中，教授要

① 〔宋〕欧阳修：《送吴生南归》，《欧阳修全集》卷七，第 107 页。
② 〔宋〕曾巩：《上欧阳学士第二书》，《曾巩集》上册，第 234 页。
③ 宋代文武分职，文官之最高权力机关为中书门下，又称政事堂；武官则为枢密院，掌管全国军政。两个机构“对持文、武二柄，号为‘二府’”。中书门下长官履行宰相之职务，正式官名为“同中书门下平章事”，元丰改制后改称“尚书左、右仆射”；副宰相称“参知政事”，改制后称门下侍郎、中书侍郎、尚书左丞、尚书右丞。枢密院长官为枢密使，或称知枢密院事，副长官称枢密副使，或同知枢密院事。因宋代重文轻武，故枢密院的官员即使在品级上相同，地位上略低于中书门下。(《职官二》，《宋史》卷一百六十二，第 3798 页)
④ 〔元〕马端临：《选举考》十一，《文献通考》卷三十八，第 361 页。

以“经术行义训导诸生”[①]。参加科举考试，也需要地方官考察诸生行义，如景德四年（1007），“有司详定《考校进士程式》，送礼部贡院，颁之诸州。……每秋赋，自县令佐察行义保任之，上于州；州长贰复审察得实，然后上本道使者类试。”[②]然科举取士拘于条式，“不能尽致天下之才，或韬晦而不屑就也”[③]。为了收罗这些遗贤，朝廷还多次下诏，敦促各地官员考察士人中行义出众者荐之于朝。朝廷又组织专门的考试，考察行义之士的才学，考中，视其等第，或授官，或授予科第出身，或赐予钱帛、名誉等，这就是《文献通考》《宋会要辑稿》中所说的“敦遣”“举隐逸”。[④]如神宗熙宁三年（1070），诏“诸路搜访行义为乡里推重者”，奏到二十九人。馆之太学，试于舍人院，刘蒙以下二十二人中等，赐官有差。其目的在于，“振清节，厉颓俗”[⑤]，借此以达到“赏一人可劝天下”[⑥]、“褒逸民而厚时俗”[⑦]的目的，“亦足以见幽隐必达，治世之盛也”。[⑧]也有赐官馆阁者，如绍兴四年（1134），权发遣平江府孙佑荐布衣王蘋“有忧时爱君之心，有开物成务之学，素行高洁，朝野共知”。上殿面试，高宗以为“通儒也”，特赐进士出身，授左迪公郎、秘书省正字。敕词曰：“赐之高第，职是校

---

① 〔元〕脱脱等：《职官七》，《宋史》卷一百六十七，第 3976 页。

② 〔元〕脱脱等：《选举一》，《宋史》卷一百五十五，第 3610 页。

③ 〔元〕脱脱等：《选举二》，《宋史》卷一百五十六，第 3654 页。

④ 仁宗、神宗、徽宗、钦宗、高宗、孝宗都多次下诏敦遣遗贤。以仁宗嘉祐四年为最早，规模也较大，报奏二十三人，实到十六人，于舍人院试策、论各一道。共分五等取人，然前两等不取，第三等下，赐进士出身；第四等上，赐同进士出身；第四等下、第五等，并为试秘书省校书郎。《宋会要辑稿》专门列《举遗逸》一章，与《敦遣》相对，所召之士皆是地方上的隐士、高人。不同之处在于举遗逸无须考试，多只赐校书郎、四门助教或本处助教、监主簿等低级教官或迪功郎、宣教郎等低级选人阶，很少赐出身。考《宋会要辑稿》之《敦遣》。

⑤ 〔元〕脱脱等：《选举二》，《宋史》卷一百五十六，第 3654 页。

⑥ 〔宋〕李焘：《续资治通鉴长编》卷五十二，第 1151 页。

⑦ 〔宋〕佚名：《处士魏野赠官制》，《宋大诏令集》卷二百二十，中华书局，1962 年，第 845 页。

⑧ 〔元〕脱脱等：《科举志》，《宋史》卷一百五十六，第 3654 页。

讐。岂特为儒者一时之荣，盖将使国人皆有所矜式勉行。”[①]由此可知，劝世意义极为明显。若屡召不起，则“世尤称焉”[②]，士林褒誉更高。这样的制度与风气，激励了宋代高洁之士砥砺不急仕进的操行。历代“敦遣”或“举遗逸”，屡召不至者比比皆是。

章望之、王回拒绝馆阁召试与这种重行义、轻荣名的风气有很大关系。仁宗朝屡辞馆阁召试而名气最大者，即是王安石。庆历二年（1042），王安石擢进士上等，授淮南节度判官。任满，按“旧制，秩满许献文求试馆职，安石独否”。后宰相文彦博以王安石恬退，“乞不次进用，以激奔竞之风。”召试馆职，王安石不受；欧阳修荐王安石为谏官，再辞。之后“馆阁之命屡下，安石屡辞”。任其为同修起居注，又辞。为了躲避敕命，王安石甚至“避于厕”。多次推辞馆阁、台谏等清要职务后，声名鹊起，士大夫皆谓其恬淡高洁，“恨不识其面”。“朝廷每欲俾以美官，惟患其不就也。”其结果是，任其为知制诰，掌外制后，“自是不复辞官矣”[③]。在一定程度上，可以说王安石的屡辞馆职未尝不是抬高身价，走“终南捷径”。

而曾巩的应举，则代表了宋代士大夫阶层主流的态度。上文已多次强调，馆阁在宋代是公认的“朝廷育材之地，礼待之甚隆”“校文中秘，儒者美官。”[④]时人称：“宁登瀛，不为卿；宁抱椠，不为监。”[⑤]苏辙初除馆职，惊喜未定，骤改右司谏。从清闲的馆职，改为地位更高、职责更大的台谏官。明明是升迁，苏辙却以“竟不入馆，故以为恨”，作诗感慨道：“仕宦不由天禄阁，坐曹终日漫皇皇。”[⑥]杨亿，七岁能属文，十一岁应童子试中等，深得太宗喜爱，特授秘书省正字。因其年龄尚小，令秘阁读书。按

① 〔宋〕叶绍翁：《四朝闻见录》卷一，《唐宋史料笔记丛刊》，中华书局，1989 年，第 10 页。
② 〔元〕脱脱等：《选举二》，《宋史》卷一百五十六，第 3654 页。
③ 〔元〕脱脱等：《王安石传》，《宋史》卷三百二十七，第 10541—10542 页。
④ 〔宋〕苏颂：《谢弟棁授秘阁校理》，《苏魏公文集》上册，第 561 页。
⑤ 〔元〕脱脱等：《职官一》，《宋史》卷一百六十一，第 3768 页。
⑥ 〔宋〕苏辙：《次韵张去华院中感怀》，《栾城集》卷十五，上海古籍出版社，2009 年，第 374 页。

制，初入馆职的杨亿“必以启事谢先达”。在启事中，杨亿洋洋得意称：“朝无绛、灌，不妨贾谊之少年；坐有邹、枚，未害相如之未至。”①杨亿以贾谊、司马相如自比，志得意满之意溢于言表。淳化三年（992），未及弱冠的杨亿因献文，特赐进士及第，迁光禄寺丞，无预馆职。次年，太宗于后苑赏花宴词臣，杨亿因无馆职身份，无法参与盛会，当即赋诗贻诸馆阁曰：“闻戴宫花满鬓红，上林丝管侍重瞳。蓬莱咫尺无因到，始信仙凡迥不同。”②杨亿将馆阁视为仙境，无法厕身其中，即使圣恩荣宠再多，也不过就是凡夫俗子，难与仙人媲美。入馆时的得意与无馆职时的失落，从文字当中即有鲜明的体现。再有，以诗闻名的梅尧臣，仕途困窘，三十年不得一馆职，胡宿作诗寄托哀叹：“嫦娥应有怜才意，惟许诗人到月宫。”③梅尧臣在与友人的诗中，自谓“平生好书诗，一意在抱椠”④，不乏无预馆职的抱憾之意。

相较而言，曾巩虽科举之路较为坎坷，三十九岁方进士及第，但入仕后却很快入馆，不能不说是一种幸运。再者，曾巩对馆阁的向往、赞叹虽无明文存世，但从其多篇回复新任馆职人员的启事中可以概见一二。如《回许安世谢馆职启》中称，馆阁之地乃“国家聚四部之书，藏之秘近；择一时之俊，任以校雠。映朝序以甚清，简上心而滋厚”。得预其间者，“遂膺给札之召，来贲登瀛之游。侍从迩班，庙堂大任，自兹而往，计日可期。”⑤在曾巩看来，馆阁藏书丰富，人才济济，是圣心所向。从容其间者以读书、校书为务，如登瀛台仙境，与杨亿、梅尧臣等人对馆阁的态度

---

①〔宋〕徐度：《却扫编》，《宾却录却扫编》，第121页。

②〔宋〕王辟之：《渑水燕谈录》卷七，《唐宋史料笔记丛刊》，中华书局，1981年，第84页。

③〔宋〕胡宿：《赠梅圣俞试馆职得赐进士出身》，《文恭集》一，《丛书集成初编》，商务印书馆，1935年，第50页。

④〔宋〕梅尧臣：《正仲见赠依韵和答》，朱东润校：《梅尧臣集编年校注》中册，上海古籍出版社，2006年，第717页。

⑤〔宋〕曾巩：《回许安世谢馆职启》，《曾巩集》下册，第509页。

是一致的。故而，曾巩慨然应举，入职馆阁乃是理所当然之事。

二、曾巩馆阁时期的政治环境

曾巩于嘉祐六年至熙宁元年在馆，而这一时期可说是北宋中期政治最暗潮汹涌的时段。上有庆历新政后的余波，下启王安石变法，治平年间又有连岁累月牵动中书与台谏两大实权机构明争暗斗的“濮议”。曾巩看似身处清闲之所，与世无争，但却与庆历新政、濮议、王安石变法等震动朝野的几大要事牵连颇多，与核心人物均有亲密交往，甚至有不少书序、文章实为濮议正名，为变法摇旗呐喊。可以说，馆阁校书时的曾巩并非两耳不闻窗外事、一心只读圣贤书的学者，而是时刻关注政治形势，主动或被动地卷入政治争斗的旋涡中。

宋太祖自陈桥兵变，黄袍加身后，鉴于唐末五代因藩镇割据而严重削弱中央权力，因此采取崇文抑武政策，提拔对皇权无害的文人积极参与国家文治、武备，降低武官权力与地位的同时，还建立了一系列防范文官专权的官僚体系。曾巩在《进太祖皇帝总序并状》中云：

> （太祖）知方镇之病民也，故设通判之员，使敛以绳墨。忧吏之不良也，故数使在位举其所知。患吏或受赇、或不奉法也，故罪至死徙，一无所贷。……其于群臣，有恩旧，有劳能，待之各尽其分，以位贵之，以财富之，有男使尚主，有女使嫁宗室，其予人之周也如此。即材可用，虽仇不废；不可用，虽光显矣，不处以势。其有罪多纵贷之，或赐之使自愧。及至坚明约束以整齐天下者，亦使之不能逾也。①

这篇序是曾巩奉命撰写《五朝国史》时，开篇盛赞太祖功德的文章。

① 〔宋〕曾巩：《进太祖皇帝总序并状》，《曾巩集》上册，第171—172页。

但从这篇文章对太祖朝优待官僚的政策来看，委实有许多弊端：其一，为削弱地方权力，朝廷设立多级机构和官职，以互相限制。宋朝把全国划分为若干路，每一路设转运使，掌一路财政，并监管路下各州官员，并可干涉各州政务。后来为了限制转运使权力，又设提点刑狱司、提举司、安抚司等，分管路下刑事权、财政权、监察权等，亦兼官民事。路下按照政治、经济、军事上的重要程度设府、州、军、监等不同级别的政区，其长官为“知军府事”或“知军州事”，简称知州，掌管一府、州、军等军、政之事。另设通判与其共掌州政，并负有监视知州之任。州下设县级军、监。长官为“知县事”，简称“知县”，知县以下又设“县丞”，与知县共掌一县事务。这种复杂的地方官僚制度会造成一事而涉及多级别官员和机构，彼此互相推诿，行政效率低下的现象，同时也会造成冗官现象。如仁宗朝宋祁所担忧的“州县不广于前，而官五倍于旧”[①]。再者，转运使作为实际上的一路长官，其本身官职级别低于知州，知州与通判地位相差不大，也会使得彼此职责无法推进，出现许多紊乱现象。最后，转运使、安抚使、知州、通判、知县等外任官皆由朝廷从京朝官中选派，造成了官、职、差遣分离的现象：“所授官，多非本职，惟以差遣为资历”[②]、“知其官不知其职者，十常八九”[③]，最终的结果就是“员既滥冗，名且紊杂”[④]。

其二，宋代厚待士大夫，赵翼感慨云：“恩逮于百官惟恐其不足”。不但纵容士大夫兼并土地，甚至认为大臣兼并土地“富者连我阡陌，为国守财尔！”[⑤]，此外，宋代还广开恩荫、幸进之路。官员子侄多得荫补官职，甚至以各种名目献文献赋，以期得到特赐科举出身、馆职、台监等。朝廷对待老臣，礼遇更多，即使老臣犯法失职，朝廷也无严重处罚，反而以荣养

① 〔元〕脱脱等：《宋祁传》，《宋史》卷二百八十四，第9594页。
② 〔元〕脱脱等：《选举四》，《宋史》卷一百五十八，第3695页。
③ 〔元〕脱脱等：《职官一》，《宋史》卷一百六十一，第3768页。
④ 〔元〕脱脱等：《职官一》，《宋史》卷一百六十一，第3770页。
⑤ 〔宋〕王明清：《余话》，《挥麈录》，第221页。

为主，如曾巩所云之“赐之使自愧”。这种处理方式与其说是罚，不如说是劝，使得官场中“不才苟简贪鄙之人，至不可胜数”①。叠屋架床式的官僚体系、泛滥成灾的恩荫制度、厚赏轻罚的奖惩政策、“田制不立”的土地政策等等。凡此种种恩逮百官的制度政策，最后的苦果都要由百姓来承担。

除此之外，曾巩没有提到的还有宋廷因对外战争的频繁失利所耗费的巨大军费开支和随后为平息战乱而被迫支付给西夏、辽国的高额岁贡。军事上的屡战屡败，使得宋朝花费大量费用用于不断的扩军募兵与研制兵器，却始终不从抑武的国策上解决问题。

冗官、冗费、冗兵，成为困扰宋代财政的难解之题。“宋之财政所以竭蹶者，因外耗于募兵与馈遗，而内耗于祀祠与冗禄也。国用不足则增税，官司承旨亦以聚敛为能。”②为了转移朝廷财政赤字，北宋政府对百姓的压榨是非常严重的，所谓“财取于万民者不留其有余。”③朱熹也说“古者刻剥之法，本朝皆备”④。“宋代还创造了不少亘古未有的刻剥之法：或花样翻新，税上加税；或巧立名目，另设新税。那些苛捐杂税有多少种，即使当时的三司也未能作出完整的统计。”⑤庞大官僚体系的贪污腐朽，层出不穷的苛重赋税，土地兼并的越演越烈，军事实力的薄弱不堪，使得宋代外有强敌屡屡侵犯，内有阶级矛盾不断激化下产生的农民起义，自太宗朝至仁宗朝接连不断，北宋政局实是危如累卵。

宋仁宗时期，内忧外患积累到一定程度，许多有识之士都意识到局势的危急，故而不断有人呼吁推行新政，革新吏治，整顿军备。终于，庆历

---

① 〔宋〕王安石：《上皇帝万言书》，唐武标校：《王文公文集》上册，上海人民出版社，1974年，第2页。

② 邓之诚：《中华二千年史》卷四，东方出版社，2013年，第97页。

③ 〔清〕赵翼：《廿二史札记校证》卷二十五，第534页。

④ 〔宋〕黎靖德编，王星贤点校：《朱子语类》卷一百一十，中华书局，1986年，第2708页。

⑤ 林明星：《俗吏不知方　掊克乃为才——宋初官员坐赇刻剥种种》，《史海摭零：史实和传统文化》，海风出版社，2009年，第36页。

三年（1043），范仲淹出任参知政事，提出十项改革建议：明黜陟、抑侥幸、精贡举、择官长、均公田、厚农桑、修武备、减徭役、覃恩信、重命令。[①]十条建议基本上被采纳，并颁布全国，史称“庆历新政”。但新政的推行遭遇整个既得利益阶层巨大的阻扰，最终于庆历五年宣告失败；主张新政者如范仲淹、欧阳修等人被污蔑为朋党，皆被贬职，外放地方。

庆历初年的曾巩尚未踏入仕途，但作为关心时政的士子，曾巩赞同范仲淹、欧阳修等人的更新主张。在范仲淹被罢副相、外放邓州时，曾巩专程写信赞美范仲淹是“造于道尤可谓宏且深，更天下之事尤可谓详且博者”，其新政乃是“至于事之几微，而讲之以《易》之变化”。虽然事败，但并不就是错的，鼓励范仲淹坚守自己的理念：“事之有天下非之，君子非之，而阁下独曰是者；天下是之，君子是之，而阁下独曰非者。及其既也，君子皆自以为不及，天下亦曰范公之守是也。”[②]由此可见曾巩对于新政的态度。

新政的失败，说明北宋社会危机的严重性已到穷则思变的程度，内忧外患的现实危机与得过且过的保守政治引发士大夫的普遍不满，“兴治太平”的言论屡见，要求改革的声音越来越多。“方庆历、嘉祐，世之名士常患法之不变”[③]。嘉祐年间，担任专管财政的三司使的张方平深切地体会到改革的必要：“方今政之所先，莫先于简人材；时之所急，莫急于足货食……或曰持盈守成之道当循旧章，兹所谓浅近之常谈，不知时务者也。”[④]包拯也说：“若不锐意而改图，但务因循，必恐贻患将来，有不可救

① 〔宋〕李焘：《续资治通鉴长编》卷一百四十三，第3431—3444页。
② 〔宋〕曾巩：《上范资政书》，《曾巩集》上册，第244页。
③ 〔宋〕陈亮：《铨选资格》，邓广铭点校：《陈亮集》（增订本）上册，中华书局，1987年，第134页。
④ 〔宋〕张方平：《乐全集》卷二十四《论时政要务》，《景印文渊阁四库全书》第1104册，第237页。

之过矣。”[①] 即使是熙宁间，强烈反对王安石的程颐在嘉祐二年（1057）也对仁宗言道，方今之势，内有“天下民力匮竭”，外有“戎狄强盛”，其势“诚何异于抱火厝之积薪之下而寝其上”[②]，可谓危机四伏。不过，理学家程颐提出的解决之道是恢复三皇五帝、孔子所提倡的王道，希望仁宗皇帝以仁心行仁道，则三代之治可复。

嘉祐八年（1063），苏轼在《思治论》中论“今世有三患而终莫能去”：其一，“自宫室祷祠之役兴，钱币茶盐之法坏，加之以师旅，而天下常患无财”；其二，“边陲不宁，二国益骄。以战则不胜，以守则不固，而天下常患无兵”；其三，“考功课吏之法坏，而贤者无所劝，不肖者无所惧，而天下常患无吏”。“财之不可丰，兵之不可强，吏之不可择”之三患正是庆历新政要着力解决的问题，苏轼认为要解决此三患，当先“从其可行者而规摹之，发之以勇，守之以专，达之以强，日夜以求合于其所规摹之内，而无务出于其所规摹之外。其人专，其政一，然而不成者，未之有也。”[③] 苏轼认为此三患是国之大敌，当先立可行之策，强而有力地执行下去方可奏效，不得半途而废。但是，苏轼主张采取温和渐进的方式进行改革，所谓“法相因则事易成，事有渐则民不惊”[④]，改革应在不引起剧烈变动的条件下稳步推进。这应该是嘉祐、熙宁间颇具代表性的改革主张。

嘉祐三年（1058），王安石的《上皇帝万言书》言其形势“内则不能无以社稷为忧，外则不能无惧于夷狄，天下之财力日以困穷，而风俗日以衰坏”。其解决之道，唯有变法：“夫二帝、三王，相去盖千有余载，一治一乱，其盛衰之时具矣。其所遭之变，所遇之势，亦各不同，其施设之方亦皆殊，而其为天下国家之意，本末先后，未尝不同也。臣故曰：当法其

① 〔宋〕包拯：《上仁宗乞减冗杂节用度》，〔宋〕赵汝愚：《宋朝诸臣奏议》卷一百一，第1090页。
② 〔宋〕程颐：《上仁宗皇帝书》，《二程集》，第511—512页。
③ 〔宋〕苏轼：《思治论》，《苏轼文集》第一册，第115—117页。
④ 〔宋〕苏轼：《辩试馆职策问札子》，《苏轼文集》第二册，第791页。

意而已。法其意，则吾所改易更革，不至乎倾骇天下之耳目，嚣天下之口，而固已合乎先王之政矣。”[①] 这则奏书可说是熙宁变法的前奏，也是这一时期变革言论最激烈者，但在当时并未引起中外震动，不外乎“是时非独荆公要如此，诸贤都有变更意”，“熙宁变法，亦是势当如此”。[②] 可以说，庆历以后，熙宁、元丰之前，尤其是嘉祐年间，实为新一轮变法的酝酿期，有良知的士大夫们面对共同的社会危机，都认识到改革的必要性，提出了不同的改革之道。

与改革思潮相对的是嘉祐、治平时期的当政者因循守旧，无所作为。王安石批评嘉祐时期的大臣们：“方今大臣之弱者，则不敢为陛下守法以忤谏官、御史，而专为持禄保位之谋；大臣之强者，则挟圣旨造法令，恣行所欲，不择义之是非，而谏官、御史亦无敢忤其意者。”[③] 庆历新政时期的干将如韩琦、富弼等虽陆续回归朝堂，但改革锐气已挫，甚至“惩前之祸愈深，而循致之说愈用”，“前规故习遂不可破”。[④] 而且，庆历新政时期，反对派攻击新政官员为朋党，遂开北宋党争之源。新政失败后，当政者内部开始党同伐异。“自庆历新政后，因疑于朋党之论，宰相与台谏官的关系很不正常：或者台谏为宰相肘腋，或者二者互相牵制攻讦”，这种互相掣肘的风气延续到嘉祐时期，“‘宾宾啧啧以争辩一典之是非’，而置对西夏的纳币屈辱于不顾。”[⑤] 发展到治平时期，遂酿成濮议风波。

濮议，指的是宋英宗治平时期对宋英宗生父濮安懿王赵允让究竟该追认为“皇考”，还是“皇伯”的讨论而引发的一系列政治事件。宋仁宗无嗣，过继濮安懿王赵允让之子赵曙为嗣，是为宋英宗。治平二年四月，英

① 〔宋〕王安石：《上皇帝万言书》，《王文公文集》上册，第1—2页。
② 〔宋〕黎靖德编：《朱子语类》卷一百三十，第3110、3101页。
③ 〔宋〕李焘：《续资治通鉴长编》卷一百九十三，第4678页。
④ 〔宋〕叶适：《论纲纪疏》三，〔清〕庄仲方辑：《南宋文范》，吉林人民出版社，1998年，第300页。
⑤ 王晓薇：《从庆历新政到熙宁变法——两次变法之间的北宋政治研究》，河北大学硕士论文，2001年，第18页。

宗即位，诏礼部官及待制以上官员议崇奉生父濮王典礼。侍御史吕诲、范纯仁、吕大防及司马光、贾黯等人坚守宗法，力主称仁宗为皇考，濮王为皇伯，因为仁宗皇帝生前即于宗室之中“简拔圣明，授以大业”，英宗得位来自仁宗，“亲为先帝之子，然后继体承祧，光有天下”，英宗必须得先是仁宗的儿子，其皇位继承才合法合理。所以，英宗之皇考必为仁宗。“濮安懿王虽于陛下有天性之亲、顾复之恩”，“宜准先朝封赠期亲尊属故事，高官大国，极其尊荣”即可。① 而中书韩琦、欧阳修等则引《仪礼》“为人后者，为其父母服”及《五服年月敕》中所说“出继之子，于所继生父母，皆称父母”，且有汉宣帝、光武帝以宗室子称帝后皆称其亲生父为皇考之故事，主张称濮王为皇考。且认为皇伯之说，“于典礼未见明据”②。中书与台谏展开了激烈的论争，双方均引经据典，议论汹汹，持续数年之久。同知谏院蔡抗甚至“指陈切至，泣下披面”，英宗“亦泣”。为平息争议，英宗只尊濮安懿王为亲，不称皇，诏臣民为懿王避讳，贬吕诲、吕大防、范纯仁三人出外。欧阳修等人取得了暂时胜利，却激起了台谏更猛烈的攻击，几以生死相争，指陈欧阳修是豺狼当道，奸邪在朝，“首开邪议，妄引经据，以枉道悦人主，以近利负先帝”，罪责之深，“政典之所不赦，人神之所共弃”。③ 治平四年（1067），欧阳修出知亳州。

曾巩于此时置身馆阁，似乎是远离风波，没有资格参与这样的讨论。但这并不代表曾巩对此事不关注，事实上，以曾巩与欧阳修之间的密切关系，他对此不可能无动于衷，故而曾巩于此时写有《为人后议》④。曾巩见“今世议者纷纷，至于旷日累时，不知所决者，盖由不考于《礼》，而

① 〔宋〕杨仲良撰，李之亮校点：《英宗皇帝濮议》，《皇宋通鉴长编纪事本末》（第二册）卷五十五，黑龙江人民出版社，2006年，第968页。
② 〔宋〕杨仲良：《英宗皇帝濮议》，《皇宋通鉴长编纪事本末》（第二册）卷五十五，第968页。
③ 〔宋〕杨仲良：《英宗皇帝濮议》，《皇宋通鉴长编纪事本末》（第二册）卷五十五，第970页。
④ 〔宋〕曾巩：《为人后议》，《曾巩集》上册，第142—146页。

率其私见也”。若考之于《礼》，“大宗无子，则族人以支子为之后。为之后者，为所后服斩衰三年，而降其父母期。”大宗无子，支子出继后，当为大宗服斩衰三年，降其生身父母之丧服为第二等齐期，以此明“所后者之重”，体现出大宗的地位。但这并不意味着“变革其名，不以为父母”，因为“亲非变，则名固不得而易矣”，“本亲有自然之恩，降一等，则足以明所后者为重，无缘乃绝之矣”。父子乃血脉至亲，源自天然，后天无法改变。既然血缘关系没有变，则父子名称也不应变。只需降一等服丧，即可表现对所后者之敬重，是以尊尊。若易其父子名号，“非使之两义俱安，而不即乎人心莫大乎如是也。”改变血亲父子名号，是枉顾人情人心，与圣人“亲亲”之意相违。最后，曾巩考之故事，知“皇考”之意有三：曾祖之庙号，事考之尊称，父殁之通称。引“事考之尊称”之意，则出继之支子称生父为“皇考”亦无不可。只要不加位号、不立庙祭祀，则朝廷无典册之文，无祝祭之辞，并无违反礼法之处，也无干大宗的传承，于现实政治并无妨碍。此事于礼甚明，则前朝有例可征，实在无须旷日累时的争论不休。同时，曾巩还针对司马光所言，为尊亲，可厚赐生父高官大国之议“不合于礼”。因为这是以子爵父，以卑命尊，颠倒了上下尊卑、父子人伦。

曾巩的观点显然与欧阳修一派如出一辙。在这个问题上，王安石也秉持同样的看法。熙宁三年（1070），王安石曾对神宗说：“人有所生父母，所养父母，皆称父母，虽闾巷亦不以为碍”，若是“以得天下之故可以背弃其父母，悖理伤教，孰甚于此？”[①] 王安石认为，生父养父，皆有父子之亲，这是人之常情。若因贪承继正统之利而抛弃血亲，尤为悖理伤教之甚。

曾巩对礼法的观点从《为人后议》中体现得非常明确。在曾巩看来，

① 〔宋〕杨仲良：《英宗皇帝濮议》，《皇宋通鉴长编纪事本末》（第二册）卷五十五，第982—983页。

圣人制礼，必要合乎尊尊亲亲。尊尊，讲究尊卑关系，讲究秩序和等级；亲亲，讲究人情血缘之亲，讲究人伦日常。所以，曾巩反对王安石的“坐讲”，认为这不符合尊尊之意；也反对司马光的“期亲故事”，认为这不只违反了尊尊，同时也有悖于亲亲。曾巩在此期间整理唐代礼法《礼阁新仪》，其目的就是为了纠正治平、熙宁之际，司马光与王安石两派间曲解礼法作为武器，互相攻击对方而造成的士林间对礼法的误解。因此孙觌说，曾巩的《礼阁新仪目录序》意在新法[①]，是有一定道理的。

可以说，在嘉祐、治平期间，变法思潮涌动、人心思变之时，曾巩赞同变法，其变法的理论依据与王安石也是一样的，即，时移世易，先王之形势与今不同，其法度也当随之变化，要在“当法其意”，而非因循先王之政。但变法的方式要有所斟酌，不能骤然实施，必得先推行教化，顺应人心人情，从内在改变人心相悖。如此循序渐进地推向新法则可水到渠成。因此，曾巩校勘《礼阁新仪》《列女传》《新序》《唐令》《战国策》等书无不怀有借史喻今，除弊纠偏之意。

三、苦乐参半的馆阁生活

曾巩于嘉祐六年（1061）顺利入职馆阁后，九年的馆阁生活是在苦乐参半中度过的。

（一）馆阁之苦

其苦，首先在于经济上的窘迫。馆阁虽号清贵，但级别低、权责小，俸禄微薄，且除了偶尔的赏赐外，无其他补贴，实难维持一家数口人在京师高昂的消费。如上文所言之仁宗时的李大临，“家贫甚，僮仆不具，多躬执贱役。一日自秣马，会例赐御书，使者及门适见之，嗟叹而去。归以白上，上大惊异。他日以语宰相，遂命知广安军”。[②] 李大临身居馆职，但

① 〔宋〕孙觌：《读〈临川集〉》，曾枣庄主编：《宋代序跋全编》第六册，第 3618 页。
② 〔宋〕徐度：《却扫编》，《宾退录却扫编》，第 141 页。

生活已经窘迫到无力雇佣奴仆，需要亲执贱役的地步。事闻，仁厚的仁宗皇帝为之惊异，遂有外放之命。由此可见，馆阁官员清贫在当时是一个较为普遍的现象，“今馆阁臣僚，率多清贫。侨居桂玉之地，皆求省府诸司职任。”馆阁官员多有难耐清苦，无心于校雠之务，纷求兼职或求外任者。故而范仲淹曾奏议：“今后馆阁臣僚、供职经二年，不就诸司职任者，乞特与恩例差遣，庶令英俊之游，日玩典籍，不亲米盐之务，专修经纬之业。”①但范仲淹的奏议并没有成效，仁宗朝中后期馆阁官员缺勤、校雠不严等现象愈加严重。

曾巩家累极重，虽号为官宦世家，祖父、父皆科举起家，祖父又历多地知州，曾任三司盐铁判官、京西转运使等职。但为官清廉，家业清贫。其父曾易占为官有乃父之风，居官刚直不阿，后遭人诬陷，坐法失官，闲居12年，且早逝。曾易占去世后，曾巩作为实际上的长子（其兄早逝），所面对的即是衰败的家境和四弟九妹的教养之责。所以，曾巩在庆历七年（1047）父亲去世后，“家甚贫，奔走四方以致养。既孤，奉太夫人孝，鞠其四弟九妹，友爱甚笃，宦学婚嫁，一出公力。”②其间亲尝耕作之苦，“或田于食，或野于宿”③。曾巩自言此间境遇：“经营食众口，四方走遑遑。一身如飞云，遇风任飘扬。”④繁重的家庭负担使得曾巩无暇专心读书应试，蹉跎十余年后方于嘉祐二年进士及第。曾巩曾自言：“巩不敢便自许不应举者，巩贫不得已也”，“舍其学而欲谋食也”。⑤在一定程度上，这是真心话。

然而，巨大的负累在入仕后并没有得到太大的改善，尤其是担任馆阁期间，因四弟九妹的读书、应举、婚嫁事宜，家资匮乏，更兼俸禄微薄，曾巩的家境依然是入不敷出。曾巩在嘉祐六年（1061）的《七月一日休假作》

① 〔宋〕范仲淹：《奏杜杞等充馆职》，《范仲淹全集》卷下，第624页。
② 〔宋〕林希：《墓志》，《曾巩集》下册，第801页。
③ 〔宋〕曾巩：《南轩记》，《曾巩集》上册，第285页。
④ 〔宋〕曾巩：《读书》，《曾巩集》上册，第54页。
⑤ 〔宋〕曾巩：《答袁陟书》，《曾巩集》上册，第261页。

中云："家乏念藜藿，开颜无一樽"[①]，即是说家境贫困，以藜藿为食，无力置酒。嘉祐八年（1063）的《合酱作》则将这种贫寒刻画得更为具体、凄惨：

> 孺人舍我亡，稚子未堪役。家居拙经营，生理见侵迫。海盐从私求，厨面自官得。拣豆连数晨，汲泉候将夕。调挠遵古书，煎熬需日力。庶以具藜羹，故将供脍食。岂有寄径忧，提瓶无所适。但惭著书非，覆瓿固其职。[②]

曾巩受家业所累，年过三十方娶妻晁文柔。晁氏不幸于嘉祐七年(1062)早亡，即曾巩担任馆阁的次年。因此，曾巩如李大临一样，不得不亲执贱役，拣豆、汲泉、熬酱佐餐。

物质的贫乏是其苦的一方面，更苦的一方面在于九年馆阁生涯间，曾巩有多位亲人陆续早逝。先是嘉祐六年（1061）九月，曾巩八妹德耀以疾卒于京师；十一月，女儿庆老生三岁而夭；嘉祐七年（1062）三月，原配晁文柔亦病逝。几个月的时间，曾巩连续失去三位至亲。其中，妻子病逝给曾巩带来的痛苦尤甚。其《秋夜》诗云：

> 秋露随节至，宵零在幽篁。灏气入我牖，萧然衾簟凉。念往不能寐，枕书嗟漏长。平生肺腑友，一诀余空床。况有鹊巢德，顾方共糟糠。偕老遂不可，辅贤真淼茫。家事成濩落，娇儿亦彷徨。晤言岂可接，虚貌在中堂。清泪昏我眼，沉忧回我肠。诚知百无益，恩义故难忘。[③]

晁文柔贤良淑德，不因曾巩家贫而抱怨，而是"食菲衣敝自若也"，协助曾巩孝养老人、照顾弟妹"各尽其意"，"仁孝慈恕，人有所不能及"。

① ［宋］曾巩：《七月一日休假作》，《曾巩集》上册，第 60 页。
② ［宋］曾巩：《合酱作》，《曾巩集》上册，第 63—64 页。
③ ［宋］曾巩：《秋夜》，《曾巩集》上册，第 60 页。

其才学出众，“为人聪明，于事迎见立解，无不尽其理”①。曾巩赞其为才德可比“梁鸿妻”②，是平生肺腑友。这样一位贤妻良母无疑给予困境中的曾巩无数实质性的帮助与情感上的慰藉，但“天界之德而夭其年，遗以相余而夺之早。余不知其所以，而又不自知其哭之之恸也”③。结果，得而复失，留给曾巩的是无尽的哀伤与思念。

再有，嘉祐二年（1057），曾巩大妹病逝于曾巩舟中。嘉祐七年（1062），妹婿关景晖应试至京师，请曾巩为亡妻作墓志铭。曾巩“于其间再哭妹，又哭女与哭妻，忧患之接于余者，可谓多矣”④。但这还不是终结，治平三年（1066）九月，曾巩另一个女儿兴老，两岁而夭。到了熙宁元年（1068）四月，曾巩弟曾宰又不幸去世。熙宁七年（1074）三月，曾巩九妹亦卒。曾巩艰辛教养十三个弟妹长大成人，弟皆登科做官、妹皆嫁人有归，然而“十余年间，死者四人”，人生之凄惨，莫过于此，无怪乎曾巩悲叹“吾故不知夫哭之之恸也”⑤。然而，长期的困苦挣扎与接二连三的打击，并没有击垮曾巩，而是锻造了曾巩自强不息的精神与坚韧强大的意志，正如其在《学舍记》中所说：“予之卑巷穷庐，冗衣砻饭，芑苋之羹，隐约而安者，固予之所以遂其志而有待也。”⑥所以，曾巩才能在如此悲惨的境地下踏实认真地校书、读书，增进学识，大有孟子“动心忍性，增益其所不能”之处。

（二）馆阁之乐

其乐，在于馆阁群体的文化生活多姿多彩。“除了平日较为严肃的编书校书、顾问侍从外，宴饮游乐、谈诗论文、相互戏谑屡见不鲜”，丰富

① 〔宋〕曾巩：《亡妻宜兴县君文柔晁氏墓志铭》，《曾巩集》下册，第633页。
② 〔宋〕曾巩：《南源庄》，《曾巩集》上册，第3页。
③ 〔宋〕曾巩：《亡妻宜兴县君文柔晁氏墓志铭》，《曾巩集》下册，第633页。
④ 〔宋〕曾巩：《郓州平阴县主簿关君妻曾氏墓表》，《曾巩集》下册，第638页。
⑤ 〔宋〕曾巩：《仙源县君曾氏墓志铭》，《曾巩集》下册，第636页。
⑥ 〔宋〕曾巩：《学舍记》，《曾巩集》上册，第284页。

的文化活动使得“文人的各种观念得到碰撞和交融，个性也得到充分彰显”。馆阁文人常进行雅集交游，互相切磋论艺、欢乐打趣，馆阁亦经常得到帝王临幸以及赐宴赏赐等。[①] 这样丰富的文化活动，曾巩皆有经历。从《馆阁送钱纯老知婺州诗序》一文，可以看出曾巩与馆阁同僚交游融洽时的喜悦：

> 朝廷常引天下文学之士，聚之馆阁，所以长养其材而待上之用。有出使于外者，则其僚必相告语，择都城之中广宇丰堂、游观之胜，约日皆会，饮酒赋诗，以叙去处之情，而致绸缪之意。历世浸久，以为故常。其从容道义之乐，盖他司所无。而其赋诗之所称引况谕，莫不道去者之美，祝其归仕于王朝，而欲其无久于外。所以见士君子之风流习尚，笃于相先，非世俗之所能及。[②]

馆阁不同他处，权轻责小，不责以吏事，日常工作不过读书、编书、校雠，时而备朝廷顾问，是再清闲不过的机构。馆阁成员又多是科举出身，才学、行义大多经得起考量，彼此间不存在较大利益冲突，“不专以势利高下为心”[③]，故而相处融洽。每次有人辞馆外任，馆阁同僚必互相转告，约齐同舍好友为之践行。众人聚于名园僧舍，饮酒赋诗，互道昔日交情，另祝去者前途似锦。“从容道义之乐，盖他司所无。”践行宴上，去者必依来宾人数赋诗若干首，以示“重僚友之好，而欲慰处者之思也”。同席之人为表心意，必择其中一首为韵，“赋诗以送之”。[④] 此事于馆阁中形成惯例，也是馆阁成员间增进友谊的方式之一。钱纯老出任知婺州，曾巩以下二十人饮宴于城东佛舍观音院，为钱纯老送行。曾巩熙宁二年罢馆，

① 成明明：《北宋馆阁文人的物质生活与精神生活论略》，《西北大学学报》（哲学社会科学版），2007 年第 6 期。

② 〔宋〕曾巩：《馆阁送钱纯老知婺州诗序》，《曾巩集》上册，第 214 页。

③ 〔宋〕陈骙：《南宋馆阁录》，第 67 页。

④ 〔宋〕曾巩：《馆阁送钱纯老知婺州诗序》，《曾巩集》上册，第 214 页。

出判越州时，馆阁僚友同样为之赋诗饯行。众人分韵，苏轼得燕字韵，即是有名的《送曾子固倅越得燕字》诗。此诗之所以有名，是因为此诗在之后的“乌台诗案”中成为苏轼被反对变法的证据。

不但离别之际馆阁文人依依不舍。曾巩在馆中工作时，与其同舍僚友亦是一团和睦。或集体校书，如嘉祐六年八月，仁宗诏：“三馆、秘阁校宋、齐、梁、陈、后魏、后周、北齐七史书，有不完者访求之。”令下，馆阁成员开始在公私藏书中集体求书。至嘉祐七年冬，版本方备。至此，馆阁开始分工校雠七史。曾巩与同僚“臣恂、臣穆、臣藻、臣觉、臣彦若、臣洙”分得《陈书》《梁书》《南齐书》的校勘任务。书成，由曾巩执笔撰写《陈书目录序》《梁书目录序》《南齐书目录序》上奏，三序具收在《元丰类稿》中。另外，据北宋晁说之《读魏书》：“嘉祐中，诏刊校南北七朝正史，而《宋》《齐》《梁》《陈书》，曾子固序目录上之”的记载，曾巩所校定、奏上者还有《宋书》，非仅《南齐》《梁》《陈》三书。[①] 即是说，曾巩与“恂、藻、觉、彦若、穆”等人共同完成了宋、齐、梁、陈南朝四史，领衔撰写书序者皆为曾巩。惜乎《〈宋书〉目录序》未能存世，不见于文献记载。唯有晁说之《读齐书》《读梁书》《读陈书》中皆云本书“校雠如《宋书》”，或许《〈宋书〉目录序》之体例应与其他三书书序一般无二。再有，晁说之《读魏书》云：“《魏书》之成最晚，子固已出馆矣。其为《序目》者曰‘臣攽、臣恕、臣焘、臣祖禹’，盖范醇甫所作云。”《魏书》当为七史中最后一本，晁说之还专门提到此时曾巩已出馆，或指曾巩亦曾参与《魏书》的集体校勘，但未完成已出馆，故最后奏上者是范祖禹。于此可见，曾巩于馆阁校书，远非《曾巩集》所收的十几篇书序所可概括。

或共赏奇书妙文。如嘉祐七年（1062）秋，曾巩与同僚韩维同观馆

① 鲁明、胡珂：《北宋校刻南北朝七史事发微》，《中华文史论丛》，2018 年第 2 期。

阁藏书《山海经》，并赋诗一首《七月十四日韩持国直庐同观山海经》。诗云：

> 高阁在清禁，长轩凭广虚。御幄闷图象，依然临幸余。翠甓布天路，黄帘分直庐。一雨清景早，稍凉秋兴初。解带就君坐，临床窥素书。山海所错出，飞潜类纷如。此语果虚实，遗编空卷舒。自笑正豕亥，更微注虫鱼。君材合远用，就此固已疏。如我乃斯幸，地闲容误居。竹影散良席，花香浮广裾。俯仰自足适，归时更当徐。[1]

韩持国，即韩维，字持国，嘉祐间任秘阁校理，与曾巩相识于馆阁，结为好友。曾巩逝后，韩维为之撰写神道碑。直庐，指侍臣值宿之所。本诗写作的缘起是，一个雨过天晴的秋日早晨，曾巩与韩维值宿馆阁时，一同欣赏馆阁所藏之《山海经》。本诗首句："高阁在清禁，长轩凭广虚"，展现了馆阁处于清幽整肃、宽敞雅致的皇宫之中。所以，帝王常车驾临幸馆阁，与馆臣共赏秘书。"解带就君坐，临床窥素书"，可见曾巩与韩维居馆阁期间关系亲密，熟不拘礼，时常共同阅读，探讨学问。"自笑正豕亥，更微注虫鱼"，说明曾巩、韩维等馆阁官员整理馆阁典籍时，需要勘正文字谬误、考释典章制度。"君材合远用，就此固已疏"，则感叹韩维才干出众，居于馆阁校雠实属屈就，而自己则校书粗略，虽有谦虚之意，但亦可看出曾巩对韩维的欣赏推重和对馆阁唯务校书的些许不满。"俯仰自足适，归时更当徐"两句，则体现出曾巩、韩维两人志同道合，安心读书、校雠的满足和自适。

或同舍游玩山寺。治平三年（1066）夏，曾巩与同舍友人丁元珍、孙觉、郑穆、林希等人游玩相国寺，听新识友人洪方叔弹琴，作有《相国寺维摩院听琴序》。

---

① 〔宋〕曾巩：《七月十四日韩持国直庐同观山海经》，《曾巩集》上册，第60页。

或宴饮赋诗，治平三年上巳日，皇帝赐宴馆阁于瑞圣园。瑞圣园，大中祥符三年（1010）崇奉天书之地，与玉津园、宜春苑、琼林苑并称北宋四大皇家园苑。曾巩有《上巳日瑞圣园锡燕呈诸同舍》：“北上郊原一据鞭，华林清集缀儒冠。方塘渰渰春先渌，密竹娟娟午更寒。流渚酒浮金凿落，照庭花并玉阑干。君恩倍觉丘山重，长日从容笑语欢。”[①] 同年，馆阁官员参加集贤殿春宴，曾巩有诗《集贤殿春燕呈诸同舍》，僚友陆佃依韵唱和《次韵和曾子固舍人二首》。

另外，馆阁历来为宋代帝王所重视，常有临幸馆阁观书之事。曾巩曾预其盛事，并作有《正月十一日迎驾呈诸同舍》；熙宁元年（1068），曾巩任英宗实录院检讨时，得到赐宴、赐笔墨纸砚等赏赐，前后上两表《英宗实录院谢赐御筵表》《谢实录院赐研纸笔墨表》；宋代十分重视上元节，正月十五当晚，皇帝带领后妃、近臣及馆阁官员登上宣德楼，与民一同观灯。侍从官员例有奉制诗上奏，以歌盛世之欢。曾巩即有《和御制上元观灯》《和史馆相公上元观灯》等诗。

可以说，曾巩九年的馆阁生活苦乐参半。物质上的贫寒，亲人离世带来的精神苦痛，并没有折损曾巩的心志。在仁宗朝后期，馆阁官员敷衍了事的时候，曾巩依然兢兢业业、认认真真地校雠典籍，为后世贡献了较为完整的《列女传》《说苑》《战国策》《新序》及南朝四史等文献。正如他安慰好友王补之所说：“但喜丹心在，休惊白发催。穷通莫须问，功业有时来。”[②] 诚然，校书也是一种可流芳千古的功业。

同时，馆阁丰富多彩的文化活动，同僚好友间的雅集饮宴、诗文唱和，帝王时常的临幸、赐宴，以及馆阁极为珍稀、丰富的藏书等，都带给曾巩极大的精神安慰，支撑着曾巩度过九年清苦寂寞的校书生涯。他的心态恬淡自适，始终如一。如其嘉祐八年《戏书》诗中所云：“家贫故不用

① 〔宋〕曾巩：《上巳日瑞圣园锡燕呈诸同舍》，《曾巩集》上册，第138页。
② 〔宋〕曾巩：《送王补之归南城》，《曾巩集》下册，第724页。

筹算，官冷又能无外忧。交游断绝正当尔，眠饭安稳余何求？君不见、黄金满籯要心计，大印如斗为身仇。妻孥意气宾客附，往往主人先白头。”①家贫官冷，故而门厅冷落，交游罕至。但曾巩仍安慰自己，尚得饱食安枕，无须钩心斗角、耍弄心机、为己营雠已是万幸。但从其个别诗歌中还是可以看出，曾巩对单调的校书生活也偶有怨言。上文所引之《七月十四日韩持国直庐同观山海经》中尚较为含蓄，而在《七月一日休假作》中云：“盥濯何所事？读书坐前轩。岂堪当世用，空味古人言。”②曾巩对于年复一年，日复一日，只是读书、校书，神交古人的生活，已深感与世隔绝，难以参与时务，故生出不堪世用的感慨了。这与《七月十四日韩持国直庐同观山海经》中“就此固已疏”相类，是对自己仕途坎坷、难以施展治事才能的激愤之语。要知道曾巩是一个心怀壮志之人，青年时代即立言“欲挽白日之西颓”③，绝不作南朝宗炳和雷次宗那样无益于世的隐士。曾巩在熙宁元年（1068）所作之《瞿秘校新授官还南丰》诗中云：“佩印自兹始，过家当少留。中园何时到？薇蕨亦已柔。山翠入幽屐，渚香浮回舟。阡陌有还往，壶觞时献酬。应笑天禄阁，寂寥谁见求？”④此时曾巩已入馆阁近九年，离乡有十余年。听闻僚友回南丰，顿起思乡之情，想念闲居家乡时耕读之乐，亲友饮觞之欢。同时，也感慨九年馆阁校书生涯寂寥如扬雄，白首穷经，无所作为。

在熙宁二年（1069）被罢《英宗实录》检讨后，曾巩自请外任。自请外放的原因，已有许多学者进行了专门的分析。一般认为，欧阳修因“濮议”之争而遭谤被贬，曾巩作为欧门子弟被株连，在史馆中闲置起来。继而，王安石回朝后，任职翰林学士，曾巩在为神宗讲书时，提出到坐而论

① 〔宋〕曾巩：《戏书》，《曾巩集》上册，第 61 页。
② 〔宋〕曾巩：《七月一日休假作》，《曾巩集》上册，第 60 页。
③ 〔宋〕曾巩：《冬望》，《曾巩集》上册，第 1 页。
④ 〔宋〕曾巩：《瞿秘校新授官还南丰》，《曾巩集》上册，第 64 页。

道，遭到司马光等人的反对，认为于理不合。曾巩于此时所作《讲官仪》，提出“世之挟书而讲于禁中者，官以侍为名，则其任故可知矣”。且坐并非尊师之道，场合不同，或站或坐，皆要合乎礼仪。所谓礼仪，即要符合上下尊卑间的关系。曾巩举孔子命曾子坐之事，言到：“曾子之侍仲尼，子曰参复坐。则坐云者，盖师之所以命学者，未有果师道也。”[①]曾子是孔子的学生，为卑，自当侍立；孔子为师为尊，可以命学生坐下听讲。对应于君臣关系，君为尊臣为卑，君可命臣下或站或坐，但臣于礼当侍立，不可自请坐讲。同年，吕诲等反对派大将上章弹劾王安石所为奸诈十事，其三便是讲王安石请坐讲，是“屈万乘之重，自取师氏之尊。真不识上下之仪，君臣之分”[②]。这很显然，曾巩对此事的看法与吕诲等人是一致的，无形中站到了王安石的对立面。但曾巩本人又倡议变法，非保守派同道中人。所以，曾巩在变法的酝酿期，“以一种迂腐的态度来看待‘坐讲’，结果，无形中附和了反对派的意见。这种陷于新旧两派斗争峡谷中的尴尬处境”[③]，最终促成了曾巩的自求外任。这种分析极有见地，非常符合当时曾巩所处之政治困境。前有欧阳修“濮议”的株连，后有王安石变法时的两处不着边，让曾巩无法在京师立足。不过，困守馆阁近十年，无尺寸之事功，也非曾巩素来的志向。曾氏自曾致尧开始，家族以经世为务，于地方治理卓有成效。曾巩深受祖父、父亲影响，并不限于以著述立言为理想，或许这也是曾巩求任地方的原因之一。

① 〔宋〕曾巩：《讲官仪》，《曾巩集》上册，第149—150页。
② 〔宋〕吕诲：《论王安石奸诈十事状》，《全宋文》卷一〇三九，第141页。
③ 王琦珍：《曾巩评传》，江西高校出版社，1990年，第19页。

第三章

曾巩馆阁校书考述

曾巩的校书活动主要集中在任职馆阁期间，其详细的校书清单还有待考察。从现存资料来看，曾巩校书遍及经、史、子、集四部。有奉诏校勘，也有属于私人的校书活动。从曾巩流传下来的书序中可以确定，曾巩任职于馆阁时，整理过《战国策》《南齐书》《梁书》《陈书》四部正史和《列女传》这样的杂史传记；还校勘过《唐令》《礼阁新仪》这样的典章制度史书以及《说苑》《新序》和徐幹的《中论》这样的子书（前两书后世或多作小说家言）；集部则有《李太白集》和《鲍溶诗集》。除此之外，曾巩还对先祖曾致尧的文集进行整理校勘。这几部书中的《南齐书》《梁书》《陈书》当为曾巩与馆阁众人奉诏校勘，《战国策》《唐令》《新序》《礼阁新仪》《中论》《鲍溶诗集》则是曾巩在馆阁日常校勘的课业，所校书为曾巩自主选择，而非强制摊派的任务。每书校勘完毕，曾巩均效仿刘向校书故事，“条其篇目，撮其旨要”，将校书成果总结为一篇小序上呈皇帝御览。因此这几篇序文中，有曾巩自谓“臣巩”“臣谨序”等字样。其中《南齐书》《陈书》是集体校勘的成果，所以序文说明校勘行为是“臣等”完成的。这里的“等”具体指何人，在清代何焯的《义门读书记》中有补充考证。何焯认为，这两篇的序文有阙文，《陈书目录序》中结尾当有“臣恂、臣穆、臣藻、臣觉、臣彦若、臣洙、臣巩谨叙目录。昧死上”。《南齐书目录序》同上，并且说明“此乃进书之体”[①]。这种进书之体，亦源自刘向校书。除此之外的《说苑》《列女传》《李太白集》及《曾致尧文集》等，当为曾巩私下校勘的结果。虽校毕，亦撰书序，但自称“余”，皆无“臣巩”“臣”等字样，说明这些书序的预订读者并非皇帝。

第一节　与刘向相关之书

曾巩在馆阁所校之书中，有记载的有十二部，其中四部皆与刘向相关：即刘向的著述《列女传》《说苑》《新序》及刘向校定之书《战国策》，占了目前所知曾巩馆阁校书的三分之一。而这四部书的校勘并未见诸官方记载，其中两部书的序文中也未出现“臣谨序”字样，由此可以推测是曾巩出于个人兴趣进行的私人校书。其原因可谓不言而喻，必与曾巩在校书与文章之事上对刘向的格外关注有直接关系。

一、《列女传》

《列女传》相传为刘向所著。《汉书·刘向传》曰：“向睹俗弥奢淫，而赵、卫之属起微贱，逾礼制。向以为王教由内及外，自近者始。故采取《诗》《书》所载贤妃贞妇，兴国显家可法则，及孽嬖乱亡者，序次为《列女传》，凡八篇，以诫天子。”[②]刘向认为“王教由内及外，自近者始”，即王教应当从皇帝周边的人开始，即先对后宫嫔妃及前朝外戚进行教育。但是汉成帝的后宫宠妃却是赵飞燕姐妹等人，她们出身寒微，不通诗书，无才无德，僭越礼制，以致“上无继嗣，政由王氏出，灾异寖甚”[③]，几至败坏朝纲，动

① 〔清〕何焯：《义门读书记》，中华书局，1987 年，第 752、754 页。
② 〔汉〕班固：《楚元王传附刘向传》，《汉书》，第 1957—1958 页。
③ 〔汉〕班固：《楚元王传附刘向传》，《汉书》，第 1958 页。

摇社稷。刘向痛心于此，故而留心典籍，从《诗经》《尚书》等儒家经典中搜罗历代贤妃贞妇兴国保家，以及孽嬖祸乱前朝后宫，以致国破家亡的正反两方面的事迹，编为一册《列女传》，上呈汉成帝，希望汉成帝能够警悟后宫乱政的教训，以前代贤妃的事迹教导后妃规范的为妇之道。

据班固《汉书》的记录，刘向所献《列女传》是八篇[①]。但在《七略别录》中，刘向有明确的交代："臣向与黄门侍郎歆所校《列女传》，种类相从为七篇。"[②]同是汉代的著述，对于《列女传》篇数的记载已经有了差别。东汉以后，实际存世的《列女传》篇数又发生了很大变化。唐代编撰的《隋书·经籍志》和宋代庆历元年（1041）修撰的《崇文总目》中皆著录"刘向《列女传》十五卷，曹大家注"。也就是说，隋唐以来，广为流传的《列女传》皆为曹大家十五篇注本。

曹大家即班昭，她是史学家班彪之女、《汉书》的作者班固之妹，也是班固去世后，《汉书》的续补者和讲授者。班昭出身文化世族，博学高才，举止有节行法度，深受汉朝皇室的喜爱和信任。汉和帝时，班昭常出入宫廷，担任后妃的教师。邓太后主政期间，班昭还得以参赞政事。因其丈夫曹世叔的缘故，被称为曹大家，著有《女诫》。《女诫》是一部以儒家思想规范女子德行的小书，但是在封建时代流传甚广，成为古代女子教育的经典读本。《女诫》中固然有不少不合于现代价值观念的成分，但不可否认《女诫》是时代的产物，它所代表的女性规范是顺应时代风气，而非班昭杜撰的。何况班昭撰写《女诫》的初衷乃是一片爱女之心："但伤诸女方当适人，而不渐训诲，不闻妇礼，惧失容它门，取耻宗族。吾今疾在沉滞，性命无常，念

① 在本章的讨论中会发现，曾巩对于所校之书大多称篇不称卷，与《隋书·经籍志》、新旧《唐志》《崇文总目》《郡斋读书志》等目录书不同。这些目录中对《列女传》《战国策》《新序》《梁书》《陈书》《唐令》《礼阁新仪》等书所著录的卷与曾巩所说之篇在篇幅当是一致的。曾巩之所以不称卷，有其深意，在第四章中会有专门的讨论。

② 〔唐〕徐坚等纂：《初学记》引《七略别录》，董治安主编：《唐代四大类书》（第三卷），清华大学出版社，2003 年，第 1830 页。

汝曹如此，每用惆怅。”[1]班昭年老病重，无力继续教导家中女性如何在家庭中立足，因而以通行的儒家理念出发归纳出当时所需的正统闺门典则，以供家族女性学习，避免失意于夫家。这也是班昭作为一位女性教育家的必然之举，将教育理论汇编成书，惠及后人。因此，从班昭的生平学识、思想著述来说，无疑是注释《列女传》的最佳人选。

班昭注的《列女传》为何是十五篇，远远多于《汉书》著录的八篇与《七略别录》所说的七篇？这个问题成为宋代学者关注的话题，曾巩身在馆阁，看到两个版本的《列女传》，心生疑惑，开始了对《列女传》的校勘。从其《列女传目录序》中来看，曾巩对《列女传》的校勘或属于私人行为。曾巩对《列女传》产生兴趣，首先出于曾巩“自负要似刘向”[2]的情结，对刘向传世的作品特别关心。而在关心之下，发现馆阁之内收藏的《列女传》有两个版本：班昭的十五篇注本和嘉祐年间苏颂勘定的八篇本。

苏颂于庆历二年（1042）中进士，与王安石为同年。历官宿州观察推官、知江宁县、南京留守推官，皇祐五年（1053）召试馆阁校勘。嘉祐四年（1059）二月，诏令“置馆阁编定书籍官，以秘阁校理蔡抗、陈襄，集贤校理苏颂，馆阁校勘陈绎，分昭文、史馆、集贤院、秘阁书而编定之”[3]。嘉祐六年（1061）年底，“三馆、秘阁上所写黄本书六千四百九十六卷，补白本书二千九百五十四卷。”[4]而在嘉祐六年，曾巩得欧阳修举荐入馆阁时，苏颂以朝奉郎、太常博士充集贤校理差知颍州。可知，苏颂在嘉祐四年至嘉祐六年任集贤校理，奉命校勘集贤院典籍，《列女传》的校勘工作约在这一期间完成。《列女传》勘定不久，曾巩入馆，苏颂外放。从曾巩《列女传目录序》

① 〔南朝宋〕范晔：《班昭》，《后汉书》卷八十四，第2786页。
② 〔宋〕王震：《南丰先生文集序》，《曾巩集》附录，第810页。
③ 〔宋〕李焘：《续资治通鉴长编》卷一百八十九，第4551页。
④ 〔宋〕李焘：《续资治通鉴长编》卷一百九十五，第4733页。

末尾称“编校馆阁书籍臣曾巩序”来看①，也就是说曾巩校勘《列女传》时，担任的是编校馆阁书籍官，这也正是曾巩嘉祐六年刚入馆时的馆职。按照馆阁升迁的程序，担任编校官两年后方能升馆阁校勘。可知曾巩校勘《列女传》当在嘉祐六年至嘉祐八年间。曾巩与苏颂是接续性地进行《列女传》的校勘工作，几乎没有时间差。所以，曾巩得以看到苏颂的校定本，也易于获知苏颂的校定过程、校对文献资料。

曾巩认为，苏颂校定的《列女传》是以《颂义》篇内容为依据，重新编排篇次，还原《列女传》八篇本的原貌，并与通行的十五篇本并藏于馆阁，所以才出现馆阁两个版本并存的情况。通过校勘，曾巩对《列女传》的版本、流传情况有了以下认识：

> 《列女传》，凡八篇，事具《汉书》向列传。而《隋书》及《崇文总目》皆称向《列女传》十五篇，曹大家注。以《颂义》考之，盖大家所注，离其七篇为十四，与《颂义》凡十五篇，而益以陈婴母及东汉以来凡十六事，非向书本然也。盖向旧书之亡久矣。嘉祐中，集贤校理苏颂始以《颂义》为篇次，复定其书为八篇，与十五篇者并藏于馆阁。而《隋书》以《颂义》为刘歆作，与向列传不合。今验《颂义》之文，盖向之自叙。又《艺文志》有向《列女传颂图》，明非歆作也。自唐之乱，古书之在者少矣，而《唐志》录《列女传》凡十六家，至大家注十五篇者，亦无录，然其书今在。则古书之或有录而亡，或无录而在者，亦众矣，非可惜哉！今校雠其八篇及其十五篇者已定，可缮写。②

① 〔宋〕曾巩：《古列女传目录序》，〔汉〕刘向撰，班昭增补：《古列女传》，中华书局，1985 年据文选楼丛书影印，第 4 页。按：晁继周、陈杏珍点校《曾巩集》之《列女传目录序》中缺少“编校馆阁书籍臣曾巩序”这一信息。

② 〔宋〕曾巩：《列女传目录序》，《曾巩集》上册，第 179 页。

曾巩认为，《列女传》作者当为刘向，全书共八篇，其中《颂义》篇是作者自序。也就是说，《列女传》正文当为七篇。这与上文《七略别录》中刘向自称“臣向与黄门侍郎歆所校《列女传》，种类相从为七篇”的说法相符。考定作者、篇数的依据是《汉书·刘向本传》的记载；且删节刘向、刘歆父子校书成果之《别录》《七略》而成的《汉书·艺文志》也明言《列女传颂图》为刘向所作；隋唐以来官修书目，如《隋书·经籍志》《崇文总目》皆将《列女传》作者归于刘向。但从东汉以后，存世的《列女传》篇数上发生了很大变化。唐代编撰的《隋书·经籍志》和宋代庆历元年（1041）修撰的《崇文总目》中皆著录“刘向《列女传》十五篇，曹大家注。”也就是说，隋唐以来，广为流传的《列女传》皆为曹大家十五篇注本。

同时，曾巩认为现存的八篇本是苏颂校勘而成。苏颂的校勘过程是，在通行的十五篇的基础上，根据作者自序的《颂义》篇的内容对传文进行重新编排，最后定为八篇。曾巩认同苏颂的校勘方法，同样以《颂义》篇的内容来检视班昭的十五篇注本。他认为十五篇本是将原书的七篇传文拆分成了十四篇，附上《颂义》，正好是十五篇。何焯《义门读书记》在这一条下作注，进一步解释曾巩的意思，认为《颂义》就是刘向撰写《列女传》的自序，原本就自为一篇，如同班固著《汉书》专列《叙传》，扬雄著《法言》专列《序》，放置在全书的末尾一样。[①] 这是古书的通行体例，汉代的学者皆遵照这样的体例编排篇目。比如著名的《太史公自序》就放在《史记》的篇末。《颂义》是刘向著《列女传》的自序，原本也应该放在全书的末尾。到了宋代，图书篇目的编排次序发生了变化，自序统一放到篇首。也就是说，曾巩看到的《列女传》，排在篇首的是《颂义》，《颂义》以下有十四篇。而这十四篇实际上是将刘向正文七篇传文分成了上下篇。

曾巩还注意到，注本还附翼了陈婴母及东汉以来十六事。也就是说，

① 〔清〕何焯：《义门读书记》，第 749 页。

班昭的十五篇注本非刘向原书，不但篇章结构被人为地拆分、改变，内容上很有可能有班昭的续补，也就是说《续列女传》的作者或为班昭。对于一直以来都有争议的话题，即《颂》的作者到底是刘向还是刘歆，曾巩也给出了自己的意见。他坚持《汉书·艺文志》的记载，也就是“刘向有列女传、颂、图”的说法，直接否定了“《颂》为刘歆作”的猜测。值得注意的是，曾巩言到“《唐志》录《列女传》凡十六家，至大家注十五篇者，亦无录，然其书今在。”考今本《新唐书·艺文志》：“刘向《列女传》十五卷。曹大家注。”[①]而《旧唐书·经籍志》著录：“《列女传》二卷，刘向撰”，又曰：“(收录)列女十六家”。[②]可知，曾巩所言之《唐志》，当为《旧唐书·经籍志》。该志中收录列女类著述十六家，但是却没有收录流传于当世的班昭十五篇注本。所以，曾巩才要感慨“古书之或有录而亡、或无录而在者，亦众矣”，考证古书流散，不可过于迷信前人目录著述。

曾巩对《列女传》的整理与校勘，或许与王回有很大关系。王回与曾巩为同年进士，又在同一年被欧阳修举荐充任馆职。但王回无意仕进，没有应举入馆，曾巩得以入职馆阁。虽然二人并没有一同入馆，但是交谊十分深厚。曾巩多次提及“深父，吾友也”[③]，并极为称许王回的叙事散文，曾谓“吾友王氏兄弟，曰回深父，曰向子直，曰冏容季，皆善属文，长于叙事，深父尤深”[④]。同时，王回与吕夏卿(字缙叔)、苏颂(字子容)、林旦(字次中)等人皆是同乡，交谊颇深。在王回《古列女传序》中言王回：“今直秘阁吕缙叔、集贤校理苏子容、象山令林次中各言尝见《母仪》《贤明》四卷于江南人家，其画为古佩服，而各题其《颂》像侧。然《崇文》及三君北游诸藏书家皆无此本，不知其传果向之颂图欤？抑后好事者据其颂，取古佩服

① 〔宋〕欧阳修等：《艺文志》，《新唐书》卷五十八，中华书局，1975年，第1486页。
② 〔后晋〕刘昫等：《经籍志》，《旧唐书》卷四十六，中华书局，1975年，第2002、2006页。
③ 〔宋〕曾巩：《王深父文集序》，《曾巩集》上册，第196页。
④ 〔宋〕曾巩：《王容季文集序》，《曾巩集》上册，第199页。

而图之欤？莫得而考已。”[①]可知，王回此次校勘《列女传》应得到吕夏卿、苏颂、曾巩等人馆阁资源、私人藏书与校书的帮助。馆阁所藏的十五篇本和苏颂校定的八篇本，王回应该都有查阅。同时，王回还从三位福建同乡口中闻知江南地区流行有四卷本的《列女传》，不但有传有颂，亦有图，或更符合刘向原本的旧貌。但王回似乎没有亲见，无法据以获知更多四卷本的信息。也就是说，王回此次校《列女传》与曾巩据有的文献资料是一样的，皆以《崇文总目》所著录的十五篇本和苏颂校定之八篇本为底本。

王回在嘉祐年间也曾对《列女传》进行过整理和校勘，其整理过程记录在《〈古列女传〉序》中。该序自注写于嘉祐八年（1063），则校勘《列女传》当在八年之前。而曾巩校勘《列女传》，也正在嘉祐六年至嘉祐八年间。两位好友同一时期校勘同一本书，不可能毫无交流。且从二位的序中可知，二人就《列女传》的问题应该经过多次的交流，最后取得了相对一致的意见。

王回在《〈古列女传〉序》中坚持《列女传》的作者应为刘向，作书的目的如《汉书》所说，“以美刺《诗》《书》以来女德善恶，系于家国治乱之效者”以讽汉成帝。故“(《列女传》）有《母仪》《贤明》《仁智》《贞慎》《节义》《辨通》《嬖孽》等篇，而各颂其义，图其状，总为卒篇。”也就是说，王回认为《列女传》“传文”有《母仪》《贤明》《仁智》《贞慎》《节义》《辨通》《嬖孽》七篇，最后附有“颂”，以颂“传文”之意，《颂义》篇当为全书的总序，总为八篇。这是八篇本的原貌。此外，原书还附有图画，以更好地阐释传文。而通行的十五篇本是班昭所注，“乃分传每篇上下，并颂为十五卷。”不同于曾巩的是，王回认为《列女传》“每篇皆十五传耳，则凡无颂者，宜皆非向所奏书，不特自《陈婴母》所断也”。王回“以颂考之”，认为原本《列女传》的编撰体例是：每一篇皆述十五则传

① 〔宋〕王回：《〈列女传〉序》，《古列女传》，第2页。

记[①]，每则传文所述人物在“颂”中皆有阐释。据此，凡今本无“颂”者皆非刘向原文，而是后人增补的，而不只是曾巩所说的“陈婴母等十六传”。

王回既非馆阁成员，也没有校书任务，但是却自觉地校勘《列女传》，原因在于王回“爱其文，嘉其志，而惜其所序散亡脱缪于千岁之间。幸存而完者，此一书耳。复为他手窜疑于其真，故并录其目，而以颂证之，删为八篇，号《古列女传》”。王回出于对刘向文章、志向的喜欢，遂十分留意刘向著述。但到宋代，刘向著述几至全亡。幸存的完本只有《列女传》，但又混入许多后人增补的内容，非刘向原本。故而王回有志重新校勘，为刘向著述存真存古。其校勘的方法与曾巩、苏颂无异，皆是认定《颂》为刘向自序，是全书大纲，其传文皆是在《颂》的框架内填充。所以，王回同样以《颂》对全书篇目进行考定，删去《颂》所无载的内容，重定为八篇，名为《古列女传》，意在重申这八篇本方是刘向古书原貌。余下的篇目，虽为后人所作，但“其文亦奥雅可喜”，故“以时次之，别为一书，号《续列女传》”。王回主张恢复刘向原书旧貌，但对后人增补的内容亦颇多赞赏，认为不应就此作废，故而重定为《续列女传》，以示此乃后人“祖述刘氏”之作。

再有，曾巩与王回二人所校之《列女传》应无原本所有之图。曾巩在校书序中只提到《列女传颂图》非刘歆所作，王回则对《列女传颂图》的问题比较重视，他从吕夏卿、苏颂等人口中得知江南四卷本有传、有图，“其画为古佩服，而各题其《颂》像侧。”传文附图画，这是符合古书体制的：“古书往往有图，如《山海经》又称《山海图》，而屈原《天问》亦似对图言之，观其文义，尚是图画在先，文字乃是解释图画者。凡如此制，

① 以今本《列女传》来看，除第一卷《母仪传》只有十四则传文外，其他六卷皆为十五则传文。

其书往往传自邃古。”[1]王回力图恢复刘向原书，对原书附有的图画亦竭力寻求，不放过任何信息。即使实物失传，无法进行考证，亦要保留文字信息进行说明以告来者。

曾巩校勘《列女传》的初衷与王回应无二致，二人相互影响，同时对《列女传》进行了校勘。不同的是，王回是完全按照《颂》的记载删十五篇本为八篇，意在复刘向旧貌；而曾巩则以苏颂校定的八篇本与通行的十五篇本对校，重在勘定书的文字与内容，重申刘向著其书的深意，并不主张删废十五篇，而是两个版本并行，分别缮写、存世。从保存文献的角度而言，曾巩的做法无疑更值得肯定。

二、《说苑》《新序》

《说苑》为刘向目睹“赵、卫之属起微贱，逾礼制”之时，博采历代传记故事编纂而成，与《列女传》写于同一时期。据《汉书》所载，“(刘向)及采传记行事，著《新序》《说苑》凡五十篇……”[2]《新序》《说苑》两本书的总篇数是五十篇，但《说苑》单本书的篇数则无载。所幸刘向所序的《说苑叙录》被部分地保存下来了。《说苑叙录》云：

> 护左都水使者光禄大夫臣向言：所校中书《说苑杂事》及臣向书，民间书诬校雠。其事类众多，章句相溷，或上下谬乱，难分别次序，除去与《新序》复重者，其余者浅薄不中义理，别集以为百家后。令以类相从，一一条别篇目，更以造新事十万言以上，凡二十篇七百八十四章，号曰《新苑》，皆可观，臣向昧死。[3]

① 张京华：《〈列女传·有虞二妃传〉文献源流考》，《湘妃考》，湖南人民出版社，2011年，第27页。
② 〔东汉〕班固：《楚元王传》，《汉书》卷三十六，第1958页。
③ 〔汉〕刘向：《说苑叙录》，〔清〕严可均：《全上古三代秦汉三国六朝文》第一册，河北教育出版社，1997年，第603—604页。

在《说苑叙录》中记载了《说苑》的成书过程：刘向在校对中秘书《说苑杂事》时，取中秘书及个人藏书、民间藏书进行对校，并与同类型的典籍——《新序》进行他校，重新条别篇目，“更以造新事十万言以上，凡二十篇七百八十四章，号曰《说苑》。”即，刘向在原书《说苑杂事》的基础上，删去与《新序》重复以及浅薄不合义理的篇目，增补十万言，进行重新整理、编排，编订成一部新书。为与前书有所区别，故重命名为《新苑》，这一命名也符合“汉朝人多喜欢把自己的著作标一‘新’字”[①]的习惯。全书二十卷，《隋书·经籍志》、新旧《唐书》亦著录为二十卷[②]，即《说苑》在隋唐时期是较为完整地保存下来了。但经五代战乱，到了《崇文总目》时期，或者说到北宋时期，此书已大量散佚，只存五卷。

曾巩为校此书，“从士大夫间得之者十有三篇，与旧为十有八篇，正其脱谬，疑者阙之，而叙其篇目”。[③]曾巩从士大夫间搜集了十三篇，加上《崇文总目》时期所保存下来的五篇，共有十八篇。曾巩对这十八篇进行了校勘，正其脱、谬，保持“疑者阙之”的审慎态度，重新订正此书。晁公武在《郡斋读书志》中称曾巩“自谓得十五篇于士大夫家，与崇文旧书五篇合为二十篇，又叙之。然止是析十九卷，作《修文》上、下篇耳。”[④]南宋初年晁公武藏的《说苑》是十九篇，缺了第二十篇，即今本之《反质》篇。晁公武认为，这一版本的《说苑》是经过曾巩的校勘、补佚，汇聚而成十九篇。又将第十九篇分成上下篇，凑成了二十篇。这种说法与陆游的《跋〈说苑〉》中所记载的李德刍的观点一致：“李德刍云：馆中《说苑》二十卷，而阙《反质》一卷。曾巩乃分《修文》为上下，以足

① 曾祥旭：《论〈列女传〉、〈新序〉、〈说苑〉》，《西汉后期的文学和儒学》，河南大学出版社，2016 年，第 163 页。

② 新旧《唐书》著录为“三十卷”，当为“二十卷”之误。刘琳霞：《刘向〈说苑〉考论》，河南大学硕士论文，2006 年，第 9 页。

③〔宋〕曾巩：《说苑目录序》，《曾巩集》上册，第 191 页。

④〔宋〕晁公武著，孙猛校证：《郡斋读书志校证》卷十，上海古籍出版社，1990 年，第 437 页。

二十卷。后高丽进一卷，遂足。”[①] 李德刍，北宋真宗、仁宗时期著名学者，出身馆阁的藏书家李淑之子，与曾巩同时，曾奉命与曾巩弟曾肇编修《元丰九域志》。此人精通律法、舆地之学，多次受命与馆阁官员合作编写典籍，且家世藏书，故而对当时官、私藏书十分清楚。李德刍应亲见馆阁中有二十篇本《说苑》，实为曾巩校订的十九篇，缺少最后一篇《反质》篇，故而将第十九篇分为上下篇，补足二十篇之数。其后，高丽进呈一篇，才使得《说苑》补成完书。也就是说，李德刍之后，《说苑》已经有了二十篇的足本，但生活于南宋高宗、孝宗时期的晁公武没有看到二十篇的足本，只有曾巩校订的十九篇本，且与北宋神宗时期李德刍在馆阁所见之曾巩校本一致。两人都认为曾巩校补十九篇，析十九篇为上下，凑足二十篇。但是，各个版本的曾巩《说苑目录序》皆云收集“十有三篇”、合为“十有八篇”。今人或以为，曾巩所言之“十有三篇”“十有八篇”是误记。[②] 但考之宋淳祐袁州本《昭德先生郡斋读书志》，发现该版本《读书志》著录曾巩校《说苑》事如下：

> 《说苑》二十篇：右汉刘向撰，以《君道》《臣术》《建本》《立节》《贵德》《复恩》《政理》《尊贤》《正谏》《法诫》《善说》《奉使》《权谋》《至公》《指武》《谈丛》《杂言》《辨物》《修文》为目。鸿嘉四年上之。阙第十三篇。曾子固校书，自谓得十五篇于士大夫家，与《崇文》旧书五篇，合为二十篇而叙之，然止是析十九篇作《修文》上下篇耳。[③]

以袁本著录来看，晁公武所见之曾巩校本《说苑》有十九篇的篇名，

① 〔宋〕陆游：《跋〈说苑〉》，《陆游集》，中华书局，1976 年，第 2240 页。
② 邓骏捷：《刘向校书考论》，人民出版社，2012 年，第 82 页。
③ 〔宋〕晁公武：《说苑》，《昭德先生郡斋读书志》卷十，《四部丛刊》三编，影印宋淳祐袁州本，不著页码。

但缺了第十三篇和第二十篇。即，曾巩实际校勘所得正是十八篇，第十三篇或许只有篇名而无内容，所以才要在《说苑目录序》中直言“疑者缺之”。自晁公武称曾巩得十五篇于士大夫家，补足二十篇以后，陆游、《四库全书总目》等皆误曾巩校本之篇数。

曾巩校定此书的目的，是有感于刘向之采传记、百家所载行事之迹，撰成谏书，欲劝谏汉成帝行事应该有法度、戒律，“然其所取，往往不当于理”，故而曾巩“不得而不论也”。曾巩认为，学者之于道，在于“知其精微之际”，而非知其大略，浅尝辄止即罢。而刘向虽然博学，“尤欲有为于世”，即使多次因劝谏汉皇，得罪外戚、权贵而遭到贬斥，甚至被下狱，“数困于谗而不改其操”，“可谓有志者也”。但刘向“徇物者多而自为者少”，曲从世俗之论，于道之精微处缺乏自得之言，正是曾巩所言之仅知道大略即止，未能“尽乎精微”，故而虽有志经世，涉猎广博，但多人云亦云，缺乏创见，终未能达道，是其所失。曾巩校其书，序其文，目的在于考订刘向著述文字，以明刘向治学之得失，告诫今之学者读书治学当求诸已、求诸内，于道之精微处善加思索，以成一已之见。这也是历代儒家一向的治学主张。

此外，《新序》亦编纂于同时，著述之旨，如宋代高似孙所言：“正纪纲、迪教化、辨邪正、黜异端，以为汉规监者，尽在此书。”①《隋书·经籍志》著录：“《新序》三十卷。录一卷，刘向撰。”②新旧《唐书》亦同，可见《新序》原书为三十卷，在隋唐时期尚有全本。据《太平御览》所引《新序》，可知三十卷本于北宋初太平兴国时尚存于馆阁，之后就散佚不全了。《崇文总目》著录《新序》十卷，并云：“汉刘向撰，成帝时典校

① 〔宋〕高似孙：《新序说苑》，《高似孙集》，浙江古籍出版社，2015年，第480页。
② 〔唐〕魏征等：《经籍志》，《隋书》，中华书局，1973年，第997页。

秘书，因采战国秦汉间事为三十篇上之，其二十卷今亡。”[①] 也就是说，从太平兴国时期到了庆历时期，几十年间，《新序》已佚二十卷，只有十卷。宋真宗大中祥符八年（1015）四月，宫中大火，“烧毁屋舍计二千余间”，延及馆阁，“秘阁、三馆图籍，一时俱尽。”[②] 宅火平息后，朝廷虽组织馆阁官员重新整理、抄录图籍，但再难恢复原貌。《新序》或毁于此时，故而仁宗时期编修官方藏书目录时，只余《新序》十卷。

曾巩入馆阁后，看到的就是残缺的十卷本《新序》。经过“日校正其讹而缀辑其放逸，久之，《新序》始复生”[③]。宋代中期以后，可见的《新序》是经过曾巩校订的。南宋时的《郡斋读书志》《直斋书录解题》亦云“《新序》十卷”，今见宋、明诸本皆源自曾巩的校本。[④] 这十卷分别是：杂事第一、杂事第二、杂事第三、杂事第四、杂事第五、刺奢第六、节士第七、义勇第八、善谋第九、善谋第十。

曾巩在十卷的基础上，“考证其文字”，重在保留《新序》中所记载的“远至舜禹，而次及于周秦以来，古人之嘉言善行”，是否“慎取之”，是否被世俗之弊所遮盖。也就是说，曾巩此次校勘并没有辑佚到旧文，为《新序》增补文字，而是“惜其不可见者，而校其可见者特详焉”，对于现存的十篇文字进行了详细精慎的校订。经过文字校勘，曾巩发现刘向“不免乎为众说之所蔽，而不知有所折衷者也”。[⑤] 与对《说苑》的校勘结果一样，曾巩对刘向两书提出了批评，认为刘向于圣人之道，仅得其小端，易为世俗之陋见所惑。其慷慨用世之志可敬，整理、编次先秦文字之功可

① 〔宋〕王尧臣等编次：《崇文总目》卷三，《丛书集成初编》，商务印刷馆，1937 年，第 129 页。
② 〔宋〕钱惟演：《玉堂逢辰录》，《钱惟演集》卷八，浙江古籍出版社，2014 年，第 132 页。
③ 〔宋〕晁公武：《郡斋读书志校证》卷十，第 435 页。
④ 有关《新序》的版本，详参李致忠《宋版书叙录·〈新序〉》，书目文献出版社，1994，第 323—329 页；郝继东：《刘向〈新序〉版本述略》，《古籍整理研究学刊》，2006 年第 2 期。
⑤ 〔宋〕曾巩：《新序目录序》，《曾巩集》上册，第 177 页。

嘉，然其删述之旨则可议。

三、《战国策》

《战国策》是战国时期纵横家游说诸国君王的策谋和言论的汇编，非一时一地一人的作品。刘向校录群书时，发现了多种记录纵横家言论的写本，如《国策》《国事》《事语》《短长》《长书》《修书》等。刘向集聚众本，删去重复，按照国别重新条别篇目三十三篇，命名为《战国策》。《战国策》在写人、叙事、记言等方面文学成就较高，对《史记》的形成也有很大影响，《史记》中的一些篇章甚至直接脱胎于《战国策》。其文学价值历来为人所称道，但其思想倾向与后世尊尚的儒家思想有许多不相符之处，且过于追逐名利，夸大了纵横家的历史作用，客观上降低了其史学价值。因此，《战国策》在古代社会不被史家所重视，也不受主流思想界的欢迎。

刘向校此书时，即认为“战国之时，君德浅薄，为之谋策者不得不因势而为资，据时而为画。故其谋扶急持倾，为一切之权，虽不可以临国教化，兵革救急之势也。皆高才秀士，度时君之所能行，出奇策异智，转危为安，运亡为存，亦可喜，皆可观”[①]。在刘向看来，《战国策》的内容反映了战国时期特有的历史风貌。因礼崩乐坏，君德浅薄，士人不得不曲从世俗，出尽权变之策，为人排忧解难、扶急持倾。这些权变之策虽然是小道，不足以临国教化，但也包含着奇策异智，可以解一时之急，救一时之难，甚至可以扭转一时的局面，转危为安、化亡为存，因此颇有可观者。故而，刘向将同类型的纵横家之作汇聚为一书，定名《战国策》。《汉书·艺文志》载，“《战国策》三十三篇。记春秋后。”[②] 可知，刘向整理的《战国策》原书三十三篇。东汉高诱有《战国策注》，《隋书·经籍志》著录为二十一卷。

① 〔汉〕刘向：《刘向书录》，〔汉〕刘向编集，贺伟、侯仰军点校：《战国策》，齐鲁书社2005年，第3页。
② 〔汉〕班固：《艺文志》，《汉书》卷三十，第1714页。

但随着时间的流逝，《战国策》亦有散佚。《隋书·经籍志》著录此书：“《战国策》三十二卷，刘向录。”[①] 新、旧《唐书》亦是三十二卷，但著录高诱注《战国策》三十二卷，与《隋书·经籍志》有十一卷的误差。齐思和认为，高诱注篇数的差异，“盖后人依刘向本为之分卷也”。[②] 到了《崇文总目》则著录：“今篇卷亡缺，第二至十、三十一至三缺。又有后汉高诱注本二十卷，今缺第一、第五、十一至二十，止存八卷。”[③] 也即是说，刘向三十三篇本《战国策》到隋朝已亡一篇，只有三十二篇。到北宋庆历时期已缺了第二篇到十篇、第三十一篇到三十三篇，共缺十二篇，仅存二十一篇。隋唐时期，二十一篇的《战国策》高诱注本，在《崇文总目》中则注为原为二十篇，且缺第一篇、五篇、十一篇至二十篇，共缺十二篇，仅存八篇。庆历之际，官方所藏《战国策》两个版本皆为残篇断简，非全貌。与《新序》一样，《战国策》在北宋前期缺失严重，或许与上文所说之大中祥符时期的大火有关，也与“北宋前期官家书籍管理不善”有关。[④] 内臣随意借出官方藏书，朝廷对此缺乏有力的追偿制度，使得“借出书籍，亡失已多。又简编脱略，书吏补写不精”[⑤]。故而，在嘉祐四年（1059）方设置编校馆阁书籍官。曾巩即是作为编校史馆书籍而进入馆阁的，随后自主校勘《战国策》。

曾巩比对《崇文总目》发现，馆阁所藏《战国策》缺十一篇。[⑥] 为恢复《战国策》全貌，曾巩“访之士大夫家，始尽得其书，正其误谬而疑其不可

① 〔唐〕魏征等：《经籍二》，《隋书》卷三十三，第 959 页。
② 齐思和：《中国史探研》，河北教育出版社，2000 年，第 437 页。
③ 〔宋〕王尧臣等编次：《崇文总目》卷二，《丛书集成初编》，商务印刷馆，1937 年，第 57 页。
④ 郑杰文：《〈战国策〉在北宋时期的整理和流传》，《山东大学学报》（哲学社会科学版），2000 年第 1 期。
⑤ 〔宋〕李焘：《续资治通鉴长编》卷一百八十九，第 4551 页。
⑥ 〔宋〕曾巩：《战国策目录序》，《曾巩集》上册，第 183 页。本条原文为：“《崇文总目》称第十一篇者缺”，显然有误。本条注释称，元刻本、章钰校本、傅增湘校渔浦书院本无“第”字。即，后三个版本的《战国策目录序》著录的是“《崇文总目》称缺十一卷”。显然后三个版本的说法更接近《崇文总目》的记载，“十一”或为“十二”之讹，或是曾巩本人计错数据。

考者，然后《战国策》三十三篇复完”[①]。三十三篇本的《战国策》经曾巩重校而得以成为完本传世。在曾巩校《战国策》前后，士大夫中流传着苏颂、钱藻等不足本；刘敞手校书肆印买本；治平四年，王觉校《战国策》时搜罗“钱塘颜氏印本”和“馆阁诸公家藏数本”等而成的王觉校本；李格非家藏残本、晁以道本等多种版本。[②]苏颂、刘敞、钱藻、王觉皆为曾巩稍前或同时期的馆臣，可见，北宋时期，《战国策》在士大夫间的流传并不罕见。故而，身为士大夫的曾巩借助自己的交游，当能较为容易地借到比较丰富的《战国策》版本进行对校，从而补正馆阁本之失。据元祐年间，馆臣孙朴入馆校《战国策》时所写之《书阁本战国策后》所载，元祐元年，馆阁中存有“曾巩三次所校定本，及苏颂、钱藻等不足本”[③]。这说明，曾巩此次校《战国策》经过三次之多的反复校勘，其三次校本与苏颂、钱藻等人的不足本并存于馆阁之中。曾巩之后，元祐八年（1093），集贤院又出现了新本，孙朴利用诸本进行了新的校勘。到了南宋时期，姚宽校勘《战国策》时发现“其未曾经过曾南丰校定者，舛误尤不可读。其浙、建原小字刊行者，皆南丰所校本也”[④]。这说明在南宋之前的《战国策》诸多藏本、校本中，曾巩的校定本因其内容相对完整，校勘精良，而流传最广。

台湾学者张正南通过多年对《战国策》的研究，认为“曾巩对《战国策》的影响，不在刘向编纂之下；实际上，我们目前看到的《战国策》传本，都是曾巩校定的。”[⑤]刘向将战国时期单篇流传的文章编纂成一部首尾完整的书，而这部书历经千年，几近亡佚，只有残卷短篇在官方、民间有藏本，但流传度并不广。苏颂、钱藻等人所藏本被称为不足本，可知仍是残

① 〔宋〕曾巩：《战国策目录序》，《曾巩集》上册，第183页。

② 郑杰文：《〈战国策〉在北宋时期的整理和流传》，《山东大学学报》（哲学社会科学版），2000年第1期。

③ 〔宋〕孙朴：《孙元忠书阁本战国策后》，《战国策》，第7页。

④ 〔宋〕姚宽：《姚宽书》，《战国策》，第9页。

⑤ 张正男：《〈战国策〉初探》，台湾商务印书馆，1984年，第155页。

卷，没有经过完整的整理与校勘。曾巩实乃刘向以后，第一个下功夫整理、校注《战国策》者。且经曾巩整理后，《战国策》才再次以完整图书的形式传世。所以，张正南才说曾巩于《战国策》之整理、校勘，其功不亚于刘向之编纂。曾巩以后，孙朴、姚宏、姚宽、鲍彪，乃至元代吴师道、清代黄丕烈等人的校注都是在曾巩校注本的基础上进行的。

不过，也要注意到，曾巩校勘完毕，尚觉有“疑不可考者”，说明曾巩校定而成的三十三篇“是谓刘向所校之《战国策》经他校补后没有整卷整卷地佚失，而词语、句子、段落乃至整章的佚失现象则大量存在”[①]。因此，曾巩以后又有孙朴、姚宏、鲍彪等人对《战国策》进行更为详尽细致地校勘。再有，曾巩校勘《战国策》还注意到高诱的注本，对于注本为二十一篇还是三十二篇，曾巩存疑，并没有盲从《崇文总目》的二十一篇之说。经过曾巩的搜求，对于《崇文总目》时期的八篇，增补了两篇，成十篇本。这也就是今本十篇本《战国策》高诱本的底本。

曾巩校《战国策》的目的与刘向截然不同。在刘向看来，《战国策》虽为小道，但有可观者，值得流传。而曾巩则认为此书实为“世之大祸”，刘向之论亦是惑于流俗。既然曾巩对此书如此痛恨，为何要花费精力，重校此书呢？这可以从曾巩的《战国策目录序》中找到答案：

> 向叙此书，言“周之先，明教化，修法度，所以大治。及其后，谋诈用，而仁义之路塞，所以大乱”。其说既美矣。卒以谓“此书战国之谋士度时君之所能行，不得不然”。则可谓惑于流俗，而不笃于自信者也。
>
> 夫孔孟之时，去周之初已数百岁，其旧法已亡，旧俗已熄久矣。二子乃独明先王之道，以谓不可改者，岂将强天下之主以后世之所不可为哉？亦将因其所遇之

① 郑杰文：《〈战国策〉在北宋时期的整理和流传》，《山东大学学报》（哲学社会科学版），2000 年第 1 期。

时、所遭之变而为当世之法，使不失乎先王之意而已。二帝三王之治，其变固殊，其法固异，而其为国家天下之意，本末先后，未尝不同也。二子之道，如是而已。盖法者所以适变也，不必尽同；道者所以立本也，不可不一，此理之不易者也。故二子者守此，岂好为异论哉？能勿苟而已矣，可谓不惑乎流俗而笃于自信者也。

战国之游士则不然，不知道之可信，而乐于说之易合，其设心注意，偷为一切之计而已。故论诈之便而讳其败，言战之善而蔽其患，其相率而为之者，莫不有利焉，而不胜其害也；有得焉，而不胜其失也。卒至苏秦、商鞅、孙膑、吴起、李斯之徒以亡其身，而诸侯及秦用之者亦灭其国，其为世之大祸明矣，而俗犹莫之寤也。惟先王之道，因时适变，为法不同，而考之无疵，用之无弊，故古之圣贤，未有以此而易彼也。

或曰："邪说之害正也，宜放而绝之，则此书之不泯其可乎？"对曰：君子之禁邪说也，固将明其说于天下，使当世之人皆知其说之不可从，然后以禁，则齐；使后世之人皆知其说之不可为，然后以戒，则明，岂必灭其籍哉？放而绝之，莫善于是。是以孟子之书，有为神农之言者，有为墨子之言者，皆著而非之。至于此书之作，则上继春秋，下至楚汉之起，二百四五十年之间，载其行事，固不可得而废也。①

在曾巩看来，"法"可变，但"道"不可变。"道"是根本，根本是恒定不移的，所以不能变；而"法"是为现实服务的，不可尽同，所以是可变的。时移世易，具体的措施可以"因时而变"，"因其所遇之时，所遭之变，

① 〔宋〕曾巩：《战国策目录序》，《曾巩集》上册，第183—184页。

而为当世之法，使不失乎先生之意而已。”故而，上古圣王“其变固殊，其法固异，而其为国家天下之意，本末先后，未尝不同也”。法必因时而变，只要从本质上遵守圣人治国安民之道即可。在这一点上，曾巩与王安石是完全一致的。王安石在《上皇帝万言书》中说：

臣以谓今之失，患在不法先王之政者，以谓当法其意而已。夫二帝、三王，相去盖千有余载，一治一乱，其盛衰之时具矣。其所遭之变，所遇之势，亦各不同，其施设之方亦皆殊，而其为天下国家之意，本末先后，未尝不同也。臣故曰：当法其意而已。法其意，则吾所改易更革，不至乎倾骇天下之耳目，嚣天下之口，而固已合乎先王之政矣。①

王安石认为，当今社会问题的关键不在复古旧法，而是要讲求先王治法之意。法以治国安邦，维护秩序，教养万民，此为本。具体之典章制度、律令规范，此为末。法之根本不容有变，但法之末必须要根据形势的变化而发生相应的变化。

治国安民之道不能变。而“道”是什么？是先王之道。先王之道的坚守者是孔子、孟子，虽身处春秋、战国这样的乱世，仍然坚守先王之道，不为流俗之异端邪说所迷惑，自信于先王之道的绝对正确性。因此，曾巩说的“道”，即是孔孟之道。而战国之士曲从流俗，枉己迎合君主，最终只能落得身死国灭的下场，实为“世之大祸”。流传于世，只能让更多的人，如刘向者惑于流俗，对大道缺乏自信，继而迷失心志。所以，此书危害巨大，曾巩重校此书的目的就是要把《战国策》的邪说异端当成靶子，从各个方向进行批驳，揭露它的谬误，使之大白于天下，让当世及其后来之人都能认清邪说的真面目，时刻警惕，不再被异端邪说所惑。这样邪说

① 〔宋〕王安石：《上皇帝万言书》，《王文公文集》上册，第2页。

自然而然就会消失，人们的思想就会统一。曾巩认为放而绝之，比禁毁典籍要高明，而且这样才是光明正大的君子所为。

曾巩认为《战国策》是异端，这种观点在整个封建时代几乎都是共识，《战国策》也长期受到士人的蔑视与摈弃。早在汉成帝时期，《战国策》尚未经刘向整理成书，东平王向汉廷求借《史记》时，大将军王凤就谏言成帝："《太史公书》有战国纵横权谲之谋，汉兴之初谋臣奇策，天官灾异，地形厄塞：皆不宜在诸侯王。不可予。"① 直言战国纵横之术不可轻易散布，易得诸王滋生乱心。三国时期，李权以"君子以博识为弘"为由，向秦宓借阅《战国策》，秦宓却拒绝出借，并直言：

> 书非史记周图，仲尼不采；道非虚无自然，严平不演。海以受淤，岁一荡清；君子博识，非礼不视。今《战国》反覆仪、秦之术，杀人自生，亡人自存，经之所疾。故孔子发愤作《春秋》，大乎居正，复制《孝经》，广陈德行。杜渐防萌，预有所抑。……道家法曰："不见所欲，使心不乱。"是故天地贞观，日月贞明；其直如矢，君子所履。《洪范》记灾，发于言貌，何战国之谲权乎哉！②

三国时期，魏、蜀、吴三足鼎立，或魏吴联盟以攻蜀，或吴蜀结盟以敌魏，合纵连横之术屡见，俨然是另一个战国，战国时期纵横家的权谋之术在三国时期得以重生。时人修习战国术并不鲜见，故而秦宓家藏有《战国策》。但在李权请求借阅时，秦宓却以卫道者的口吻，正言谢绝，其理由便是《战国策》多记战国反复无常、诡谲权谋之术，非直道，是邪说，能惑乱人心，非君子所当学。连儒学衰微的乱世尚如此忌讳《战国策》，无怪乎儒

① 〔汉〕班固：《宣元六王传》，《汉书》卷八十，第 3324—3325 页。
② 〔晋〕陈寿撰，〔南朝宋〕裴松之注：《秦宓传》，《三国志》卷三十八，中华书局，2011 年，第 973—974 页。

学兴盛的宋代，向以儒学传家的曾氏对《战国策》有如此深的成见。

既然《战国策》危害这么大，为何不彻底焚毁呢？“苏门后四学士”之一的李格非认为，“《战国策》所载，大抵皆纵横排阖、谲诳相轻倾夺之说也。其事浅陋不足道，然而人读之，则必向其说之工而忘其事之陋者，文辞之胜移之而已。”“其文章所从来既远，故根本虽代，而气焰未易遽熄也。”[①] 李格非对《战国策》的主旨并不认同，以为其内容浅陋，不足为信。之所以能千载流传，是因为文辞优胜，动人心魄；之所以能文辞动人，是因为其文其言其章法源自三代圣人之绝学，故而气焰历千年而不熄。这是从《战国策》的文学价值及其所包含的圣人遗意而言，论其生命力旺盛的原因。这种观点在宋代很有代表性，王觉校勘《战国策》时，也说《战国策》“虽非义理之所存，而辩丽横肆，亦文辞之最。学者所不宜废也。”[②] 苏洵、苏轼父子，历来被人认为好贾谊之雄辩，兼学名家、法家、纵横家之长。尤其是苏洵“慨然有志于功名者”，“以申韩之峭刻，变苏张之纵横，其气放，其笔拗”，被王安石目为“战国之文”。[③] 宋代古文学家深喜秦汉散文，力求复古。再者，宋人好议论，亦精于议论，科举考试中策论占比最重。而《战国策》在先秦散文中也正是以游说、议论见长。因此，宋人虽鄙视《战国策》之内容，但又喜爱其文辞气势，故而终不废其书，且历代皆有人孜孜不倦地为之整理、补编和校雠。正如李格非所言，“宜有善本传于世”[④]，以供后人研读学习。

再者，《战国策》的内容虽变诈百出，不合儒学要旨，毕竟传自去古未远的先秦，并非一无是处。南宋鲍彪认为《战国策》“史家流也”，而“史氏之法，具记一时事辞，善恶必书，初无所抉择”。鲍彪认为《战国策》是一部史书，既是史书必须反映真实的历史，而真实并不意味着必须

① 〔宋〕李格非：《书〈战国策〉后》，《战国策》，第 6 页。
② 〔宋〕王觉：《题〈战国策〉》，《战国策》，第 7 页。
③ 钱基博：《中国文学史》，东方出版中心，2008 年，第 433—439 页。
④ 〔宋〕李格非：《书〈战国策〉后》，《战国策》，第 6 页。

是善良的、合乎道义的。如《史记》《汉书》皆为佞臣列传，并非认为佞臣值得称道赞扬，而是为了记录真实、完整的历史，所谓“实录”也。且鲍彪认为，《战国策》也并非一味夸耀纵横家的权谋，也记有张孟谈、鲁仲连等义士义举，“皆有合先王正道，孔、孟之所不能违也。”[①]北宋王觉也认为《战国策》记事“自《春秋》之后，以迄于秦，二百余年，兴亡成败之迹，粗见于是矣”[②]。也即是说，《战国策》记录了《春秋》以后，战国两百多年的历史，在一定程度上来说是一部史书。史书必然要存，以便后人知历史之兴亡成败，于此得治国安邦之道。所以，《四库全书总目》中将《战国策》列入史部，当更合适。

曾巩或许也是出于这两方面的考虑，认为《战国策》不当废，需要进行整理，使真实的历史较为完整地传世。但对于其中的权谋倾轧之术、凡事以利为先之法，则必须进行辨别，不可被其迷惑心志。

第二节　史部之属

曾巩校勘经部的书籍较少，这与北宋官方校书有分工有关。馆阁多主持史部书的校勘，经部典籍则归国子监。曾巩没有国子监任职的经历，所以未有其校勘经部书的记载，其校勘史书较多，校勘的史部书类型也很多，有正史，也有典章制度史。

一、典章制度史

典章制度类的史书主要有《礼阁新仪》和《唐令》。《礼阁新仪》属于

① 〔宋〕鲍彪：《〈战国策注〉序》，〔元〕吴师道《〈战国策〉校注》，《丛书集成初编》第三六八八册，第6页。
② 〔宋〕王觉：《王觉题战国策》，《战国策》，第7页。

“礼书”，即礼仪法典。礼书不是一般的言礼之书，与儒家之《周礼》《礼记》《仪礼》等“礼经”不同。礼经被称为“经书”，是万世不刊之书。而“礼书一代之典也”[①]，是一个时期通行于世的经过官方确认的礼仪规范，这一时期的官民皆需遵守奉行，以达到“总一海内，整齐万民，而防其淫侈，救其凋敝”，“化民成俗”的目的。[②]此与法典类似，只不过法典指的是律法层面，而礼书专指礼仪。礼书来源于礼经，但又非经久不可变者。若礼经为“道”，礼书则属于“法”。自孔子以来，儒家治国，向来强调“国必以礼”，而礼则“以时为大”[③]。所以，历朝皆会修正礼书，以匡正社会风气、人心教化。历代治礼者，又以唐之强盛为尊，认为其“议礼有足稽者”[④]，故而唐代的礼仪往往会成为后世的重要参考。

《礼阁新仪》是唐代元和十一年，校书郎兼修撰韦公肃所撰，记载开元至元和时期之“变礼”[⑤]。事见《新唐书·礼乐志》云：“元和十一年，秘书郎、修撰韦公肃又录开元以后礼文，损益为《礼阁新仪》三十卷。”[⑥]可知，《礼阁新仪》记载的是元和十年之前，朝廷对《大唐开元礼》的沿革损益，全书三十卷。曾巩在史馆、秘阁中所见《礼阁新仪》正是三十篇[⑦]。此外，集贤院收有二十篇本，而曾巩私人收藏的《礼阁新仪》也是三十篇，不过多了一篇目录。由此可知，《礼阁新仪》在宋代的保存情况良好，有二十篇本、三十篇无目录本和三十篇有目录本三个版本。曾巩将其见到的这三个本子进行对校，发现史馆、秘阁和自己私人收藏的版本中，正文

① 〔宋〕周必大：《〈大唐开元礼〉序》，转引自〔清〕张金吾撰，柳向春整理，吴格审定：《爱日精庐藏书志》上，上海古籍出版社，2014年，第302页。
② 《大清高宗纯皇帝圣训》卷二五一之乾隆元年六月乙酉条，清嘉庆十二年武英殿刻本。
③ 〔宋〕周必大：《〈大唐开元礼〉序》，《爱日精庐藏书志》上，第302页。
④ 〔宋〕周必大：《〈大唐开元礼〉序》，《爱日精庐藏书志》上，第302页。
⑤ 〔宋〕曾巩：《礼阁新仪目录序》，《曾巩集》上册，第181页。
⑥ 〔宋〕欧阳修、宋祁撰：《礼乐志》，《新唐书》卷十一，第309页。《新唐书·艺文志》著录为“二十卷”，当为“三十卷”之误。
⑦ 曾巩在目录序中，多称“篇”，不称“卷”，在下文会有分析。

虽然都是三十篇，但当中有重复的篇目，删去重复的篇目，就只有二十二篇，少了八篇。而集贤院的藏书虽只有二十篇，且篇目杂乱无序，但正好包括馆阁、秘阁等藏书中所缺少的八篇。如此，刚好整理出三十篇的完本。继而以曾巩藏本的《目录》为据，重新调整完本的次序。“既正其脱谬，因定著从目录，而《礼阁新仪》三十篇复完。”其后，曾巩又对重新整理出来的完本进行了文字上的纠谬。

经过曾巩的整理，《礼阁新仪》应该恢复为全书三十篇的外形，外有目录一篇。但保存到南宋，《礼阁新仪》或有散佚。《玉海》引南宋《中兴书目》中云：“公肃取开元以后至元和十年沿革，损益为此书，凡十五门，每门又别其条目。为三十卷，一卷为目录，止二十九卷。今卷存而书不全。”[①] 南宋馆阁中所藏之《礼阁新仪》或许正是曾巩校本，但全书正文二十九卷，目录一卷，即正文散佚了一卷；其他卷的内容也有不同程度的散佚。但据陈振孙《直斋书录解题》中说，《礼阁新仪》三十卷，“其一卷为目录。按《馆阁书目》云卷数虽存，而书不全，又复差互重出。今本不尔，但目录稍误。”[②] 则南宋士林中保存的《礼阁新仪》较之馆阁藏本内容要更加完整，篇次卷第也较为整齐，只是目录排序有些差误。

《唐令》是有唐一代国家政治法律制度设范立制的重要法典，包括“以常员定职官之任，以府卫设师徒之备，以口分永业为授田之法，以租庸调为敛财役民之制”[③]，涉及范围非常广泛。据《旧唐书》卷五〇《刑法志》，卷四六《经籍志》，《新唐书》卷五八《艺文志》，《唐六典》卷六，《唐会要》卷三九等多部典籍的记载，《唐令》自武德七年（624）颁行以来，“先后经过贞观、永徽、麟德、仪凤、垂拱、神龙、太极、开元三年、

① 〔宋〕王应麟：《玉海》卷六十九，第1335页。
② 〔宋〕陈振孙撰，徐小蛮、顾美华点校：《直斋书录解题》卷六，上海古籍出版社，2015年，第183页。
③ 〔宋〕曾巩：《唐令目录序》，《曾巩集》上册，第189页。

开元七年、开元二十五年等十次修订”[①]，最终形成了以隋朝《开皇令》为蓝本的《武德令》三十一卷，《贞观令》三十卷二十七篇，《永徽令》三十卷，《垂拱令》三十卷，《开元三年令》三十卷，《开元七年令》三十卷二十七篇，《开元二十五年令》三十卷三十三篇[②]等多部法典。

但在宋代，《唐令》只有三十卷，见《崇文总目》卷二：“唐令，三十卷”[③]。北宋天圣初年，“诏参知政事吕夷简等参定令文，乃命大理寺丞庞籍、大理评事宋郊为修令，判大理寺赵廓、权少卿董希颜充详定官，凡取《唐令》为本，先举现行者，因其旧文，参以新制定之。其令不行者，亦随存焉”。[④]天圣七年（1029）五月己巳，新令修成，“始，命官删定编敕，议者以唐令有与本朝事异者，亦命官修定，成三十卷，有司又取咸平《仪制令》及制度约束之。”[⑤]即在《唐令》的基础上折中咸平《仪制令》及现行法令，经过损益增删形成了《天圣令》，其旧文——《唐令》作为《天圣令》的附录而得到保存。此次依据的《唐令》，当是《崇文总目》中所记载的三十卷《唐令》，只是这几处记载皆未说明这部《唐令》是唐代何年修订。陈振孙在《直斋书录解题》中说，“《唐令》三十卷、《式》二十卷，唐开元中宋璟、苏颋、卢从愿等所删定。《艺文志》卷数同。更同光、天福校定，至本朝淳化中，右赞善大夫潘宪、著作郎王泗校勘。其篇目条例，颇与今见行令、式有不同者。”[⑥]这说明在南宋陈振孙时，三十卷《唐令》犹存，删定者是唐玄宗开元时期名臣宋璟、苏颋、卢从愿等人。据此而言，则宋代留存的是开元时期修订的《唐令》。

入宋，太宗淳化年间，潘宪、王泗曾校勘此书。《玉海》卷六六也有

① 李玉生：《唐令的制定、修改与篇目结构》，《唐令与中华法系研究》，南京师范大学出版社，2005年，第76页。
② 李玉生：《唐令的制定、修改与篇目结构》，《唐令与中华法系研究》，第65—86页。
③〔宋〕王尧臣等编次：《崇文总目》卷二，第81页。
④〔清〕徐松辑：《刑法》，《宋会要辑稿》，第6463页。
⑤〔宋〕李焘：《续资治通鉴长编》卷一百八，第2512页。
⑥〔宋〕陈振孙：《直斋书录解题》卷七，第223页。

提到，太宗淳化年间以开元二十五年[①]所定令式修为《淳化令》，当为此事。据此来看，宋代传下来的三十卷《唐令》很大可能即是《开元二十五年令》。1999 年，上海师范大学戴建国教授发现了天一阁藏明抄本《天圣令》及所附《唐令》十卷残本[②]。随后中国社会科学院历史研究所将其十卷残本进行了整理复原，出版了《天一阁藏明钞本天圣令校证——附唐令复原研究》（中华书局 2006 年版），由此展开了学界对唐、宋令研究和唐令复原的热潮。其中，“关于《天圣令》所据立法蓝本以《开元二十五年令》为主体的观点，基本已为学界所接受。”[③]如此，则北宋前期馆阁所存之《唐令》当为《开元二十五年令》。

曾巩在馆阁所见之《唐令》当是《天圣令》所依据之版本，也是《崇文总目》所著录之《唐令》，也应是《开元二十五年令》。但曾巩在其《唐令目录序》中言：

> 《唐令》三十篇，……亦庶几乎先王之意矣。后世从事者多率其私见，故圣贤之道废而苟简之术用。太宗能超然远览，绌封伦而纳郑公之议，其为天下国家之意，故能及此。而当是之时，遂成太平之功。使能推其类，尽其道，则唐之治，岂难至于三代之盛哉？读其书，嘉其制度有庶几于古者，而惜其不复行也。故掇其大要可纪者，论之于此焉。[④]

① 〔宋〕王应麟：《玉海》卷六十六，第 1287 页。原文为“开元二十六年”，当为“二十五年”之误。
② 戴建国：《天一阁藏明抄本〈官品令〉考》，《历史研究》，1999 年第 3 期。
③ 赵晶：《〈天圣令〉与唐宋法制考论》（上海古籍出版社，2020 年，第 26 页）。对于这一问题还存在一些个别观点，如卢向前、熊伟提出反对意见，认为《天圣令》所附之《唐令》乃是《建中令》。见氏著《〈天圣令〉所附〈唐令〉是开元二十五年令吗？——〈天圣令〉所附〈唐令〉当为建中令辩》，汤勤福主编《历史文献整理研究与史学方法论》（黄山书社，2008 年，第 82—106 页）。
④ 〔宋〕曾巩：《唐令目录序》，《曾巩集》上册，第 189 页。

书序言馆阁所藏之《唐令》近乎先王之意。之所以能近先王之意，皆是唐太宗“超然远览”，在封德彝（名封伦）和魏征（即郑公，魏征被封为郑国公）意见相左时，唐太宗多采纳直臣魏征的建议，显见得太宗善于识人纳谏。曾巩认为，若能推其类，尽其道，三代之盛不难至矣。惜乎太宗之善政不复推行，故而曾巩才要为之整理、校勘，冀其后世能效法、借鉴。从这段文字来看，曾巩校勘的似乎是《贞观令》。现代学者在讨论北宋馆阁所藏之《唐令》时，似乎极少有人关注曾巩此条重要信息。

从书序来看，曾巩校《唐令》属于私人校勘，并非官方摊派。凡私人校勘，多是曾巩兴趣所在，或借此阐述义理，恢复儒学正道，如《战国策目录序》《说苑目录序》《徐幹中论目录序》；或窥古以观今，总结历史经验教训，以作朝廷治国鉴，如《新序目录序》《新阁仪礼目录序》等。无不是为现实服务，带有极强的现实政治目的性。这篇《唐令目录序》也是如此。序中征引唐太宗时期封德彝与魏征相争之事，在《熙宁转对疏》中再次提及“唐太宗即位之初，延群臣与图天下之事，而能绌封伦，用魏郑公之说，所以成贞观之治”[①]，实有深意。

封德彝在隋朝时原为杨素幕僚，隋炀帝时受到奸臣虞世基的倚重，为之出谋划策，让其谄媚侍上、抑制贤能。江都之变后，封德彝归顺宇文化及，出首历数隋炀帝罪过。宇文化及兵败，封德彝投降唐朝，向高祖进献秘策，得以在唐朝立足。后追随秦王李世民，屡进效忠之策。同时，他又暗中依附太子李建成，两处下注，左右逢源。秦王登基，是为唐太宗，封德彝升任尚书右仆射。从其生平事迹来看，封德彝可谓官场不倒翁，毫无原则、立场，凡事以自身利益最大化为唯一目的，士人操守尽丧。反之，魏征立身端正，为人耿直，有胆略，敢于直谏，不惧天子雷霆之怒，不避权贵赫赫之威，极尽谏官之责。魏征与封德彝，是两种完全不同的人，从

① 〔宋〕曾巩：《熙宁转对疏》，《曾巩集》下册，第433页。

道德层面上来讲毫无可比性；从治国的理念上来说，魏征坚守儒家正统，屡谏君王行王道仁政，以德治国；而封德彝则利益至上，实用至上，善诡诈之术，侍君以枉道。两人之治国理念在“大乱之后是行致化之道还是行霸道之术”的讨论中分歧尤其明显。

魏征认为，“经乱之民愁苦，愁苦则易化。譬犹饥者易为食，渴者易为饮也”。百姓久经战乱，人心思安，甫得太平，正是推行教化、安抚人心的良机。而封德彝则认为，“三代以还，人渐浇讹，故秦任法律，汉杂霸道，盖欲化而不能”，而“魏征书生，未识时务，若信其虚论，必败国家”。封德彝主张推行秦汉之时的严刑重法以震慑下民，认为魏征之论乃是书生迂腐之论，不足采信。魏征则从三皇五帝、商汤、文武之治等史实为例，指出圣王平复大乱后，皆能推行教化以安太平。若人心果如封德彝所言之“渐至浇讹”，那么渐至今日，“当悉化为鬼魅矣，人主安得而治之！”[①]既然人心自古如一，只要帝王以仁义教化天下，则三代之盛世亦可再现。唐太宗最终听取了魏征的意见，“聊修仁义之文，而天下已帖然受治，施及四夷，解辫归诚，不待尧、舜、汤、武也。”[②]最终实现了四海宾服、天下大治。可见，贞观之治在于帝王推行正确的仁政，广施仁义，如此“人皆可以为尧舜”。

以教化安民，一直是曾巩的政治理念。在《与王介甫第二书》中，曾巩即明确表示：“夫我之得行其志而有为于世，则必先之以教化，而待之以久，然后乃可以为治，此不易之道也。”[③]在曾巩看来，治国仅以法度律民、苛民不可行，强秦之亡已证之矣。必要“本之以先王之法度，推之以化导之方”[④]，使民“不改其业，不违其欲，所行者常礼，所为者常道，谨其节文而尊其行，养之以学校，而率之以身行，示之以所好恻怛恳诚之

① 〔宋〕司马光:《资治通鉴》卷一百九十七，中华书局，1956 年，第 6084 页。
② 〔宋〕王夫子:《读通鉴论》(下),《舟山遗书》第 10 册，第 97 页。
③ 〔宋〕曾巩:《与王介甫第二书》,《曾巩集》上册，第 255 页。
④ 〔宋〕曾巩:《为治论》,《曾巩集》下册，第 757 页。

心”[①]，朝廷以先王法度为本，推行顺应人心人情的教化之方，即上位者以身作则，仁心爱民，设学校教导臣民礼法制度，在不改其常业，不苛责其常欲的情况下，引导其遵守法度秩序，“使皆粲然日见恭俭之节、仁义之施，晓然皆知其行之易成，其物之易足，上之所好之在此也”[②]，则天下可大治。这一主张与魏征不谋而合，无怪乎曾巩要反复提及魏征与封德彝之争，其要在于强调魏征之以教化治世之言乃千古不易之理，施之于唐，则成贞观之治；用之于今，则盛世可期。

再者，曾巩校《唐令》乃是其对唐代制度，尤其是唐太宗之治极为推崇的情结所在。曾巩深慕唐太宗，认为三代之后，秦汉“尽除前圣数千载之法”，两汉以后，天下大乱，晋与隋立国日浅，不足为议，“代隋者唐，更十八君，垂三百年，而其治莫盛于太宗之为君也。”[③]“自汉降戾后世，士之盛未有若唐太宗也”[④]，“太宗之所以称贤主，而前世之君不及者”，[⑤]甚至认为“由唐虞之治五百余年而有汤之治，由汤之治五百余年而有文武之治，由文武之治千有余年而始有太宗之为君”[⑥]，将唐太宗誉为可比肩唐虞、商汤、周文王、周武王的圣人，可见其推崇之深。而唐太宗之所以能成就太平盛世，在于魏征、王珪等人侍立太宗左右，“事之大小，无不议论谏诤，当时邪人庸人相参者少”。即使有封伦、李义府辈无德之人，“太宗又能识而疏之，故其言无不信听，卒成贞观太平”[⑦]。所以，曾巩反复钻研唐代的制度，不但校勘了《唐令》，应该还校勘了《唐六典》。在《乞赐唐六典状》中，曾巩说到，“臣向在馆阁，尝见此书，其前有序，明皇自撰意，而其篇首皆曰御撰，李林甫注。及近得此书不全本，其前所载序同，然其篇首不曰御撰，其第

① 〔宋〕曾巩:《为治论》,《曾巩集》下册，第 757 页。
② 〔宋〕曾巩:《为治论》,《曾巩集》下册，第 757 页。
③ 〔宋〕曾巩:《唐论》,《曾巩集》上册，第 140 页。
④ 〔宋〕曾巩:《上蔡学士书》,《曾巩集》上册，第 239 页。
⑤ 〔宋〕曾巩:《书魏郑公传》,《曾巩集》下册，第 702 页。
⑥ 〔宋〕曾巩:《唐论》,《曾巩集》上册，第 141 页。
⑦ 〔宋〕曾巩:《上欧蔡书》,《曾巩集》下册，第 707 页。

四一篇，则曰集贤院学士、知院事、中书令、修国史、上柱国、始兴县开国子臣张等奉敕撰。盖开元二十二年，张九龄实任此官，然则此书或九龄等所为欤？不敢以疑说定也”。[①]馆阁所藏《唐六典》当为全本，曾巩对其篇目、书序、作者进行过研究。辞馆后，发现了残本的《唐六典》，该本中注明修撰者为张九龄，而非馆阁本所注之李林甫。熙宁十年（1077），神宗命刘挚等人校勘《唐六典》，元丰中镂版，遍赐近臣、馆阁。一直对该书密切关注的曾巩立即上奏乞赐新刊之《唐六典》，“使得伏玩思索”，“以备访问”。[②]可惜，曾巩校勘之《唐六典》情况为何，因无文献记载，今不得而知。

二、正史类

正史类典籍的校勘是馆阁校书活动中最主要的工作，且多为馆阁集体校勘、反复多次覆校。曾巩任职馆阁时期，就参与了嘉祐时期校七史的校勘活动，所经手者当不止《宋书》《梁书》《陈书》《南齐书》，但主要负责的部分应该是宋、梁、陈、南齐这四部南朝史书。其中，《陈书》的校勘活动持续最久。

（一）《陈书》

《陈书》为隋唐时期姚察、姚思廉父子两代共同完成的南陈史书。姚察历仕梁、陈、隋三朝，且在陈朝曾任秘书监，领大著作、吏部尚书等职，对陈朝历史沿革、典章制度颇为熟悉。入隋，任秘书丞，受命编纂陈、梁两朝史书，可惜未成而卒。临终之际，命其子姚思廉继续修史。唐高祖武德五年（622），诏令姚思廉编撰《陈书》，久而不成。贞观三年（629），再令姚思廉于秘书省编撰《陈书》，贞观十年（636）方完成。因此可知，《陈书》编撰的难题在于“世统数更，史事放逸”，而因文献不足，即使置身于藏书最为丰富的秘书省，编撰难度还是不小。此书“历三世，

① 〔宋〕曾巩：《乞赐唐六典状》，《曾巩集》下册，第488页。
② 〔宋〕曾巩：《乞赐唐六典状》，《曾巩集》下册，第488页。

传父子，更数十岁而后乃成，盖其难如此”①。于此可见著史之难。

不但著书者难，校书者也难。因为南北朝动乱频发，无暇文教，史书流传者极少，“学者于其行事之迹，亦罕得而详也”，以至于“秘府所藏，往往脱误”。嘉祐六年（1061）八月，诏令馆阁校勘南、北史。但该书仅有馆阁所藏之脱误本，难以校雠，馆臣奏请以朝廷的力量，广求京师及州县藏书，经一年有余，嘉祐七年冬天方“稍稍始集”。版本大备后，曾巩等馆臣方开始校勘。至嘉祐八年七月，《陈书》三十六卷方校定。《陈书》原无目录，列传中名氏多缺谬。曾巩还为之别为目录一篇。同时，校定文字脱谬，对于有疑问之处也不敢在底本上有所增删、损益，而是另作校勘记、疏于每一篇的篇末。

曾巩等校定《陈书》三十六卷，当为姚思廉《陈书》原本的卷数。唐代刘知几《史通》称：“皇家贞观初，（姚察）其子思廉为著作郎，奉诏撰成二史。于是凭其旧稿，加以新录，弥历九载，方始毕功。定为《梁》书五十卷、《陈书》三十六卷，今并行世焉。”②据刘知几言，《陈书》的编撰始为顾野王、傅縡，两人在陈文帝天嘉三年（560）召为撰史学士，各成三卷，即《高祖武帝纪》和《世祖文帝纪》。此三卷本至唐代尚有藏本，《旧唐书·经籍志》著录：“《陈书》三卷顾野王撰。又三卷傅縡撰。”③《新唐书》《崇文总目》已不见著录，或于宋代亡佚。随着顾野王的逝世，修史之事暂被搁浅。其后，陈宣帝太建四年（572），陆琼受命撰写国史，成《陈书》四十二卷，终于陈宣帝④。《隋书·经籍志》中尚有著录，不见于新旧《唐志》，或至唐代亦亡。陆琼之《陈书》“事伤繁杂”，姚察对其进行删改，“粗有条贯”。最终，《陈书》由姚思廉在姚察旧作的基础上再加新录，成

① 〔宋〕曾巩：《陈书目录序》，《曾巩集》上册，第185页。
② 〔唐〕刘知几：《外篇》，《史通》卷十二，〔清〕浦起龙通释，王煦华整理：《史通通释》，上海古籍出版社，2009年，第331页。
③ 〔后晋〕刘昫等：《经籍志》，《旧唐书》卷四十六，中华书局，1975年，第1990页。
④ 〔唐〕魏征等：《经籍二》，《隋书》卷三十三，第956页。

定稿三十六卷。故《陈书》之成，虽是姚氏父子积数十年之功，但也有顾野王、傅縡、陆琼等众人之力。

《陈书》传至宋代，只剩下姚思廉的版本见于《崇文总目》，著录三十六卷。可见，北宋时期馆阁所藏之姚思廉撰《陈书》为足本，但文字脱误颇多。经过曾巩等人的校勘，《陈书》方有了一个较好的版本。治平中，嘉祐七史校定完毕，“典管勾使臣选择楷书如法书写，板样依《唐书》例，遂旋封送杭州开版。”[①] 嘉祐七史，即嘉祐六年（1061）下诏校勘之《宋书》《梁书》《南齐书》《陈书》《后魏书》《北齐书》《后周书》七部史书，全部校勘完毕后，以楷书制作校样，随后送杭州雕版印刷。刻毕，“颁之学官，民间传者尚少”[②]。曾巩等所校《陈书》也在此次开雕之列，虽民间传者较少，但对后世影响较大。“之后的传本，如井度于四川主持刻印的眉山七史本、南宋初年江浙地区所刻七史本、明北监本、武英殿本等虽然在流传中渐生异同，然其本源均可溯源至嘉祐年间的这次馆阁校书。”[③] 现今所传之《陈书》亦是以曾巩校本为底本，故而附录有曾巩校书序。

值得注意的是，《陈书》是在二十四史中篇幅最少者，只有本纪和列传。且其纪、传多记皇族事迹，帝王本纪、后妃、宗室、外戚等即有十一卷，占全书的三分之一，其人无论有无事迹皆入传，“俨然陈氏家谱”[④]。且《陈书》的编撰者姚氏父子本为陈朝历史的亲历者，所记人物有不少与姚察、姚思廉同朝为官者，故而《陈书》记史颇多讳忌。曾巩在其所作书序中称，“非有先王经记礼仪风俗之美，制治之法可章示后世”，但可明陈朝因帝王“兼权尚计，明于任使，恭俭爱人”而兴，却因帝王“惑于邪臣，

① 傅增湘：《宋刊本〈南齐书〉跋》，《藏园群书题记》卷二，上海古籍出版社，1989 年，第 82 页。

② 叶德辉：《宋蜀刻七史》，《书林清话》卷六，上海古籍出版社，2012 年，第 122 页。

③ 潘超：《日本宫内厅书陵部藏〈陈书〉写本校读》，《古籍整理研究学刊》，2019 年第 1 期。

④ 韩杰：《南朝四代史撰修考说》，云南大学历史系编：《史学论丛》第 7 辑，云南大学出版社，1999 年，第 62 页。

溺于嬖妾，忘患纵欲”而亡。整理《陈书》不是为了保存陈朝历史，更多的是从其兴亡史中窥见治乱兴衰之因，以为今者鉴。而且，陈朝虽乱世，然“仓皇之际，士之安贫乐义，取舍去就，不为患祸势力动其心者，亦不绝于其间”，存其人其事，可为后人劝。

（二）《梁书》

据《史通》记载[①]，早在梁武帝时期即有沈约、周兴嗣、鲍行卿、谢吴等人相继撰录梁史，约成百篇。入陈，许亨“领大著作，知梁史事”，“撰《梁史》，成者五十八卷”[②]。据浦起龙考释，沈约著有《高祖本纪》十四卷，周兴嗣著有《梁皇帝实录》五卷，鲍行卿著有《乘舆飞龙记》二卷，谢吴著有《梁书》百卷。诸人著述到了隋朝尚有藏本，见《隋书·经籍志》著录：“《梁书》四十九卷，梁中书郎谢吴撰，本一百卷。”[③]“《梁皇帝实录》三卷，周兴嗣撰。记武帝事”[④]“《梁史》五十三卷，陈领军、大著作郎许亨撰。”[⑤]凡此皆说明，到了隋代，这些著述已非足本，多有散失，此类史书多为编年体类。《隋书·经籍志》还著录有《梁帝纪》七卷，《梁太清录》八卷，《梁末代纪》一卷，《梁承圣中兴略》十卷，[⑥]“《梁皇帝实录》五卷，梁中书郎谢吴撰，记元帝事。”[⑦]“《梁大同起居注》十卷”[⑧]，不著撰者；“《梁太清纪》十卷，梁长沙藩王萧韶撰”，“《淮海乱离志》四卷，萧世怡撰，

① 〔唐〕刘知几：《外篇》，《史通》：“梁史，武帝时，沈约与给事中周兴嗣、步兵校尉鲍行卿、秘书监谢昊相承撰录，已有百篇。值承圣沦没，并从焚荡。庐江何之元、沛国刘璠以所闻见究其始末，合撰《梁典》三十篇，而纪传之书未有其作。陈祠部郎中姚察有志撰勒，施功未周。”见《史通通释》，第330—331页。“谢昊”当为“谢吴”。据尤炜祥《两唐书疑义考释·旧唐书卷》考证，“昊”当为“吴”字形近而误。见尤炜祥《两唐书疑义考释·旧唐书卷》，西泠印社，第193—194页。
② 〔唐〕姚思廉：《列传》，《陈书》卷三十四，第459页。
③ 〔唐〕魏征等：《经籍二》，《隋书》卷三十三，第956页。
④ 〔唐〕魏征等：《经籍二》，《隋书》卷三十三，第960页。
⑤ 〔唐〕魏征等：《经籍二》，《隋书》卷三十三，第956页。
⑥ 〔唐〕魏征等：《经籍二》，《隋书》卷三十三，第960页。
⑦ 〔唐〕魏征等：《经籍二》，《隋书》卷三十三，第961页。
⑧ 〔唐〕魏征等：《经籍二》，《隋书》卷三十三，第965页。

叙梁末侯景之乱”[①]，“《梁旧事》三十卷，内史侍郎萧大环撰”[②]等。梁陈之际，为梁朝所作之编年体类、实录、起居注、大事记等体例史书当为数不少，传至隋朝尚有八部之多，但有篇卷的散失。

叙事类史书外，梁陈之际还有典章制度史。如何之元、刘璠“以所闻见究其始末，合撰《梁典》三十篇，而纪传之作未有其作”[③]。隋唐之时，《梁典》尚有记载。见于《隋书·经籍志》《旧唐书·经籍志》的著录有，何之元《梁典》三十卷，刘璠《梁典》三十卷，《陈书·何之元传》《周书·刘璠传》亦各言其撰《梁典》三十卷，似乎何之元、刘璠各著有三十卷《梁典》，于唐代皆有存本。然两书于宋代无载，或亡于唐末五代战乱中。《隋书·经籍志》还著录有“《梁撮要》三十卷，陈征南咨议阴僧仁撰”，“《梁后略》十卷，姚勖撰”，“《梁承圣中兴略》十卷，刘仲威撰”，“《梁选簿》三卷，徐勉撰”，“《梁勋选格》一卷”，“《梁官品格》一卷”，“《梁尚书职制仪注》四十一卷”，“《新定官品》二十卷，沈约撰”，“《梁吉礼仪注》十卷，明山宾撰”，“《梁宾礼礼仪注》九卷”，“《皇典》，梁豫章太守丘浮撰”[④]等书。

于此可见，梁史的著述十分丰富，纪传体类、编年类、大事记、实录、起居注、典章制度类皆有，刘知几著录者只是其中一部分。传自隋代已有散失，经历隋末战火，到了唐代，散失者更多。除《梁典》《梁太清记》《梁撮要》《梁后略》《梁书》等少数著作尚于新旧《唐志》有著录外，其他多已亡佚，且有些著述的卷数已发生变化，如新旧《唐志》尚有著录“《梁书》三十四卷，谢昊、姚察等撰”，“昊”当为“吴”字之误。或是谢吴之梁史到了唐代已大量亡佚，只剩下一些残卷与姚察所著之《梁书》并存，故而两《唐志》均书谢吴、姚察撰。

---

① 〔唐〕魏征等：《经籍二》，《隋书》卷三十三，第 958 页。
② 〔唐〕魏征等：《经籍二》，《隋书》卷三十三，第 965 页。
③ 〔唐〕刘知几：《外篇》，《史通》卷十二，《史通通释》，第 330—331 页。
④ 〔唐〕魏征等：《经籍二》，《隋书》，第 958—970 页。

梁史之集大成者，当为姚察、姚思廉父子。刘知几曰：“陈祠部郎中姚察有志撰勒，施功未周。”[①] 陈武帝时，姚察任著作，协助杜之伟修梁史，兼修陈史。入隋，姚察任秘书丞，继续修梁、陈二代史。“隋文帝开皇之时，遣内史舍人虞世基索本（姚察所著梁、陈史），且进上，今在内殿。梁、陈二史本多是察之所撰，其中序论及纪、传有所缺者，临亡之时，仍以体例诫约子思廉，博访撰续，思廉泣涕奉行。……大业初，内史侍郎虞世基奏思廉踵成梁、陈二代史，自尔以来，稍就补续。”[②] 同《陈书》一样，姚察之前，已有多人撰写梁史，但多亡佚。姚察于梁、陈二史用力颇多，可惜二书皆未完成，故效司马谈，将史业托付其子姚思廉。姚思廉受命补续梁、陈二史，后值隋末战乱，修史工作一度中断。但姚察所著之《梁书》尚存有《梁书·帝纪》七卷，见于《隋书·经籍志》。但到了唐代，姚察之《梁书》与谢吴之书皆成残卷，混成三十四卷，著录于两《唐志》。

综上可知，梁史的撰作开始较早，修撰者校多，历时较长，成书也比较丰富。到了唐代，大多著作已亡佚，唯有谢吴、姚察两人所著之《梁书》、何之元、刘璠之《梁典》及《梁太清记》《梁撮要》《梁后略》《梁书》等少数著作尚有旧稿存世。故而，贞观三年（629）姚思廉奉诏修梁史时，“采谢炅[③] 等诸家梁史续成父书……撰成《梁书》五十卷。”[④] 也就是曾巩所言之姚思廉“推其父意，又颇采诸儒谢吴[⑤] 等所记，以成此书”，共“六本纪、五十列传，合五十六篇”[⑥]。姚思廉继承其父姚察撰史之体例，采集了

① 〔唐〕刘知几：《外篇》，《史通》卷十二，《史通通释》，第 330—331 页。
② 〔唐〕姚思廉：《姚察传》，《陈书》卷二十七，第 354 页。
③ 原文为“炅”，当为“吴”字之误。
④ 〔后晋〕刘昫等：《姚思廉传》，《旧唐书》卷七十三，第 2593 页。
⑤ 《曾巩集》所收之《梁书目录序》于“谢吴”中间加顿号，似是谢、吴两人，误。谢吴是一个人，梁武帝时曾任秘书监，见《史通·外篇》卷十二（《史通通释》，第 330 页）：“梁史，武帝时，沈约与给事中周兴嗣、步兵校尉鲍行卿、秘书监谢吴相承撰录，已有百篇。”《南史·萧韶传》《隋书·经籍志》中亦云“谢吴”。
⑥ 〔宋〕曾巩：《梁书目录序》，《曾巩集》上册，第 177 页。

谢吴的旧稿，编成《梁书》五十六篇。《崇文总目》著录《梁书》五十六卷，《新唐书·艺文志》亦然。但《旧唐书·经籍志》和《旧唐书·姚思廉传》皆曰《梁书》五十卷，刘知几《史通》亦曰姚思廉所成之《梁书》五十卷。而《旧唐书·经籍志》称其“实为《古今书录》的节本”[①]，《古今书录》乃唐代毋煚所编纂的玄宗开元年间的国家藏书目录。据此可知，唐代开元时期，朝廷所藏《梁书》为五十卷。刘知几为唐代高宗、则天女皇时期之人，距姚思廉完成《梁书》之贞观年间，去时未远。且刘知几长期任史官，兼修《唐史》，对宫廷所藏之史书当十分熟悉。唐代的两部典籍皆言《梁书》五十卷，或是姚著的本来卷数。为何到了北宋时，成书于庆历元年的《崇文总目》和嘉祐五年的《新唐书》皆著录为五十六卷呢？今本所传之《梁书》也为五十六卷，或是《史通》中脱一“六”字，《古今书录》《旧唐书·经籍志》沿袭了这种错误。

梁代如此丰富的史书到了北宋所剩无几，尚幸较好地保存了姚思廉的《梁书》五十六卷。曾巩为此校定文字，编定目录。姚思廉的《梁书》与《陈书》一样，于治平间制版刻印，成为后世流传最广的《梁书》版本。今本《梁书》同样附有曾巩校书序。不过，曾巩此篇书序对《梁书》的整理、校勘情况一笔带过，绝大部分篇幅在讨论“梁因佞佛之亡”，实是一篇排佛的文章。

（三）《南齐书》

曾巩在《南齐书目录序》中先梳理了南齐史编撰的历史，其始也，南齐初期的江淹曾撰《十志》，后有沈约著《齐纪》。萧子显上表齐武帝，自请修南齐史，终成“《南齐书》八纪、十一志、四十列传，共五十九篇”[②]。

实际上，江淹所修之《十志》，当有檀超的功劳。《南齐书·檀超传》中说，“建元二年，初置史官，以超与骠骑记室江淹掌史职。上表立条例，

① 姚名达：《中国目录学史》，岳麓书社，2013 年，第 154 页。
② 〔宋〕曾巩：《南齐书目录序》，《曾巩集》上册，第 187 页。

开元纪号，不取宋年。封爵各详本传，无假年表。立十志：《律历》《礼乐》《天文》《五行》《郊祀》《刑法》《艺文》依班固，《朝会》《舆服》依蔡邕、司马彪，《州郡》依徐爰，《百官》依范晔，合《州郡》。……又立《处士》《列女传》。”檀超与江淹共掌史职，修南齐史。经过朝野详议论，最终定好的体例是，新编南齐史无年表，只有本纪、列传、志。其中，志的细目分别为《律历志》《礼乐志》《天文志》《五行志》《郊祀志》《刑法志》《艺文志》《食货志》《舆服志》《州郡志》。另设有《处士传》《列女传》。但“超史功未就，卒官。江淹撰成之，犹不备也”[①]。檀超未及着手撰写便去世，江淹按照原定体例修成《齐史》十志十三卷，至隋已亡。其后，沈约奉诏修国史，撰有《齐纪》二十卷，见载于《隋书·经籍志》。

南梁宗室萧子显雅好文学，自撰齐书，书成上表进奏，“诏付秘阁”。[②]其书原为六十卷，其中八志十一卷，分别是《礼志》《乐志》《天文志》《州郡志》《百官志》《舆服志》《祥瑞志》《五行志》，无《食货志》《刑法志》《艺文志》。列传内亦无《列女传》，“其节义可传者总入于《孝义传》，改《处士》为《高逸》，又另立《幸臣传》。”[③]可以看出，萧子显之《南齐书》从体例上来看，是在檀超、江淹等人的基础上稍做增减变化而来，即清代史学家赵翼所言之“本（檀）超、（江）淹之旧而小变之”。所缺之一卷，赵翼认为当为自序，“盖子显欲仿沈约作自序一卷附于后，未及成，或成而未列入耶？”[④]《四库全书总目》也认为，“原书六十卷为子显叙传”。[⑤]《隋书·经籍志》及《南史·萧子显传》等均载为六十卷，然刘知几之《史通》著录为五十九卷，《旧唐书·经籍志》亦录为五十九卷，则《南齐书》至唐代已失自序一卷。《隋志》、新旧《唐志》皆称其为《齐书》，则

① 〔南梁〕萧子显：《檀超传》，《南齐书》，中华书局，1972年，第891—892页。
② 〔唐〕姚思廉：《萧子显传》，《梁书》，中华书局，1973年，第511页。
③ 〔清〕赵翼：《廿二史札记校证》卷九，第188页。
④ 〔清〕赵翼：《廿二史札记校证》卷九，第188—189页。
⑤ 〔清〕纪昀等：《正史类一》，《四库全书总目》卷四五，第406页。

原书当为《齐书》。曾巩等校南北朝七史，为了与北齐相区别，故加一“南”字。

除此之外，《隋书·经籍志》还著录齐梁之际的齐史有:《齐纪》十卷，刘陟撰;《齐春秋》三十卷，梁奉朝请吴均撰;《齐典》五卷，王逸撰;《齐典》十卷，不著撰人;《齐永明起居注》二十五卷，梁有三十四卷；又有《建元起居注》十二卷，《隆昌、延兴、建武起居注》四卷，《中兴起居注》四卷，皆亡;《齐职仪》五十卷，齐长水校尉王珪之撰;《齐职仪》五卷，不著撰人;《齐卤簿仪》一卷等。到了新旧《唐志》中，有些史书已散失，如吴均的《齐春秋》仅有三卷，王逸的《齐典》仅有四卷，而多数皆不见记载。这些史著到了宋代基本上皆亡佚，已不见于《崇文总目》。《崇文总目》记有《南齐书》五十九卷，则相对原书散失一卷。曾巩对此并无提及，与《梁书》序一样，只要现存卷数与《崇文总目》一致，其书序中对其卷数是否符合原书皆无考证，径以《崇文总目》为准。

曾巩在《南齐书目录序》中对史书存在的意义、编撰史书应该具有的精神进行了高度概括，对萧子显《南齐书》的弊端也进行了批评。在曾巩看来，史者“其明必足以周万事之理，其道必足以适天下之用，其智必足以通难知之意，其文必足以发难显之情，然后其任可得而称也”[①]。史书必要揭示古往今来万事万物的道理，总结人类发展的智慧的，史文当存真存信，足可发千古之幽情，启后世之通达。在曾巩看来，史学之典范当如《尚书》，记唐虞时期先王治世之“神明之性”“微妙之德”，“号令之所布”“法度所设”，其言至约，其体至备，可以为后世法。但秦汉以来，史家失职，尤其是司马迁得失参半，“固有不能纯达其情，而见之于后者”。故而，宋、齐、梁、陈、后魏、后周之史书皆无可议。萧子显之《南齐书》则缺点更多，曾巩称其“更改破析刻雕藻缋之变尤多，而其文益下”。原因在于，萧子显出身

① 〔宋〕曾巩:《南齐书目录序》,《曾巩集》上册，第 187 页。

南齐宗室，对于南齐史无法以史家之心理性客观地记录，对其祖父齐高帝、父亲豫章文献王极尽铺陈夸张之能事，百般虚饰颂扬；甚至以“史臣曰”的身份赞美其父亲是“周公以来，则未知所匹也”[①]，而对其祖父篡权夺位之丑行，则歪曲讳饰，隐晦其迹。对于其他历史人物，也常以私心而定取舍予夺。如齐明帝杀高帝、武帝子孙殆尽，萧子显本高帝孙，幸而逃脱，“于明帝有隐痛焉”[②]，故书中对明帝之恶迹向来直书其事，无所隐讳。再者，萧子显作史于梁武帝时期，为彰显梁武帝起兵反齐之正义性，在内容安排上进行了细心的对比。如叙郁林王失德仅六七百字，叙东昏侯萧宝卷荒淫无道则有二千多字，极力凸显南齐末年东昏侯之恶，以见梁武帝之义。因此，曾巩在书序中强调萧子显作史，未能扬善诛恶，反使得“偷夺倾危、悖礼犯义之人，亦幸而不暴著于世”，显然非良史。这篇序是曾巩史学编纂思想的主要体现，在下章中会有详细分析。

第三节　集部之属

曾巩在馆阁中多受命整理、校勘史部典籍，对集部的校勘较少。目前所知者，主要是校《鲍溶诗集》、《李白诗集》及祖父曾致尧的文集《曾致尧集》，这三部图书皆出于曾巩对作者的喜好，考其行事，校其诗文。另有属于子书的徐幹《中论》。其书序最接近目录学意义上的书序，主要是对作者生平、图书整理与校勘过程的叙述，而非长篇大论的直抒己见。

一、《鲍溶诗集》

鲍溶，中唐诗人，曾被晚唐诗论家张为在《诗人主客图》中尊为“博

① 〔南朝梁〕萧子显：《豫章文献王传》，《南齐书》卷二十二，第 420 页。
② 〔清〕赵翼：《廿二史札记校证》卷九，第 189 页。

解宏拔主”[①]，与白居易、李益、孟郊等著名中唐诗人并称“六主”，可见其在中晚唐诗坛上有一定的地位。但因其家世不显，身世飘零，仕途坎坷，故而生前死后默默无闻。两唐书中皆无传，亦不见有友人为之撰写墓志、传记，除张为之《诗人主客图》中盛赞鲍溶外，其人其诗几无声名。北宋末年计有功《唐诗纪事》、南宋晁公武《郡斋读书志》、陈振孙《直斋书录解题》、宋末元初马端临《文献通考》、元代辛文房《唐才子传》、清代徐松《登科记考》、纪昀等人撰《四库全书总目》《全唐诗》等书中有鲍溶小传，沈德潜《唐诗别裁集》等书中对鲍溶亦有了大致的介绍。概括起来可知，鲍溶字德源，曾隐居江南，家境贫寒，元和四年进士，但久未授官，曾为人作幕。与韩愈、孟郊、李益等人交好，彼此有诗歌唱和。

北宋以后，人们之所以开始关注鲍溶这位名不见经传的中唐诗人，当得益于曾巩校勘其诗集，并为之作序扬名。曾巩之后，著录唐诗者对其生平的考释和及对其诗歌的讨论渐多。曾巩在治平二年至治平四年注意到鲍溶诗集，因其在《鲍溶诗集目录序》中曾提及知制诰宋敏求、参知政事欧阳修对其校勘《鲍溶诗集》的帮助。考宋敏求仕途履历，治平元年（1065）十二月，实录院检讨官、集贤校理宋敏求被任命为同修起居注，而“修起居注即知制诰”“修起居注、史馆修撰，即次知制诰之资序也”，[②]在北宋，同修起居注的下一步往往是升任知制诰。果然，治平二年八月乙卯，宋敏求已被称为知制诰。[③]而治平四年（1067）三月，欧阳修罢参知政事，出知亳州。故曾巩此序当作于治平二年至治平四年三月间，而其对《鲍溶诗集》的关注当早于书序。

曾巩在馆阁中见到题为《鲍防集》的诗集有五卷，考之《崇文总目》

① 〔唐〕张为：《诗人主客图》，见丁福保辑：《历代诗话续编》，中华书局，1983年，第97页。
② 〔宋〕李焘：《续资治通鉴长编》卷二百三，第4927页。
③ 〔宋〕李焘：《续资治通鉴长编》卷二百六，第4995页。

亦同。但宋敏求对此提出异议。宋敏求庆历三年（1043）即入馆阁，中途虽短暂辞馆，但很快再次入馆，至治平元年（1064）任同修起居注方离开馆阁，实为曾巩的前辈，也是共事多年的僚友。宋敏求对馆阁藏书非常熟悉，且自己又是藏书大家，藏书达三万余卷，闲居即“与子侄缮雠订正，故其收藏最号精密”[①]。宋敏求在日常的校雠中发现馆阁所藏之《鲍防集》实为鲍溶所作，其证据有二：一是集中诗见于《唐文粹》《唐诗类选》者，皆曰为鲍溶作。二是鲍防传世最有名的诗是《杂感》，但此题为《鲍防集》的诗集中却没有。宋敏求将自己的发现告知了曾巩，曾巩取《唐文粹》《唐诗类选》及《杂感》诗求证，知宋敏求的说法是正确的。同时，曾巩又得到了欧阳修所藏之《鲍溶集》，欧阳修藏本的《鲍溶集》所收诗与馆阁藏本的《鲍防集》一致，此可为《鲍防集》当为《鲍溶集》的第三个证明。

曾巩求证出《鲍溶集》的真正作者、书名后，对馆阁本和欧阳修藏本两个版本进行了比较，发现馆阁本五卷二百篇，而欧阳修本虽不标卷第，仅收录百余篇诗，但其中有三十三篇为馆阁本所无。曾巩将这三十三篇另立为一卷，合其前五卷为六卷，重新题名为《鲍溶诗集》，共六卷二百三十三篇。以其诗“清约谨严，而违理者少”，颇有可采者，不应淹没于世，故为之正误谬，整理卷次，作序以述其大旨。

经过曾巩的整理，《鲍溶诗集》得以闻名于世。至南宋晁公武《郡斋读书志》时，《鲍溶诗集》只有五卷一百九十二篇，余皆亡佚。清代《四库全书》所收《鲍溶诗集》有六卷，附《外集》一卷。经过四库馆臣的整理，发现《外集》一卷与曾巩新增三十三首之说合。惟其正集虽比曾巩校定的《鲍溶诗集》多一卷，但诗只有一百四十五首，缺了五十五首。“盖旧本残阙，传写者离析卷帙，以足巩序之数，而忘《外集》一卷本在六卷中也。”[②] 此外，清代《全唐诗》所录鲍溶诗较四库本多十六首，较晁公武本多二首，较曾巩

① 〔宋〕苏颂：《龙图阁直学士修国史宋公神道碑》，《苏魏公文集》下册，第776页。
② 〔清〕纪昀等：《四库全书总目》卷一百五十一，第1296页，

本尚少三十九首。可知，《鲍溶诗歌》在曾巩以后亡佚的篇数尚有几十篇。

二、《李白诗集》

诗仙李白，自唐代至今，都是世人心中盛唐的象征，诗歌史上难以逾越的高峰。自其逝后，唐宋以来为之整理、编次文集者络绎不绝。最早编订李白集者，往往被认为是李阳冰。事实上，天宝十三载，李白曾将自己的诗文托付魏颢，“尽出其文，命颢为集”。但随后爆发了安史之乱，李白深陷囹圄，魏颢亦无暇顾及编集事宜。直至唐肃宗上元二年（761），魏颢方着手编集。魏颢序曰：“经乱离，白章句荡尽，上元末，颢于绛偶然得之，沉吟累年，一字不下。今日怀旧，援笔成序，首以白赠颢作、颢酬白诗，不忘故人也；次以《大鹏赋》、古乐府诸篇，积薪而录；文有差互者，两举之。白未绝笔，吾其再刊。”[①] 安史之乱后，魏颢手中李白的手稿丢失不少。上元末年，魏颢于绛地得到一些李白的诗文，开始编纂。上元这一年号，唐代出现两次。一次是唐高宗年间（674—676），第二次是唐肃宗时期（760—761），即唐肃宗时期上元这个年号只存在两年。故而，此“上元末”当指上元二年（761）九月之前。魏颢自言上元末着手编集时曾“沉吟累年”，则李白集的完成必不是几个月内就完成的，故魏颢本李白集定稿本当在宝应元年（762）或之后。又曰“白未绝笔，吾其再刊”，则魏颢写序时李白尚在人世，当作于宝应元年前后。

从魏颢的序中可知，魏颢编的李白集主要是诗歌，除了两人间的赠答之作外，主要收录李白的乐府诗，赋只有《大鹏赋》。在整理过程中，魏颢发现李白手稿与绛地得到的诗文存在“文有差互”的情况。两个本子的诗文有文字差杂的现象，魏颢皆“两举之”，尽可能保存李白手稿原貌。魏颢本的李白集至北宋熙宁元年（1068）尚在，宋敏求言：“熙宁元年，得唐魏万

① 〔唐〕魏颢：《李翰林集序》，〔清〕王琦注：《李太白全集》卷三十一，中华书局，1977年，第1453页。

所纂白诗集二卷，凡广四十四篇。”[①] 魏颢原名魏万，自号王屋山人，李白曾作长诗《送王屋山人魏万还王屋并序》赠魏颢。宋敏求于熙宁元年得到了一本魏颢编纂的李白诗集，二卷四十四篇。虽不知是否魏颢本李白集原本的篇、卷数，但至少说明传至北宋，魏颢本李白集尚有二卷四十四篇存世。

安史之乱时期，永王李璘事败，李白屡遭囹圄之灾，后投奔族人当涂令李阳冰。李白卒后，“草稿万卷，手集未修”，皆授予李阳冰，并嘱李阳冰为之编集写序。可惜“当时著述，十丧其九”，李阳冰所编修诗文集多非李白所授原稿，而是“今所存者，皆得之他人焉”[②]。时在唐代宗宝应元年（762），李阳冰编好文集，并为之作序，介绍李白生平。《新唐书・艺文志》载有“《李白草堂集》二十卷，李阳冰录”[③]，应该是李阳冰在宝应元年所编之李白集，李阳冰题名为《草堂集》，共二十卷。但北宋初年，乐史在整理李白集而作之《李翰林别集序》中说：“李翰林歌诗，李阳冰纂为《草堂集》十卷。”[④] 宋敏求也说：“唐李阳冰序李白《草堂集》十卷……”[⑤] 不知是否唐五代以来文集散失，使得《新唐书・艺文志》中所说之二十卷，到了宋代成了十卷，其中主要是李白的诗作。

唐德宗贞元年间，宣、歙、池等州观察使范传正极为欣赏李白诗才，“得公遗篇逸句，吟咏在口”，后“于先大夫文字中见与公有浔阳夜宴诗，则知与公有通家之旧”，自认有义务关心李白之身后事。李白墓又恰在范传正管辖之当涂县，范传正下令“禁樵采，备洒扫”，并寻访李白后人数年，得李白孙女二人。从其二人口中得知李白“志在青山，遗志宅兆”后，在元和十二年（818）正月二十三日，范传正将李白坟茔从龙山东麓迁至青山，并为之作墓志铭，详细记载李白的生平经历及其后人的概况。同时，范传正还

① 〔宋〕宋敏求：《李太白文集后序》，《李太白全集》卷三十一，第 1478 页。
② 〔唐〕李阳冰：《草堂集序》，《李太白全集》卷三十一，第 1446—1447 页。
③ 〔宋〕欧阳修等：《艺文四》，《新唐书》卷六十，第 1603 页。
④ 〔宋〕乐史：《李翰林别集序》，《李太白全集》卷三十一，第 1453 页。
⑤ 〔宋〕宋敏求：《李太白文集后序》，《李太白全集》卷三十一，第 1477 页。

收集、整理李白诗文，编为二十卷，见其《唐左拾遗翰林学士李公新墓碑并序》，其云："文集二十卷，或得之于时之文士，或得之于宗族，编辑断简，以行于代。"[①] 但是，范传正所编李白集似乎没有流传于世，不但宋人未见，唐人如裴敬似乎也没见。裴敬在唐武宗会昌三年（843），即范传正为李白迁坟二十五年后，途经当涂，拜李白墓，作《翰林学士李公墓碑》。在这篇文章中，裴敬只言"李阳冰序诗集，粗具行止"[②]，未提距离裴敬生活年代更近、且为李白迁坟的范传正，或许可证范传本辑李白集未传世。

晚唐五代以来战乱，无数典籍毁于战火，更妄论编纂的文集了。北宋稳定政局后，南唐进士乐史入宋为官，因屡次献书献赋，在馆阁任职多年，得以遍览馆阁藏书。乐史对李白颇为关注，自言曾撰《李白传》一卷，《宋史·艺文志》载为《李白外传》一卷，今亡。乐史见李白的诗传至宋代的只剩下李阳冰编纂的《草堂集》十卷，非其全篇，故而精心搜罗，别为十卷，与《草堂集》进行对校，删重订谬，重新整理成二十卷七百七十六篇，命名曰《李翰林集》。宋真宗咸平元年（998），乐史又将在馆阁中搜罗出的多篇李白撰写的赋、序、表、赞、书、颂等各种文体的文章，总为十卷六十五篇，编为《李翰林别集》。这两部诗文集流传较广，不但被记录在庆历元年（1041）成书的《崇文总目》中，宋英宗治平元年（1064）宋敏求编次李白诗集时也是在乐史《李翰林集》的基础上进行增补，甚至到了明代嘉靖年间，杨慎还称许《李翰林集》"予家藏乐史本最善"[③]。而《李翰林别集》"成为后来诸种李白文章集子的祖本。"[④] 清代丁丙、丁任兄弟还藏有明刊本的《李

① 〔唐〕范传正：《唐左拾遗翰林学士李公新墓碑并序》，《李太白全集》卷三十一，第1468页。

② 〔唐〕裴敬：《翰林学士李公墓碑》，《李太白全集》卷三十一，第1469页。

③ 〔明〕杨慎著，杨文生校笺：《杨慎诗话校笺》，四川人民出版社，1990年，第174页。

④ 张保见：《乐史〈太平寰宇记〉的文献学价值与地位研究——以引书考索为中心》，四川大学出版社，2016年，第13页。关于乐史所编李白诗文集的版本流变，详参王永波的《李白诗在宋代的编集与刊刻》，载于中国李白研究会主编的《中国李白研究》，黄山书社，2014年，第116—118页。

翰林别集》。

宋敏求亦是久在馆阁，家中藏书巨富，且乐于分享，“士大夫喜读书者多居其侧，以便于借置故也。”[①] 故而，宋敏求与当时一些名臣士大夫交游紧密。如欧阳修就曾写信向宋敏求借书：“予告借少书籍，承不为难。今先欲借《九国史》，或逐时得三两国亦善，庶不久滞也。”[②] 刘恕协助司马光编写《资治通鉴》时，也曾从京师远赴亳州——宋敏求外放之地借书，“昼夜口诵手抄，留旬日，尽其书而去”。[③] 曾巩校书时也曾多次得到宋敏求的指点，上述校《鲍溶诗集》即是一例，或也有借书之举。欧阳修、刘恕、曾巩等士大夫亦号藏书之人，必会形成以宋敏求为中心的良性互借读书群体，故而宋敏求可以较为容易地获得宋太祖朝宰相王溥家珍藏几代的李白诗集上、中两卷，唐代魏颢编纂的李白诗集两卷。这两个诗集中有一百四十八篇是乐史本《李翰林集》所无的诗。此外，宋敏求又“裒唐类诗诸篇，洎刻石所传，别集所载者，又得七十七篇”[④]。这七十七篇也非乐史本所有。最后，宋敏求将前后所得二百二十五篇与乐史本七百七十六篇合并，汇编为一书，“沿旧目而厘正其汇次，使各相从，以别集附于后……”即宋敏求按照乐史本的体例，将二百二十五篇诗按类汇编入《李翰林集》中。诗的字数增加了近三分之一，但卷数并没有变化，仍然是二十卷。同时，宋敏求还将乐史所整理的李白之文与诗汇编在一起，前二十卷为诗，后十卷为文，“合为三十卷”[⑤]，“成为真正意义上的《李太白文集》。以后各种李白集，其内容基本上不出此书范围。”[⑥] 宋敏求辑李白诗文集，在苏颂《宋公神道碑》、晁公武《郡斋读书志》、陈振孙《直斋书录解题》中均作《李翰林集》三十卷，但曾巩将其所

① 周勋初主编；葛渭君、周子来、王华宝编：《宋人轶事汇编》第二册，上海古籍出版社2015年，第808页。
② 〔宋〕欧阳修：《书简卷五》，《欧阳修全集》卷一百四十八，第2440页。
③ 〔元〕脱脱等：《刘恕传》，《宋史》，第13119页。
④ 〔宋〕宋敏求：《李太白文集后序》，《李太白全集》卷三十一，第1478页。
⑤ 〔宋〕宋敏求：《李太白文集后序》，《李太白全集》卷三十一，第1478页。
⑥ 王永波：《李白诗在宋代的编集与刊刻》，《中国李白研究》，第118页。

辑李白诗称为《李白诗集》，现存宋蜀刻本名为《李太白文集》，很可能宋敏求在编修成集后并没有为之取正式的题目，而沿用了乐史的《李翰林集》旧题，曾巩及以后的刻书者为了更突出作者，在书名上皆强调李白。

曾巩与宋敏求为多年馆阁同僚，彼此互通藏书、著述之有无是当然之理，于校勘《鲍溶诗集》一事上即可看出。同样的，宋敏求辑本的李白诗文集很快传到了曾巩手中。曾巩在《李白诗集后序》中曰："《李白诗集》二十卷，旧七百七十六篇，今千有一篇，杂著六十篇者，知制诰常山宋敏求字次道之所广也。次道既以类广白诗，自为序，而未考次其作之先后。余得其书，乃考其先后而次第之。"[①] 曾巩在序中称宋敏求为知制诰，则知该序作于熙宁三年（1070）四月之前。熙宁三年，王安石推荐李定为权监察御史里行，苏颂、宋敏求、李大临三位知制诰以"超越资序"，恐"隳紊法制"，屡次封还词头，最后三人皆罢，"敏求之罢在四月"[②]。而宋敏求是在熙宁元年（1068）方得魏颢辑李白诗集。由此可知，曾巩得到宋敏求辑的李白诗集，并作此序当在熙宁元年至熙宁三年四月之间。再者，曾巩说宋敏求辑"杂著六十篇"，与宋敏求自序中说"六十五篇"不合。《郡斋读书志》中也说宋敏求辑本"杂著六十五篇"，则曾巩此序当脱一"五"字。

得到宋敏求的辑本后，曾巩虽喜其"以类广白诗"，但以未能考次诗作的时间先后顺序为憾，故而立意对宋敏求辑本进行重新整理。事实上，曾巩有意整理李白诗集更主要的是出于对李白的崇拜。曾巩有许多诗文表现出其对李白的仰慕之情，特别是其于入仕之初即在李白墓所在的太平州担任司法参军，似乎其与李白有着冥冥注定的缘分。所以，曾巩特意拜谒李白墓，并赋诗感怀："世间遗草三千首，林下荒坟二百年。信矣辉光争日月，依然精爽动山川。曾无近属持门户，空有乡人拂几筵。顾我自惭才力薄，欲将

① 〔宋〕曾巩：《李白诗集后序》，《曾巩集》上册，第193页。
② 〔宋〕李焘：《续资治通鉴长编》卷二十一，第5124、5128页。

何物吊前贤?”[①] 曾巩认为李白之诗历经二百年，依然可以倾动山川，争辉日月。在《代人祭李白文》中，曾巩高度评价李白之文章“大巧自然”，“意气飘然”，犹如“地辟天开，云蒸雨降”，如“万里一泻，末势犹壮”，“轶群绝类”，“脱遗辙轨”，是“麒麟凤凰”，世间难以拘留。[②]

曾巩对李白的敬仰不但行诸于诗、文，其还在创作中有意地模仿。其文风虽向来以“中正”著称，但其诗歌，尤其是古体诗“排宕有气”[③]，颇有李白之风。清代何焯曾言曾巩诗有“学韩亦兼有太白处”[④]，刘埙《隐居通议》也提到曾巩诗中“如古体有《麻姑山》一首，送南城罗尉者，甚似太白《蜀道难》”[⑤]。诚如何焯、刘埙所言，曾巩的许多诗歌不但在风格、意境、表现手法等方面刻意地模仿李白，甚至会直接化用李白的诗句。如《寄题饶君茂才葆光庵》诗中有“应有风骚归健笔，可无尊酒付扁舟”[⑥]句，明显脱胎于李白《宣州谢朓楼饯别校书叔云》之“明朝散发弄扁舟”。

正是出于对李白的崇拜之情，曾巩才会对李白诗集的编纂无比热心，对宋敏求的辑本求全责备。其考订李白诗作写作先后顺序之举，“已有对李白作品进行编年之意，从而使得李白诗集的体制更趋于严谨和完善”[⑦]。詹锳指出曾巩编次的体例：“就宋次道分类本，于每一类之中，考其作之先后，而非通体为之编年。”[⑧] 即，曾巩并非将李白诗集中的每一首诗按照写作年月进行编排，而是在每一类诗中考订出诗歌写作的先后顺序。虽然并非真正的诗集编年，但“对研究李白诗文的编年提供了最早的依据”[⑨]。

---

① 〔宋〕曾巩:《谒李白墓》,《曾巩集》上册，第 89 页。
② 〔宋〕曾巩:《代人祭李白文》,《曾巩集》下册，第 533 页。
③ 〔清〕潘德舆:《养一斋诗话》卷四，清道光十六年刻本。
④ 〔清〕何焯:《义门读书记》，第 715 页。
⑤ 〔元〕刘埙:《隐居通议》卷七，中华书局，1985 年，第 74 页。
⑥ 〔宋〕曾巩:《寄题饶君茂才葆光庵》,《曾巩集》上册，第 139 页。
⑦ 王红霞:《宋代李白接受史》，上海古籍出版社，2010 年，第 105 页。
⑧ 詹锳:《李太白集版本叙录》,《李白诗论丛》，人民文学出版社，1984 年，第 12 页。
⑨ 王永波:《李白诗在宋代的编集与刊刻》,《中国李白研究》(2014 年)，第 121 页。

这种编年首先需要对李白之生平进行考证，这也是曾巩撰《李白诗集目录序》一文最主要的任务。曾巩依照“白之诗书所自叙可考者”梳理了李白一生的经历，称李白终年六十四岁，安史之乱时，李白入永王璘幕，乃是“璘迫致之”；永王事败，李白被牵连入浔阳狱，得崔涣、宋若思周旋，得以被释。宋若思还曾向唐肃宗举荐李白，李白时为五十七岁。乾元元年（758），终因永王事被流放夜郎。在流放途中，未至夜郎，甫至巫山时，即被赦放归。由此，曾巩还订正了新旧《唐书·李白传》中的一些错误：如《旧唐书》称李白是山东人，任翰林待诏，李白拜谒永王李璘等三事皆误；《新唐书》中称“白流夜郎，还浔阳，坐事下狱，宋若思释之者，皆不合于白之自叙”。至于郭子仪解官赎白事，虽《新唐书·李白传》、乐史《李翰林别集序》等文献中津津乐道，但曾巩并未提及。曾巩言，李白之生平皆可从其诗文之自叙中得知，但其对李白卒年六十四岁，流放夜郎等事的判断究竟出自李白哪篇自叙，不得而知。或许曾巩的年代尚有今日无法得见的资料为之提供线索，曾巩对李白生平的介绍也为今日的李白研究提供了线索。

曾巩编次之李白诗集，在元丰时期，晏知止家有收藏，晏欲为之雕版印刷。后毛渐为之校正，并作《李太白文集序》，云：

> 临川晏公知止字处善，守苏之明年，政成暇日，出李翰林诗以授于渐曰：“白之诗历世浸久，所传之集率多讹缺。予得此本，最为完善，将欲镂板以广其传。”渐切谓李诗为人所尚，以宋公编类之勤，而曾公考次之详。世虽甚好，不可得而悉见。今晏公又能镂版以传，使李诗复显于世，实三公相与成始而成终也。元丰三年夏四月，信安毛渐校正谨题。①

以毛渐所言，曾巩考次之李白诗集并没有广泛流传，民间流传的李白

① 〔宋〕毛渐：《李太白集后序》，《李太白全集》卷三十一，第1480页。

诗仍然错谬颇多。晏知止身为故相晏殊之子，承父亲遗泽，又“能以文学承家”[①]，与当世名士皆有交谊。曾巩《类要序》云：“公之子知止，能守其家者也，以书属余序”[②]，可知二人有相当之交情，故而晏知止才会寄晏殊手抄之《类要》予曾巩，嘱其写序。二人有这样的交情往来，晏收藏有曾巩考次之李白诗集当不意外。元丰时期，晏知止欲将所藏最为完善的李白诗集镂版，请毛渐为刊本校正，毛渐才有此序。从序文来看，晏知止刊印之李白诗集当是宋敏求编类、曾巩考次者，由此可以猜想曾巩校定之李白诗集经晏知止雕版，民间当有一定的流传。

三、《曾致尧集》

曾致尧，曾巩之祖父，是对曾巩一生做人做官、读书治学影响极大之人。上文曾专门进行过分析。曾致尧去世时，曾巩尚未出生。曾巩对其祖父的了解，来源于父亲的教导，以及祖父所留下来的著作、文稿。据曾巩介绍，曾致尧著有《仙凫羽翼》三十卷、《西陲要纪》十卷、《清边前要》五十卷、《广中台志》八十卷、《为臣要纪》三卷、《四声韵》五卷，共达一百七十八卷之多，“皆刊行于世”[③]。曾致尧的六种著作在其生前逝后应该陆陆续续雕版印刷面世，家中尚有单篇诗、赋、书、奏等诗文手稿一百二十三篇，曾巩不忍祖父遗著散失，更怕祖父生前“勇言当世之得失”“疾当事者不忠”“语斥大臣尤切”“卒以龃龉终，其功行或不得在史氏记，藉令记之，当是好公者少，史其果可信欤?”简言之，曾致尧生前直言极谏，得罪不少位高权重者，曾巩怕祖父之功业、德行被人歪曲或隐没，故而将其著述尽数整理，编排为十卷，藏于家中，以待传至后世，使人读其书知其为人。事在至和元年（1054），见曾巩《先大夫集后序》。《先大夫集》当是曾巩作为孙

---

① 夏承焘：《二晏年谱》，商务印书馆，2013年，第241页。

② 〔宋〕曾巩：《类要序》，《曾巩集》上册，第210页。

③ 〔宋〕曾巩：《先大夫集后序》，《曾巩集》上册，第194页。

辈对祖父诗文集的敬称，不是曾巩此次整理本的书名。但曾巩在书序中并没有提及其十卷本的书名，或许曾巩整理甫定，并未急于定题，以待刊刻。

但无论是王安石受曾公所托于庆历三年（1043）为曾致尧所作之《户部郎中赠谏议大夫曾公墓志铭》(以下简称《曾公墓志铭》)，还是欧阳修受托于庆历六年（1046）为曾致尧所作之《尚书户部郎中赠右谏议大夫曾公神道碑》(以下简称《曾公神道碑》)，两篇传文中皆未明确记载曾致尧有哪些著述。王安石《曾公墓志铭》只云："所著书若干卷，传于世，文长于歌诗云。"[①] 王安石提到曾致尧长于歌诗，这与曾巩述其祖父"长于讽喻，今类次乐府已下是也"的说法是一致的，或许曾巩曾将曾致尧的诗送予王安石看过，因为当时行于世的曾致尧著作中并无诗集。

《仙凫羽翼》被《宋史·艺文志》收入"类事类"，当是一部类书。王应麟《玉海》引《中兴目》云："淳化中，光禄丞曾致尧采经史子集中可为诗赋论题者集之，据本经注解其下，取兴国八年御制赐进士诗名篇。"[②] 据《中兴目》的说法，《仙凫羽翼》乃太平兴国八年（983），即曾致尧中进士当年真宗皇帝御赐进士诗的试题。曾致尧取经、史、子、集中可做科举考试中的诗、赋、论考题者类聚成书，并将历代注解汇聚其下，可说是一部科举考试参考书。故而，曾致尧取其进士及第当年御赐诗的试题作为书名，以激励士子早登天子之门。"仙凫"，语出《后汉书》[③] 云，王乔有神仙术，乘双凫上朝。张网捕之，双凫化为履，后来的诗文常以仙凫作履的典故使用。宋真宗御赐进士诗以"仙凫"为题，显然指士子考中进士，如着仙履可在朝堂之上青云直上矣。曾致尧沿用此题，也有宋真宗鼓励学子用功科举，以期效力朝堂之意。此书已亡佚，南宋《郡斋读书志》《直斋书录解题》《通志》和清代《四库全书总目》等官私目录皆无著录。

---

① 〔宋〕王安石：《户部郎中赠谏议大夫曾公墓志铭》，《王文公文集》下册，第 920 页。

② 〔宋〕王应麟：《玉海》卷五十五，第 1083 页。

③ 〔南朝宋〕范晔：《王乔传》，《后汉书》卷八十二，第 2712 页。

《清边前要》当是一部兵学论著，《西陲要纪》当是一部记述西北形势、军事、经济、民族等各方面状况的舆地书。两部书关注的都是西北边疆的问题，为朝廷处理西北边疆问题提供建议与参考。宋太宗、真宗时期，西北羌族首领李继迁屡次犯边，且在宋朝与辽国之间左右逢源，反复无常。宋真宗咸平年间，李继迁依然动作不断，屡次围困灵州等地。朝议弃灵州等地以安抚李继迁，曾致尧反复谏言不可，但未被采纳。之后，李继迁果然又反，进犯清远、灵武，宋真宗以宰相张齐贤为经略使负责此事，曾致尧为判官协从。正是因为从太宗至真宗，几十年来，西北始终不平静，历仕两朝的曾致尧自然十分清楚西北局势，后又亲身处理西北战事，对西北形势的了解也更多，有此类纂述也是自然之理。另外，《清边前要》在南宋以后又称《清边备要》，如南宋郑樵的《通志·艺文略》著录："《清边备要》五十二卷，宋朝曾致尧撰"[①]。明代焦竑的《国史经籍志》延续了郑樵的说法，也载为《清边备要》五十二卷。[②]但宋朝人一般称《清边前要》，《崇文总目》著录"《清边前要》五十卷"，曾巩也说是《清边前要》五十卷，则《清边前要》当为本书原名；本为五十卷，郑樵误将"前"讹为"备"，卷数也多出两卷。两书自南宋以后亡佚，不见于公私书目。焦竑的《国史经籍志》更是抄袭《通志·艺文略》，如《四库全书总目》所言"从抄旧目，无所考核。不论存亡，率尔滥载"[③]，不足为凭。

《广中台志》应是对唐代李筌的《中台志》的续作，是一部专记历代宰相事迹的人物志。中台，尚书省的别称。唐高宗龙朔二年（662）二月甲子，"改京诸司及百官名：尚书省为中台，门下省为东台，中书省为西台，左右仆射为左右匡政，左右丞为肃机，侍中为左相，中书令为右相，自余

① 〔宋〕郑樵撰，王树民点校：《艺文略》，《通志二十略》，第 1664 页。
② 〔明〕焦竑：《国史经籍志》卷四下，中华书局，1985 年，第 190 页。
③ 〔清〕纪昀等：《四库全书总目》卷八，第 744 页。

各以义训改之。”[①]则《中台志》当是记载尚书省长官，别称宰相之书。据晁公武所言，李筌的《中台志》共十卷，“起殷周，迄隋唐，纂辅相邪正之迹，分皇、王、霸、乱、亡五类，以为鉴戒。”[②]李筌认为国家之兴衰成败，宰相当负有很大责任，故而将殷商至隋唐以来宰相的事迹汇编为一书，按其功业分为皇道、王道、霸道、乱道、亡道五类，作为后世治国的借鉴。因李筌是唐玄宗、代宗时期人，“天宝五或六载（746或747）进呈所著《中台志》”[③]，故其书只录到唐玄宗时期宰相李林甫等人。曾致尧应是将唐玄宗开始，至宋太宗或真宗为止这一时期宰相的是非功德汇编成《广中台志》，以作谏书，劝谏君主慎择宰相。

曾致尧为官期间，屡次在皇帝面前弹劾宰相之失，如他曾直言“丞相敏中以非功德进官，臣论其不可用”[④]，曾致尧与李筌，及历代的儒生看法是一样：“宰相者，上佐天子理阴阳，顺四时，下育万物之宜，外镇抚四夷诸侯，内亲附百姓，使卿大夫各得任其职焉”[⑤]。他们认为宰相是群臣之首，负国之重任，其才能、德行都应当是无可挑剔的。若宰相丧德失职，必会给国家带来很大的灾难，可不慎乎？曾巩说，曾致尧的《广中台志》有八十卷，是李筌《中台志》十卷的八倍，更可见曾致尧对宰相功德的慎重。或许正因为曾致尧这种敢于弹劾宰相的直言精神得罪了不少当政者，所以曾致尧这部书并未得到流传。《崇文总目》《郡斋读书志》《直斋书录解题》《通志·艺文略》等宋代著名书目皆无著录，反而是唐代李筌的《中台志》在《崇文总目》《郡斋读书志》中尚有记载。这说明曾致尧的《广中台志》在北宋时期已是颇受忌讳，官修书目不载，南宋时期或已亡佚，李筌

① ［后晋］刘昫等：《高宗纪》，《旧唐书》卷四，第83页。
② ［宋］晁公武：《郡斋读书志校证》卷七，第310页。
③ 唐长孺：《跋唐天宝七载封北岳恒山安天王铭》，《山居存稿》，武汉大学出版社，2013年，第247—256页。此文对李筌生平有非常详细的考证。
④ ［宋］王安石：《户部郎中赠谏议大夫曾公墓志铭》，《王文公文集》下册，第919页。
⑤ ［汉］司马迁：《陈丞相世家》，《史记》卷五十六，中华书局，1959年，第2061—2062页。

的《中台志》到南宋则尚有传本。

《为臣要纪》《四声韵》两书亦不见于《崇文总目》《郡斋读书志》《直斋书录解题》《通志·艺文略》等两宋官私书目，或在北宋时期已不传。如加以猜测的话，《为臣要纪》或是纂录历代名臣事迹，揭示为臣尽忠辅国之道。《四声韵》是部韵书，当无疑义。除此之外，《崇文总目》著录有“曾致尧，《直言集》一卷”[①]，与常庄的《谏疏集》、朱朴的《杂表》、令狐绹的《荐子集》及《谏疏》《论议表疏集》等奏疏、谏表类图书同列，《直言集》或为曾致尧的奏议类文集。但在曾巩于至和元年（1054）所作的《先大夫集后序》中并未提到，不知《崇文总目》所言之《直言集》是否是以上六种著作中某一分卷。从书名来看，《直言集》明显不是诗集。曾致尧在北宋并无诗集传世，王安石为其所作墓志铭专门说其擅长歌诗，应该是曾巩将曾致尧诗赋书奏等手稿传抄给王安石看过。

或许正是因为《广中台志》《为臣要纪》等书在当时倍受冷落，传者寥寥，曾巩担心祖父未被整理刊行的诗文会落得更加不堪的境遇，所以才会将家藏手稿整理编集，并作书序以广其意。曾巩此次整理的诗文集不书其名，元代马端临的《文献通考》中载《曾致尧文集》十卷，或许正是曾巩此次的整理本。但不知为何《郡斋读书志》《直斋书录解题》二志均不载。六部已出版的著作，再加曾巩所整理的诗文集，应该是曾致尧全部的著述。但现在学者的研究中，曾致尧的著作又多了“《皃绎集》二十卷”。如宋友贤《曾巩传》中就有“《皃绎集》二十卷”，还有“《诗赋书奏》十卷”[②]，这十卷指的应是曾巩所整理的集子，但诗、赋、书、奏本是曾巩整理的诗文集的文体，曾巩必不给祖父的文集取这样的书名。再有《江西省人物志》和《抚州人物》两书则将曾巩整理的诗文集命名为《皃绎集》，

① 〔宋〕王尧臣等编次：《崇文总目》卷五，第 381 页。

② 宋友贤：《曾巩传》，广东高等教育出版社，2000 年，第 8 页。

并谓“其孙曾巩搜集其诗文二十卷，名曰《凫绎集》，行于世”①。不知此种说法出处为何，但必然是错的。因为《凫绎集》本是宋代仁宗、英宗朝颜太初自编的诗集，欧阳修在与颜太初的书信中曾提到“蒙以《凫绎先生集》为示，……藏家著录，以传后世，荣感荣感。”② 苏轼、司马光皆曾为之作序，见《文献通考·经籍考》六十一，且《文献通考》称为《凫绎先生集》十卷。

另外，夏汉宁、黎清、刘双琴所著《江西宋代文学家考录》中说曾致尧还著有“《山亭六咏集》、文集十卷”，③“文集十卷”当指曾巩所整理的十卷诗文集，但《山亭六咏集》为何？在此之前，1998 年出版的高海夫主编的《唐宋八大家文钞校注集评》中，对《寄欧阳舍人书》的校注也提到曾致尧有《山亭六咏集》，早佚。④ 考南宋王象之《舆地纪胜》卷四十，记淮南东路泰州景物时提到“六咏亭”，下有“曾致尧有《山亭六咏》”⑤。这应该是以上两书“《山亭六咏集》”的出处，但看《舆地纪胜》的记载，指的应该是曾致尧曾至泰州六咏亭，写过《山亭六咏》诗，而非著有诗集《山亭六咏集》。且曾致尧咸平六年（1003）⑥，“会南郊恩，复官知泰州”⑦，曾致尧确实有在泰州做官的经历，游历泰州名胜，因而赋诗也是应有之事。所以，曾巩总结祖父一生的著作时，没有提到《山亭六咏》，实是因

① 《江西省人物志》，方志出版社，2007 年，第 66 页；《抚州人物》，方志出版社，2002 年，第 15 页。

② 〔宋〕欧阳修：《与颜直讲（长道）九通》七，《欧阳修全集》卷一百五十二，第 2519 页。

③ 夏汉宁、黎清、刘双琴著：《江西宋代文学家考录》，中山大学出版社，2011 年，第 4 页。

④ 高海夫主编：《唐宋八大家文钞校注集评》，三秦出版社，1998 年，第 3756 页。

⑤ 〔宋〕王象之著，赵一生点校：《舆地纪胜》卷四十，浙江古籍出版社，2012 年，第 1244 页。

⑥ 汤江若：《曾巩之祖父曾致尧考略——曾巩及其主要亲属行实考略之一》（《华中师范大学学报》人文社会科学版，2003 年第 1 期）一文将欧阳修《曾公神道碑》、王安石《曾公墓志铭》两篇曾致尧传记，与《续资治通鉴长编》《宋史》等史料对读，判断出曾致尧在李继迁事件后，因得罪宋真宗和宰相张齐贤，被贬为黄州团练使。后“咸平五年十一月壬寅南郊祀，推恩大赦天下。可知曾致尧知泰州之时已是咸平六年初了”。

⑦ 〔宋〕王安石：《户部郎中赠谏议大夫曾公墓志铭》，《王文公文集》下册，第 919 页。

为这是一首诗，或已收入其整理的十卷诗文集中。

附：子书——《中论》

曾巩或曾校过刘向《说苑》、《新序》之外的其他子书，但就文献所及，除了徐幹的《中论》，尚未有其他发现。姑且附于此处。

徐幹，字伟长，北海剧县（今山东潍坊寿光市）人，生于汉魏之交。魏文帝曹丕将徐幹与同时代的孔融、陈琳、王粲、阮瑀、应飏、刘桢等六人合称“七子”，称“七子者，于学无所遗，于辞无所假，咸以自骋骥騄于千里，仰齐足而并驰”[①]。七子于文学方面各有所长，如王粲善于辞赋，陈琳章表殊健，刘桢五言诗推重一时。然于德行方面，曹丕独推徐幹。曹丕认为“观古今文人，类不护细行，鲜能以名节自立”，惟有徐幹“怀文抱质，恬淡寡欲，有箕山之志，可谓彬彬君子矣”。[②]其恬淡寡欲，主要表现在“轻官忽禄，不耽世荣”[③]。东汉末年，外戚、内宦专政，“国典隳废，冠族子弟结党权门，交援求名，竞相尚爵”，而徐幹以此风气为病，绝迹山谷，“以六籍娱心”，不与之群。州郡牧守慕其才名“礼命踧躇，连武欲致之”[④]，徐幹认为此乃乱世，纵横权谋家盛行，辞而不就。曹操曾“特加旌命，以疾休息。后除上艾长，又以疾不行”[⑤]。建安中，曹操平定北方，“王路始辟”[⑥]，遂出任司空军谋祭酒掾属，五官将文学，与曹丕、曹植兄弟为友。历五六年，再次以疾辞归，“潜身穷巷，颐志保真”，“养浩然之气，

① 〔魏〕曹丕：《典论论文》，〔南朝梁〕萧统编：《文选》，上海古籍出版社，海荣等标校，1998 年，第 435 页。
② 〔晋〕陈寿：《徐幹传》，《三国志》卷二十一，第 602 页。
③ 〔晋〕陈寿：《徐幹传》，《三国志》卷二十一，第 599 页。
④ 〔汉〕佚名：《中论序》，〔汉〕徐幹撰：《中论》，辽宁教育出版社，龚祖培校点，2001 年，第 2 页。
⑤ 〔晋〕陈寿：《徐幹传》，《三国志》卷二十一，第 599 页。
⑥ 〔汉〕徐幹：《中论》，第 2 页。

习羡门之术”。虽“并日而食，不以为戚”。① 从其生平来看，徐幹是一位立身正直、洁身自好、安贫乐道的通达之士，其学儒、道相兼。

徐幹著有《中论》，其大要在于：“欲损世之有余、益俗之不足”“阐弘大义、敷散道教，上求圣人之中、下救流俗之昏”。② 多谈士人的出处进退、德行修养，祖述先王、孔孟之言，以儒家旨趣为归，欲以匡正时弊。故而《四库全书总目》称其“大都阐发义理，原本经训，而归之圣贤之道”。③ 曹丕盛赞此书可“成一家之言，辞义典雅，足传于后”④。徐幹同时代之人所作之《中论·序》称其书二十篇，⑤ 似不分卷。《隋书·经籍志》载：“《徐氏中论》六卷魏太子文学徐幹撰，梁目一卷。”⑥ 即，《中论》在南朝梁时曾出现过一卷目录，隋代之时只有六卷书，无目。新旧《唐志》皆书六卷，《崇文总目》亦曰六卷，不著篇数，则《中论》传至隋代之前，极有可能在南朝时期曾被人整理过，其二十篇文章被分成了六卷，至隋唐、北宋庆历以来篇卷数没有发生变化，皆是六卷二十篇。

曾巩校勘此书时，并没有纠结于《中论》由篇分卷的问题，而是先讨论传至宋代的《中论》是否完本。曾巩指出，馆阁藏本与当时通行的《中论》皆是二十篇，实有阙文。因其在《贞观政要》中发现，唐太宗曾引《中论·复三年丧》，而此篇不见于馆阁藏本及曾巩所见之诸版本。因此曾巩认为《中论》足本应超过二十篇，且证之《魏书》，魏文帝曾言徐幹著《中论》二十余篇，更加肯定宋代所传之《中论》非完书。

唐太宗喜读《中论》，在《群书治要》中也有体现。《群书治要》是唐太宗贞观初年，魏征、虞世南、萧德言等人受命编纂的一部书抄，以“务

① 〔汉〕徐幹：《中论》，第 3 页。
② 〔汉〕徐幹：《中论》，第 3 页。
③ 〔清〕纪昀等：《四库全书总目》卷九十一，第 773 页。
④ 〔魏〕曹丕：《与吴质书》，〔清〕曾国藩：《经史百家杂钞》下，第 551 页。
⑤ 《徐幹中论序》的作者自称“余数侍坐，观君之言”，可知作者当为徐幹好友。见《徐幹中论序》，第 3 页。
⑥ 〔唐〕魏征等：《经籍二》，《隋书》卷三十四，第 998 页。

乎政术，存乎劝戒”“本乎治要”为原则，“采摭群书，剪截淫放”，辑录前贤六十五种著述中关乎治国安邦之道、修身养德之言而成，实为魏征等人匡辅太宗的谏书，被认为是“唐太宗李世民创建贞观盛世施政指南”[①]。《贞观政要》中唐太宗与魏征等贞观时期的大臣们确实就《群书治要》中所选之经典，如《周易》《尚书》《论语》《孟子》等进行过探讨。《群书治要》于历代著述中精挑细选，选择了六十五种著作，其中就有《中论》，可见《中论》在唐代儒家心中的地位。

《群书治要》之《中论治要》中就收有《复三年丧》这篇曾巩所认为的佚文，说明《中论》在唐代或是完本。此外，《中论治要》还收有《制役》篇，当是曾巩所未见。南宋晁公武所见之《中论》亦只二十篇，但分为上、下两卷。即曾巩之后、晁公武之前，又有人将六卷本二十篇的《中论》分为二卷本二十篇。值得注意的是，晁公武针对曾巩所说之佚篇《复三年丧》，指出“李献民云别本有《复三年》《制役》二篇。乃知子固时尚未亡，特不见之尔”[②]。李献民，即李淑，是前文所提到的真宗、仁宗时期著名的藏书家、学者。其以童子试入仕，仁宗时期曾任馆职，参与编纂《崇文总目》，自著家藏书目《邯郸图书志》(又名《邯郸书目》)。李淑见到馆阁之外的《中论》有《复三年丧》《制役》两篇，说明仁宗庆历之前，这两篇尚存。《崇文总目》只言六卷，不知李淑是否将这两篇归入其中。曾巩嘉祐六年（1061）入馆后，李淑所见之别本及两篇佚文已不见于馆阁，亦不流行于士大夫之家，至少曾巩之类的馆阁官员未曾得见。

《群书治要》在北宋时期失传，故而曾巩只知失《复三年丧》篇，但没有寻觅到具体内容，甚至都不知还有《制役》这篇佚文，只是将自己的疑问著录在书序中。在馆阁藏本二十篇的基础上，曾巩对《中论》进行了

① 韩丽华:《圣贤教育拯救危机——〈群书治要〉的圣贤教育思想与民族复兴中国梦》,《江南大学学报》(人文社会科学版)，2014年第4期。

② 〔宋〕晁公武:《郡斋读书志校证》卷十，第441页。

整理。此后,《中论》二十篇本成为传世本，南宋绍兴年间的晁公武看到的二十篇本与曾巩无异，只是被人分成了上下两卷，但在内容上并无变动。宁宗时期的陈振孙看到的《中论》与晁公武相同，至清代乾隆年间修《四库全书》,《中论》皆是两卷二十篇。万幸的是《群书治要》在唐代曾由日本遣唐使带回日本，并在日本元和二年（1616）以活字排印，天明元年（1781）经重校重印，是为天明本，但已非全本。1990年，天明本由我国原驻日本大使符浩先生自日本带回中国，经过专家数十年的整理、考译，于2011年以《群书治要考译》之书名出版。[①] 这一版本的《群书治要》就包括《复三年丧》和《制役》两篇，这两篇被今本《中论》作为附录收入其中。

曾巩整理《中论》，不仅是因为在《贞观政要》中发现了佚文，得知馆阁所藏非完本，最主要的是徐幹其人其书有发人深省者。在《徐幹中论目录序》中，曾巩先介绍了徐幹的生平，进而用大段的文字来盛赞徐幹能在大道衰绝之汉魏浊世，人皆争荣名利禄之时，“有去就显晦之大节”“能考六艺，推仲尼、孟轲之旨，述而论之”，著成《中论》，“要其归，不合于道者少矣”。读其书知其人，进而知其贤德可有补于世，而“识之者少”[②]。所以，曾巩校其书之脱谬，实为表彰徐幹于乱世坚守儒学的志向和轻忽荣利的德行，以为当世好仕进者之鉴。从这个意义上讲，曾巩校此书，写此序，实有矫正时弊的意义。

以上是目前所见曾巩校勘的图书，皆有书序为证。如《宋书》等书虽经曾巩校勘，但无文献记载，不知曾巩出自何种目的校勘，对图书进行了哪些校勘活动。兹以书序为准，讨论如上。

---

① 韩丽华:《圣贤教育拯救危机——〈群书治要〉的圣贤教育思想与民族复兴中国梦》,《江南大学学报》(人文社会科学版)，2014年第4期。

② 〔宋〕曾巩:《徐幹中论目录序》,《曾巩集》上册，第190页。

第四章

曾巩校书法及其目录序

整理古籍不仅需要孜孜不倦、严谨踏实的敬业精神，更要具备广博的知识储备，否则将“无由析斯疑难也”[①]。校书之难，在南北朝名著《颜氏家训》中就有体现：“校定书籍，亦何容易！自扬雄、刘向方称职耳。观天下书未遍，不得妄下雌黄。或彼以为非，此以为是，或本同末异，或两文皆欠，不可偏信一隅也。”[②]在颜之推看来，校定书籍必得扬雄、刘向这样博览群书的博学鸿儒方能称职，不然观书未遍，妄改古籍，实为校勘之罪。

曾巩校书效法刘向，必备众本，馆阁所藏无多，则多方访求采录。且每校一书，必撰序文，借以“辨章学术，镜考源流”，并校订成定本，以待上版印刷。在编校古书时所作的目录序，如《战国策目录序》《烈女传目录序》《新序目录序》等，尤为人所称许。明人茅坤就认为曾巩的文章中以“序记为最”[③]，清代学者方苞也说“南丰之文长于道古，故序古书尤佳。……淳古明洁，所以能与欧王并驱，而争先于苏氏也”[④]。这里的“古”，

① 张舜徽：《广校雠略》，上海古籍出版社，2013 年，第 56 页。
② 〔北齐〕颜之推撰，贾二强校点：《颜氏家训》，辽宁教育出版社，2001 年，第 26 页。
③ 〔明〕高海夫主编：《唐宋八大家文钞校注集评》，第 3627 页。
④ 吴孟复、蒋立甫主编：《古文辞类纂评注》上，安徽教育出版社，1995 年，第 256 页。

指的是刘向。

但是，也要注意的是，曾巩的校书法及其校书程序并不完全在模仿刘向。随着时代的发展、科技的进步、文化的繁荣，宋代的图书表现出与之前不同的载体、编排方法和装潢形式。曾巩在新的时代环境下，整理、校勘图书的方法也随之改变。

第一节 曾巩校书的模式

一、曾巩校书的模式

在此必须要说的是，曾巩“自负要似刘向”①，对刘向的著述与文章烂熟于心，对刘向的校书事业也十分关注。尤其是曾巩曾如同刘向一样，奉命校勘国家藏书多年。刘向校书是历史上第一次由官方主持的对国家藏书进行大规模整理、校勘的活动，且前后校书二十年。经过长时间的摸索、实践，“刘向总结出一套合理的典籍校雠流程以及与之相辅相成的校雠方法”。②这套校书体系行之有效，成为后世官方校书的典范、故事。早在三国时期，吴主孙休即命中书郎、博士祭酒韦曜“依刘向故事，校定众书”③。《晋书·荀勖传》也说，荀勖领秘书监后，与中书令张华“依刘向《别录》，整理记籍”④。刘宋时期，“硕学达官，往往典校秘书，如向歆故事。”⑤可见，汉代之后，官方校书已基本遵刘向校书为故事，少有违逆。如晋武帝时，汲郡古墓出土了一批竹简，束皙等学者整理、校勘的步骤仍

① 〔宋〕王震：《南丰先生文集序》，《曾巩集》下册，第810页。
② 邓骏捷：《刘向校书考论》，第155页。
③ 〔晋〕陈寿：《韦曜传》，《三国志》，第1217页。
④ 〔唐〕房玄龄等撰：《荀勖传》，《晋书》，中华书局，1974年，第1154页。
⑤ 〔南朝梁〕沈约：《百官志》，《宋书》，转引自〔宋〕李昉等纂《太平御览》卷二二三，中华书局，1960年，第1106页。

然模仿刘向，包括编次、校雠、缮写定本、撰写叙录等程序。绵延至宋代，校书流程并没有发生太大的变化，馆阁校书也一直沿袭刘向故事。曾巩在馆阁校书期间，校书过程一遵刘向，并在书序的写作上也有意模仿刘向，追求醇实简洁，以简驭繁。

二、刘向式集体校书的模式

据文献的记载，曾巩的校书活动绝大部分是在馆阁期间，由馆阁同僚集体进行的，或是借助馆阁力量进行个人校勘，而这种带有官方性质的校书活动延续了汉代以来刘向所创立的校书模式。

（一）三级分工模式

刘向校书时采取分工模式，建立了“整体工作的总纂者、各类图书的主纂者，及各书的校雠者（包括主校者、参校者）的三级分工模式。”[①] 总纂者即是刘向、刘歆父子。《汉书·成帝纪》曰：“（河平三年）光禄大夫刘向校中秘书。”[②]《汉书·楚元王传》云：“上（成帝）方精于《诗》《书》，观古文，诏向领校中《五经》秘书”。[③] 刘向卒后，“（刘歆）复领《五经》，卒父前业”[④]。哀帝时，刘歆“总群书而奏其《七略》”[⑤]。这些文献记载说明了刘向在“领校秘书”工作中承担了总纂者的重任，刘向卒后，其工作由刘歆接手。既是总纂者，就要对整个校书过程负责，每校定一书必要对定本进行通篇的审阅，以便“条其篇目，撮其指意”，撰写校书书录，上奏皇帝，并对每部书的来龙去脉、著述主旨以及整个校勘过程等作通盘的总结，便于皇帝了解、掌握校书的进度。故今存书录皆署“护左都水使者光禄大夫臣向”，以示其责。在校书工作基本完成以后，刘歆负责上

① 邓骏捷：《刘向校书考论》，第 143 页。
② 〔汉〕班固：《成帝纪》，《汉书》卷十，第 310 页。
③ 〔汉〕班固：《楚元王》，《汉书》卷三十六，第 1950 页。
④ 〔汉〕班固：《楚元王》，《汉书》卷三十六，第 1967 页。
⑤ 〔汉〕班固：《艺文志》，《汉书》卷三十，第 1701 页。

奏《七略》，对校定的图书分别类次，追溯源流。可见刘向、刘歆实为这次旷日时久的校书工程的指挥者。所以，后世提到此次校书，总是盛赞刘向父子，如班固曰：“刘向司籍，九流以别。爰著目录，略序鸿烈。”[①]“《七略》剖判艺文，总百家之绪”[②]。《汉纪·孝成皇帝纪》亦云：“刘向父子典校经籍，而新义分方，九流区别，典籍益彰矣。”[③]隋朝牛弘则谓“孝成之世，……诏刘向父子雠校篇籍。汉之典文，于斯为盛”[④]。近代学者胡朴安也高度评价刘向、刘歆父子“命世通儒，剖判文艺，条理百家，遂成一代伟业。”[⑤]。先秦典籍得以流传后世，中国图书得以分门别类，诸子学术得以追远溯源，刘向、刘歆父子厥功至伟。

然而，卷帙浩繁，非一二人之力可包揽群书。故而，在刘向、刘歆为总纂者以下，另有专家作为各类图书的主纂者。据《汉志》所载，“光禄大夫刘向校经传诸子诗赋，步兵校尉任宏校兵书，太史令尹咸校数术，侍医李柱国校方技”。[⑥]刘向博通经传、诸子百家，又擅辞赋，不仅是校书工程的总纂者，也是六艺、诸子、诗赋类图书的主纂者。步兵校尉，掌宿卫兵，而校尉任宏历任护军都尉、执金吾等武职，当熟谙兵书。而在汉代，向来就有任武职者校雠兵书之例，如汉初张良、韩信“序次兵法，凡百八十二家，删取要用，定著三十五家”；武帝时期，军政杨仆“纪奏兵录”。任宏承袭旧习，“论次兵书”[⑦]，将兵书分为权谋、形势、阴阳、技巧四类。太史令，司天官之职，掌天文历法，担任太史令之人也是“精研术

① 〔汉〕班固：《叙传》，《汉书》卷一百下，第 4244 页。
② 〔汉〕班固：《楚元王》，《汉书》卷三十六，第 1972—1973 页。
③ 〔汉〕荀悦：《汉纪》，《两汉纪》，中华书局，2005 年，第 438 页。
④ 〔唐〕魏征等：《牛弘传》，《隋书》卷四十九，第 1298 页。
⑤ 胡朴安、胡道静：《校雠学》，岳麓书社，2013 年，第 9 页。
⑥ 〔汉〕班固：《艺文志》，《汉书》卷三十，第 1701 页。
⑦ 〔汉〕班固：《艺文志》，《汉书》卷三十，第 1762—1763 页。

数，穷神知化”[①]。侍医，颜师古注曰：“侍医，侍天子之医。”[②]或以为当医官入官服侍皇帝时，加“侍中”官衔，简称为“侍医”[③]。《方技略》中的医经、经方、房中均属“医药之书”。如此，武职校兵书，太史令典数术，侍医掌方技，皆是以本官校专书，非常符合后世郑樵“校书之任，不可不专”[④]。清代章学诚谓“有官斯有法，故法具于官；有法斯有书，故官守其书；有书斯有学，故师传其学；有学斯有业，故弟子习其业”[⑤]，学习如是，校书也当如是。

主纂之外，具体到每部书又有主校者和参校者。一门类，甚至几个门类的典籍多至数千卷，显然非一人之力可穷尽。所以，主纂者以下还有协助校勘的参校者。向、歆父子于每篇书录中也会详记参校者，以示公允。如《上山海经表》云：“侍中奉车都尉光禄大夫臣秀领校秘书言：校秘书太常属臣望所校《山海经》凡三十二篇，今定为十八篇。”[⑥]题署亦云：“建平元年四月丙戌，待诏太常属臣望校治，侍中光禄勋臣龚、侍中奉车都尉光禄大夫臣秀领主省。”[⑦]每部书校毕，作为总纂者领衔署名上奏外，还要下署主校者和参校者姓名。如校《山海经》，即有侍中光禄勋臣“龚”和侍中奉车都尉光禄大夫臣“秀”（即刘歆，刘歆曾更名为刘秀。）主校，太常属臣“望”参校。

（二）广聚异本

除了三级校书模式外，刘向在校书之前还有一道求书的程序。据《汉

① 〔清〕孙星衍等辑，周天游点校：《汉官六种》，中华书局，1990 年，第 128 页。
② 〔汉〕班固：《张禹传》，《汉书》卷八十一，第 3349 页。
③ 贺圣迪：《班固对医学文化的贡献》，《中医药文化》，2006 年第 3 期。
④ 〔宋〕郑樵撰：《校雠略》，《通志二十略》，第 1812 页。
⑤ 〔清〕章学诚著，叶瑛校注：《校雠通义校证》卷一，中华书局，2014 年，第 1108 页。
⑥ 〔汉〕刘歆：《上山海经表》，〔清〕严可均：《全上古三代秦汉三国六朝文》第一册，第 623 页。
⑦ 此署名误入《山海经》卷九末尾，见〔晋〕郭璞注，〔清〕郝懿行笺疏，沈海波校点的《山海经》，上海古籍出版社，2015 年，第 297 页。

书·艺文志》云："至秦患之，乃燔灭文章，以愚黔首。汉兴，改秦之败，大收篇籍，广开献书之路。迄孝武世，书缺简脱，礼坏乐崩，圣上喟然而叹曰：'朕甚闵焉！'于是建藏书之策，置写书之官，下及诸子传说，皆充秘府。至成帝时，以书颇散亡，使谒者陈农求遗书于天下。"[①] 先秦典籍经秦火之祸，以及秦汉之际的战乱，散失颇多。汉初，即开献书之路。汉武帝时，又建藏书室，设置专门的官员负责抄录图书，以作内府藏书。除此之外，"外有太常、太史、博士之藏，内有廷阁、广内、秘室之府。"[②] 太常、太史、博士等官职掌专门之学，因而也收藏专门的典籍。秘室、廷阁、太史等官方藏书不足，"校书必资异本对勘，故又遣使广求之于天下也"[③]，故而成帝授命刘向校书时，还派遣陈农为使者主持面向全国的求书事宜。可见，刘向校书必先多渠道广聚异本，此为刘向校书的首要环节。章学诚对此作过精辟的分析，其谓"校雠宜广储副本。刘向校雠中秘，有所谓中书，有所谓外书，有所谓太常书，有所谓太史书，有所谓臣向书，臣某书。夫中书与太常太史，则官守之书不一本也。外书与臣向臣某，则家藏之书不一本也。夫博求诸本，乃得雠正一书，则副本固将广储，以待质也"[④]。孙德谦亦云"校书之事，必备有众本，乃可以决择去取"[⑤]。如刘向所说"一人读书，校其上下得谬误为校"，只据孤本核对文字谬误，仅是"校"；"一人持本，一人读书，若怨家相对，故曰雠也"，[⑥] 两人分持不同底本，字斟句酌，互校异同，才称为"雠"。

（三）慎选底本

在汇聚众本以后，校勘者当要从中选择一种为底本，其他的则是校

① 〔汉〕班固：《艺文志》，《汉书》卷三十，第 1701 页。
② 〔唐〕魏征等：《经籍一》，《隋书》卷三十二，第 905 页。
③ 张舜徽：《汉书艺文志通释》，华中师范大学出版社，2004 年，第 173 页。
④ 〔清〕章学诚：《校雠条理》，《校雠通义校证》卷一，第 1146 页。
⑤ 胡朴安、胡道静：《校雠学》，第 9 页。
⑥ 〔汉〕刘向：《别录》，《太平御览》卷六百一十八卷引，第 2776 页。

本。底本的选择十分重要，因为校勘最基本的任务是校订出来一部内容完整、文字准确的定本。若底本是残缺不足者，那么就要花费大量精力搜罗尽可能多的本子去填充底本。若底本为足本或善本，或是曾经整理、校勘过的校本，则可事半功倍。

刘向校书也应有类似的思考，余嘉锡在《古书通例》说刘向校书“凡经书皆以中古文校今文。其篇数多寡不同，则两本并存，不删除复重”。“凡诸子传记，皆以各本相校，删除重复，著为定本”[①]。按余嘉锡先生的推测，似乎刘向并没有选择底本，而是将经书的异文全部保存，不作删减；诸子传记之类图书则比较各本篇数、内容的异同，删去重复者，核定出定本保存，其他本子可忽略。

但从现存的书录及《汉书・艺文志》来看，若藏本有“中书”（内府藏书）、“外书”（大臣藏书及民间本等非内府藏书）者，刘向往往是以“中书本”为“底本”，以“外书本”为“对校本”或“参校本”来进行校雠的。这种整理方式在各篇书录中都有所记载，如《列子书录》云：

> 右新书定著八篇。护左都水使者光禄大夫臣向言：所校中书《列子》五篇，臣向谨与长社尉臣参校雠太常书三篇，太史书四篇，臣向书六篇，臣参书二篇，内外书凡二十篇，以校，除复重十二篇，定著八篇。中书多，外书少。章乱布在诸篇中。或字误，以“尽”为“进”，以“贤”为“形”，如此者众。及在新书有栈。校雠从中书，已定，皆以杀青，书可缮写。[②]

在这篇书录中，可以看到在校勘《列子》这部书时，刘向汇聚了中书和四种外书——太常书、太史书、臣向书、臣参书等四位大臣的藏本，但开篇即明言“所校中书”，则底本当为“中书”，其他四种当是参校本。

---

① 余嘉锡：《古书通例》，上海古籍出版社，1985 年，第 101、103 页。
② 〔汉〕刘向：《列子书录》，《全上古三代秦汉三国六朝文》第一册，第 602 页。

若“新书有栈”，“有栈”，“虫蠹断灭也”，即是说外书有脱误残缺的话，则“校雠从中书”。由此可见，刘向校书的标准：中书作为底本，与他本有出入时，若确定他本有误，则径从中书；若不能确定何本为正，则仍从中书。

刘向选择这种校勘方式，一方面是因为校书的任务本来就是整理内府藏书，汇聚异本的目的就是为了更好地校订中书，自然要以中书为底本；另一方面，也如《列子书录》中所说“中书多，外书少”，汉代时内府藏书远多于民间藏书，中书的总体数量和质量上高于外书，自然要以相对完整的本子作为底本。

（四）定著篇章与书名

从上文所引刘向校书书录可知，刘向校书的成果之一是核定图书的篇章。篇章是一部图书重要的外在表现形式，对于一部图书的完整程度有非常重要的意义。先秦诸子著述多是单篇传世，如余嘉锡先生所说：“古之诸子，即后世之文集，……既是因事为文，则其书不作于一时，其先后亦都无次第。随时所作，即以行世。……夫既本是单篇，故分合原无一定。有抄集数篇，即为一种者，有以一二篇单行者”。[①] 所以，刘向校书时，面对的应多是单篇文章，少有完整的图书。而这些单篇文章出自不同人的抄录与传播，彼此文字内容有别，传抄的篇数的多寡也有别。所以，刘向需要对其篇数及其文字内容进行比对，删除重复的，补充不同的，最终将所有的同类作品整合成一部相对完整的图书。再者，先秦著述往往既不具有“书”的形式，更无书名，甚至连单篇文章的标题都没有，往往取全文开头的前两三个字，如《孟子》中《梁惠王》《公孙丑》《滕文公》《离娄》《万章》《告子》《尽心》等篇皆是以开篇除“孟子”之外的前几个字来标题。刘向在核定好典籍的卷数以后，还会给这部书定名。子书多以人名命

① 余嘉锡：《古书通例》卷三，第 93—94 页。

名，如《孟子》《列子》《庄子》《晏子》等，或名为“某某新书”，以区别于未校之前之单篇传世本；也有通观全书大旨而命名者，如《战国策》等。经刘向等人之手的整理，先秦典籍才从一篇篇的文章变成一部部有名字的图书。

（五）校雠文字

校雠文字，是刘向校书时非常重要的工作。因为先秦至汉，文字发生过多次演变。从甲骨文到金文、战国古文、大篆、小篆、隶书等。文字的演变，必会带来字形的变化。字形的变化，也必会带来“亥豕鲁鱼”的讹误。除此之外，还有文字的脱漏。先秦至两汉，文字的书写载体多以竹、木简为主，而竹、木简以麻绳或丝线编织，不耐久放，极容易脱落。脱简，就会带来文字的脱漏。且竹、木简多不会标注顺序，一旦散落，后人在整理时难免会将简的先后次序颠倒或丢失。这些必会给传本带来脱、倒、错乱等问题。如刘向校书时经常出现的脱谬现象：“刘向以中古文校欧阳、大小夏侯三家经文，《酒诰》脱简一，《召诰》脱简二。率简二十五字者，脱亦二十五字，简二十二字者，脱亦二十二字，文字异者七百有余，脱字数十”①；以及“章句相溷，或上下谬乱，难分别次序”②，“章乱布在诸篇中”③等，以上皆是刘向等人在校书过程中发现的文字错误，并随之对这些错误进行改正。

（六）撰写书录以上奏

图书校订完毕，刘向必“条其篇目，撮其指意，录而奏之”，将校勘的过程、核定的篇数、全书的主旨、作者生平等内容撰写成书录，上奏给汉成帝。值得注意的是，刘向在对著者德行、图书主旨进行评价时，往往以儒家为本，以治国之用作为标准。如《子华子书录》称“子华子以道德

① 〔汉〕班固：《艺文志》，《汉书》卷三十，第1706页。
② 〔汉〕刘向：《说苑叙录》，《全上古三代秦汉三国六朝文》第一册，第604页。
③ 〔汉〕刘向：《列子书录》，《全上古三代秦汉三国六朝文》第一册，第602页。

为指归，而纲纪以仁义，存诚养操，不苟于售”，可惜生逢以势相轧、权谲横行的乱世，“卒以不遇，可为酸鼻”[①]。《列子书录》谓列子学本于道家，“道家者，秉要执本，清虚无为，及其治身接物，务崇不竞，合于《六经》。”虽有《穆王》《汤问》两篇“迂诞诙诡，非君子之言”，“然各有所明，亦有可观者”。[②]在强调以儒学治国的传统之余，还会考虑到诸家学派中可资借鉴的治国理论与权变智慧。刘向以此上奏，在一定意义上来说，也是讽谏天子之意。

三、曾巩馆阁校书对刘向校书的模仿与新变

曾巩在馆阁中参与多次集体校书，其校书流程如刘向几无分别。如《玉海》卷四十三所载之“开宝校《释文》”“端拱校《五经正义》”“淳化校三史”“嘉祐校七史”“咸平校定《七经疏义》”“咸平校三馆书籍”“景德群书漆板刊正四经”“景德校诸子”“景德校新写御书”“祥符校馆阁群书”“康定群经音辨”“至和石经”“嘉祐石经”“熙宁是正文字”“绍兴御书石经淳熙石经阁”“绍兴校御府书籍”[③]等活动皆是官方组织的较大规模的集体校书。

（一）广聚异本、删重去复

刘向校书前，汉成帝先遣谒者陈农求遗书于天下。而曾巩在馆阁校书，也必会在校书前广聚异本。集体校勘《陈书》《梁书》时，曾巩等人即因为馆阁所藏梁、陈史书缺失，无文献可征，不能刊正谬误，而上奏仁宗皇帝下诏先就京师及各州县私人藏书家中求书。求书一年有余，“稍稍始集”[④]。版本充足后，曾巩等人方开始校勘《陈书》。曾巩个人单独校勘《战

① 〔汉〕刘向：《子华子书录》，《全上古三代秦汉三国六朝文》第一册，第603页。
② 〔汉〕刘向：《列子书录》，《全上古三代秦汉三国六朝文》第一册，第602页。
③ 〔宋〕王应麟：《玉海》卷四十三，第844—849页。
④ 〔宋〕曾巩：《陈书目录序》，《曾巩集》上册，第185页。

国策》时，也经过了访书环节。曾巩从士大夫家，如苏颂、钱藻等馆阁同僚家聚集了不同篇数的《战国策》版本，经过删重去复的增减工作，最终再次恢复《战国策》三十三篇的外在形式。校勘《礼阁新仪》时，曾巩汇聚馆阁本、自家藏本、集贤院藏本，互相校雠，删去重复的篇目，增补馆阁本所无的篇目，整理出三十篇的定本。校勘《说苑》时，馆阁仅藏五篇，离刘向原书二十篇散佚颇多，曾巩从士大夫家陆陆续续得到馆阁本所没有的十三篇，与之合并。

广聚异本后，曾巩校书时也会确定某一个版本为底本。刘向校书时往往以中秘本为底本，外本为参校本。曾巩也是如此，以馆阁藏本为底本，其他版本为参校本。究其原因，与刘向选择中秘本一样，馆阁藏本相对而言，保存的篇卷较多，最接近足本；再者，曾巩在馆阁校书的目的就在于整理、校勘馆阁藏书，自然要以馆阁藏本为主要关注对象。以《鲍溶诗集》为例，史馆藏本为五卷二百篇，欧阳修本无卷数，只有百余篇，且篇目编排毫无次序。曾巩将欧阳修本与史馆本进行对校，发现欧阳修本篇数虽少，但有三十三篇是史馆本所无。曾巩将欧阳修本中的三十三篇摘录出来，附于史馆本五卷二百篇之后，作为《鲍溶诗集》的第六卷保存。最终，曾巩将整理出来的六卷本作为《鲍溶诗集》的定本。不过，需要指出的是，刘向多是合众本重新编排而为一新本；而曾巩以一本为主，附别本中的内容在后的方式，是宋人编排图书尤其是诗文集的一种新方式。这种方式在后世颇有影响，值得充分注意。《礼阁新仪》也是以史馆、秘阁所藏之三十篇本为底本，删除其中重复的八篇，成二十二篇。而缺少的八卷，恰在集贤院二十篇本当中。两相对接，将集贤院的八卷合并于史馆、秘阁本中，恢复《礼阁新仪》三十篇。

（二）二级校书模式与另撰刊误文字

馆阁集体校书，沿袭刘向校书时的分级模式。因主要校勘一类图书，如国子监校经书、馆阁校史书，故而分工模式只有两级，有主纂者和主校者、参校者。虽然会有两制级别的高官提举，如天圣二年（1024）六月，诏馆阁官员校勘《南史》《北史》《隋书》时，特命“左司郎中知制诰宋绶、吏部员外郎龙图阁待制刘烨提举之”[①]，但实际工作皆是集贤校理王质、晁宗悫、秘阁校理陈诂、集贤校理李淑、馆阁校勘彭乘、国子监直讲公孙觉等人负责。刘向时期的总纂官在宋代馆阁校书中只是让高级别的官员承担名义上的提举，以示朝廷对校书工作的重视，但并不要求这些提举官承担具体校勘工作。与刘向、刘歆身为总纂官，对全部图书的校勘不但要负全责，并具体到每部书的校勘和撰写书序有很大差别，总纂官也就失去意义，所以宋代馆阁校勘实际上只有两级。

经部类典籍，多由国子监负责，国子监长官判国子监事或国子祭酒[②]为主纂者，国子监讲官、国子监博士、国子监主簿、国子监学正、国子监丞、国子司业等国子监属官分任主校、参校。如淳化五年（994），右谏议大夫、判国子监事李至上言：“《五经》书疏已板行，惟二《传》、二《礼》、《孝经》、《论语》、《尔雅》七经疏未备，岂副仁君垂训之意。今直讲崔颐正、孙奭、崔偓佺皆励精强学，博通经义，望令重加雠校，以备刊刻。”[③]太宗从之，后李至又引荐秘阁校理吴淑、舒雅、杜镐检正讹谬，与礼部侍郎兼太子宾客李沆总领而裁处之。事未毕，太宗薨逝，真宗即位。李至作为真宗太子时期的老师，升任工部尚书、参知政事，咸平元年以目疾罢政，校书事宜暂时搁浅。到了咸平三年（1000）三月，又命翰林侍讲学士、国子祭酒邢昺主纂《周礼》《仪礼》《公羊》《穀梁春秋传》《孝经》《论语》《尔雅》等七经疏义，杜镐、孙奭、李慕清、崔偓佺、舒雅参校。

① 〔宋〕程俱：《校雠》，《麟台故事校证》，第 288 页。

② 宋初，国子祭酒不常置。即使有设，多是寄禄官，有衔而无职。这也是宋代历来官、职、差遣分离的职官制度所决定的。判国子监事实为差遣，其本官为两制官，即外制知制诰、内制翰林学士或带有馆职头衔的朝官。本官只决定其等级、俸禄，无实际处理政务无决定关系。元丰改制后，官、职、差遣逐渐合流，掌国子监事务的长官称国子祭酒，无判国子监事之职。详见熊奏凯硕士论文《宋代国子监研究》，南昌大学，2012 年。

③ 〔元〕脱脱等：《李至传》，《宋史》卷三百六十六，第 9177 页。

李慕清、崔偓佺为国子监学官，而后几位则多是馆阁官员。孙奭时任诸王府侍讲，是宗室的经学老师，曾任国子监直讲，且以《九经》及第，以经学精湛而著称。舒雅虽为秘阁校理，身居馆阁，但久仕南唐，以学问精深闻名，数预修书之选。杜镐亦曾是国子博士，又入馆阁，奏对详悉，“再迁驾部员外郎，判太常礼院，与朱昂、刘承珪编次馆阁书籍，虞部郎中，事毕，赐金紫，改直秘阁。会修《太祖实录》，命镐检讨故事，以备访问”[①]。由此可知，宋代官方集体校书时，由一个部门长官负责主纂，部门属官负责每部图书的主校和参校。同时，也会有多部门的合作。国子监主校经书，但也会与馆阁中精通经学的官员进行合作，参与每部书的主校和参校环节。这种官方校书活动多会因为主纂者的升迁浮沉而起起落落，如咸平校七经，原是淳化五年李至起意，后因李至的升迁而搁浅。新任国子祭酒上台后，再次接续校书任务，直到咸平四年（1001）九月，最终完成。书成，由国子祭酒邢昺领衔，国子监直讲崔偓佺等人上表进奏。

在具体的校书过程中，主校、参校人员又有不同的分工。如端拱元年（988），国子司业孔维等受命校勘唐代孔颖达所作五经正义：《周易正义》由“维等四人校勘，李说等六人详勘，又再校”；《尚书正义》，如《周易》例；《春秋正义》，由“维等二人校，王炳等三人详校，邵世隆再校”；《诗经正义》由“李觉等五人再校，毕道昇等五人详勘，孔维等五人校勘”；《礼记正义》由“胡迪等五人校勘，纪自成等七人再校，李至等详定”。[②]国子监校五经，国子司业孔维是主纂者，也是每部书的主校者。除孔维以外，每部书都有若干参校者，多则十数人，少则五六人。这么多人负责一部书，每人的任务又有不同：有初校者，有详校者，有再校者。也就是说，宋代官方校书，每部书的校勘一般都有三道程序：校勘、详勘（详定）、再校，每道程序都有专人负责。这种工作方式颇类似于今日出版

① 〔元〕脱脱等：《杜镐传》，《宋史》卷二百九十六，第9876页。
② 〔宋〕王应麟：《玉海》卷四十三，第845页。

工作的三校。

曾巩在馆阁校书，以其参与的嘉祐校七史来看，据文献所载，与国子监校经书的基本程序是一致的，有主纂、主校、参校，有校勘、再校、覆校。但因史书卷帙较之经书要多出数倍、数十倍，校勘一遍已是耗时，三校则历时更久，故而馆阁校书很难在一个时间段内由一批人完成三次校勘，而是经过多个时间段的反复校勘。以淳化五年（995）馆阁校勘《史记》、前后《汉书》为例，崇文院检讨兼秘阁校理杜镐、舒雅、吴淑、直秘阁潘谨修校《史记》，朱昂再校；直昭文馆陈充、史馆检讨阮思道、直昭文馆尹少连、直史馆赵况、直集贤院赵安仁、直史馆孙何校前后《汉书》。既毕，“遣内侍裴愈赉本就杭州镂版。”[①] 显然，这次的校勘，《史记》卷数有限，尚有校勘、再校两道程序，前后《汉书》就只有校勘一道，相对于国子监校经书的多道校勘程序，未免太过简单。咸平年间，真宗认为“三史版本如闻当时校勘未精，当再刊正”，再命“直史馆陈尧佐、周起、直集贤院孙仅、丁逊覆校《史记》。寻而尧佐出知寿州，起任三司判官，又以直集贤院任随领之”。[②] 覆校的成果是任随等人上覆校《史记》刊误文字五卷，类似于今天的校勘记。景德元年（1004），刁衎、晁迥、丁逊覆校前后《汉书》。在校勘过程中，刁衎等人发现“《汉书》历代名贤竞为注释，其得失相参，至有章句不同，名氏交错。除无可考据外，博访群书，遍观诸本校定”[③]，所以《汉书》的覆校中又多了一道博访群书以便校雠的程序。所以，此次校勘历时一年半，最后刁衎等人上覆校前《汉书》版本刊正三千余字，录六卷上奏。因为淳化校本已制版，即《玉海》中说“今所行止淳化中定本”[④]，而改版不易，所以咸平、景德年间的覆校是对淳化

① 〔清〕徐松辑：《崇儒》，《宋会要辑稿》，第 2230 页。
② 〔清〕徐松辑：《崇儒》，《宋会要辑稿》，第 2230 页。
③ 〔清〕徐松辑：《崇儒》，《宋会要辑稿》，第 2230 页。
④ 〔宋〕王应麟：《玉海》卷四十三，第 845 页。

校本中的文字错谬的校证，不改底本，只将淳化校本中的错误以汇成校勘记的形式上奏。

淳化、咸平时期馆阁校史的校勘方式成了以后馆阁校书的成例：组织校勘，校毕，制版颁行；发现错误，组织覆校、刊定，上奏刊误文字。因《汉书》错误太多，景祐三年（1035）秘书丞余靖等覆校《汉书》，取秘阁古本对校，刊误文字有三十卷之多，“至是，改旧摹板”。[①] 旧版错误太多，已影响正常使用，故而需要重新制版颁行。刊正的文字另存，如《宋史·艺文志》就载有“余靖《汉书刊误》三十卷”[②]。仁宗读《后汉书》，“见‘垦田’皆作‘恳’字，使侍中传诏中书，使刊正之。（刘）颁为学官，遂刊其误为一书云。”[③] 此刊误为《东汉刊误》，《宋史·刘颁传》亦云“（刘颁）作《东汉刊误》，为人所称”[④]。神宗熙宁二年，参知政事赵忭领衔重校《汉书》事毕，“进新校《汉书》印本五十册，及陈绎所著《是正文字》七卷”。[⑤] 可知，刊误文字如刘向《别录》体例，是另行传抄、刻印的。此事成为定例，校勘成定本后，雕版印行；再次覆校，发现错误的，另行撰写刊误文字。曾巩参与的《陈书》《南齐书》《梁书》校勘，或有类似的刊误文字，但尚未发现文献记载。但曾巩非常重视校正文字，每篇书序中都要强调校其脱谬，正其文字。因此核定文字，应当是校雠中最基本的工作。

（三）专人校专书

从上述馆阁校书的故事来看，集体校史书中，直馆、直院级别的馆阁官员是直接承担校勘工作的主力。上文曾说过，馆职中最高者为昭文馆大学士、监修国史和集贤殿大学士，一般是宰相专用的贴职，不轻易授人，

① 〔宋〕王应麟：《玉海》卷四十三，第 845 页。
② 〔元〕脱脱等：《艺文志》，《宋史》卷二百三十，第 5085 页。
③ 〔宋〕晁公武：《郡斋读书志校证》，第 1105 页。
④ 〔元〕脱脱等：《刘颁传》，《宋史》卷三百一十九，第 10388 页。
⑤ 〔清〕徐松辑：《崇儒》，《宋会要辑稿》，第 2235 页。

也非差遣，故无须参与馆阁事宜。昭文馆学士、直学士，史馆修撰、直史馆，集贤院学士、直学士，也多是诸曹尚书、侍郎、翰林学士、御史中丞级别的高官补外的贴职，“其有趋事赴功，亦预兹选，所以广懋赏俟群才也”。[①] 这些馆职多是虚衔，不掌馆阁实务。直史馆、直昭文馆、直集贤院、直秘阁也常是贴职，但也有实职，直昭文馆“掌本馆所藏经、史、子、集四库图籍修写、校雠之事”；直史馆、史馆编修、史馆修撰、史馆校勘、检讨等“掌修国史、日历及典图籍之事”；直集贤院、集贤院修撰、集贤校理“掌本馆所藏经史子集四库图籍修写、校雠之事”；直秘阁、秘阁校理、秘阁校勘“掌缮写秘藏供御典籍图书之事。”[②] 所以，洪迈在《容斋随笔》中曾将馆职分为高等、次等与下等，其高等即直院、直馆、修撰等；次等即集贤校理、秘阁校理；下等为馆阁校勘、史学检讨。[③] 洪迈并没有将学士级别的馆职列入其中，可知在宋代人心目中实际从事馆阁事务的长官乃是直馆、直院等。所以，历次校书皆以三馆秘阁的直馆、直院主导，校理也常是参校人员。

除此之外，还有因事设置的准馆职，比如嘉祐四年（1059）设置的馆阁编校书籍。因馆阁图书散逸严重，在职馆臣精力不够，故特设馆阁编校书籍，分昭文、史馆、集贤院、秘阁书而编定之，不兼他局，任满两年，选人、京官除馆阁校勘，朝官除校理。嘉祐六年（1061），曾巩担任编校史馆书籍，参与嘉祐七史的校勘。

嘉祐七史的校勘，与淳化、咸平、景德年间校史书的校勘流程应无二致。只不过这次承担主校工作的不是直院、直馆等高官，而是自嘉祐四年（1059）选拔的馆阁编校书籍官。完成于嘉祐八年（1063）七月的《陈书目

---

① 〔宋〕胡寅：《吴革升职名》，《斐然集》卷十二，岳麓书社，2009年，第231页。
② 龚延明：《宋代崇文院双重职能探析——以三馆秘阁官实职、贴职为中心》，《北京大学学报》（哲学社会科学版），2016年第4期。
③ 〔宋〕洪迈：《馆职名存》，《容斋随笔》卷十六，第208页。

录序》篇末，曾巩署有参与《陈书》校勘的人员名单："臣恂""臣穆""臣藻""臣洙""臣觉""臣彦若""臣巩"①，据陈垣先生考证，分别为孟恂、郑穆、钱藻、孙洙、孙觉、赵彦若，②此说甚是。宋人江少虞所著《宋朝事实类苑》中即言，嘉祐四年八月，"命编校书籍孟恂、丁宝臣、郑穆、赵彦若、钱藻、孙觉、曾巩校宋、齐、梁、陈、后魏、北齐、后周七史。"③江少虞所载与实际情况有所出入，但参与人员当无大错。这些人在嘉祐六年受命校书，至嘉祐八年完成《陈书》的校勘，其时均为馆阁编校书籍。嘉祐八年这些人集体进行了升迁：

> （嘉祐）八年五月十五日，都官郎中编校昭文馆书籍孟恂、秘书丞编校秘阁书籍孙思恭并充秘阁校理；大理评事编校昭文馆书籍赵彦若、杭州于潜县令编秘书丞编校秘阁书籍孙洙并秘阁校理……九月十八日，殿中丞编校集贤院书籍钱藻充秘阁校理，太平州司法参军编校史馆书籍曾巩充馆阁校勘，太常博士知越州诸暨县丁宝臣编校秘阁书籍。④

从这条记载中可知，孟恂、钱藻应与曾巩同时于嘉祐六年入馆任编校馆阁书籍，曾巩担任编校史馆书籍，孟恂为编校昭文馆书籍，钱藻为编校集贤院书籍。两年任满后，因其本官为朝官或京官的不同，分别升任校理或校勘。按《续资治通鉴长编》的记载，孙洙、赵彦若于嘉祐四年即担任编校馆阁书籍，其升任馆阁校勘，当在嘉祐六年。《麟台故事》也记孙

① 陈杏珍、晁继周点校的《曾巩集》收录的《南齐书目录序》《陈书目录序》《梁书目录序》中篇末并无校书者署名，中华书局本《陈书》《南齐书》《陈书》所附曾巩序则有。本文所提到的校书者署名，均出自中华书局本。

② 陈垣：《北宋校刊南北八史诸臣考》，陈智超编注：《陈垣史源学杂文》，生活·读书·新知三联书店，2007 年，第 35—36 页。

③ 〔宋〕江少虞：《宋朝事实类苑》卷三十一，第 397 页。

④ 〔宋〕程俱：《选任》，《麟台故事校证》，第 128—129 页。

洙升馆阁校勘在嘉祐六年。[①] 嘉祐八年九月，丁宝臣担任编校秘阁书籍。因丁宝臣较晚入馆，缺席《陈书》的校勘，故《陈书目录序》中无“臣宝臣”，但丁宝臣参加了《南齐书》的校勘，所以《南齐书目录序》较之《陈书》多出“臣宝臣”。这就说明，嘉祐、治平年间，曾巩与孟恂、郑穆、钱藻、孙觉、赵彦若等人集中精力校勘三史。

（四）核对篇数

刘向校书时有一项重要工作，即是清算典籍的篇数，以及确定成书的篇数。篇数在以竹、木简为主要书写载体的时代，属于图书重要的外在表现形式。这项工作对于曾巩也非常重要，曾巩在每篇书序中也必要强调所校之书现存多少篇，亡佚多少篇，最后校定多少篇。但有一个比较奇怪的问题是，宋代的曾巩与汉代的刘向一样，极为重视图书的篇数。之所以奇怪，是因为纸在南朝以后成为最主要的书写载体，图书的装潢方式也随之发生变化，用来统计图书容量的计量单位已经从篇变成了卷，《隋书·经籍志》《旧唐书·经籍志》《新唐书·艺文志》《崇文总目》等多计卷不计篇，而曾巩则相反。如《陈书》，曾巩在《陈书目录序》中称“凡三十六篇”，而《崇文总目》则称三十六卷；《梁书》，曾巩称“五十六篇”，而《崇文总目》称五十六卷；《南齐书》，曾巩称“五十九篇”，《崇文总目》称“五十九卷”。《隋书·经籍志》、新旧《唐书》经籍/艺文志对于《陈书》《梁书》《南齐书》也都称卷，且三志之卷与曾巩之篇是对等的。当然也存在篇与卷不同的情况，如《中论》，东汉人称《中论》二十篇，到了《隋书·经籍志》时已著录为《中论》六卷，梁目一卷，显然在南朝、隋朝之际有人曾将《中论》二十篇分成了六卷，这里的卷要大于篇。新旧《唐书》经籍/艺文志、《崇文总目》均著录六卷，由此可以推测，《中论》一书在南朝以后的传本即是二十篇单篇文章分散在六卷当中，传至庆历时期

① 〔宋〕程俱：《选任》，《麟台故事校证》，第128页。

仍然如此。但曾巩在校勘《中论》时，无视已经分为卷的外形，依然只关注篇数。其他，如《新序》《说苑》《列女传》《战国策》《礼阁新仪》等皆是如此。

篇与卷是中国古代典籍重要的计量单位，篇的产生源自简策，竹木简一根根编联成册为一篇，故“篇”又称“编”；卷最初则是帛书的计量单位，因帛质地柔软，短幅帛书可以折叠，若是长幅可以以木轴为中心，卷成一束，故称为“一卷”。竹木简的书写历史要早于帛，故而篇作为计量单位当早于卷。章学诚说：“周、秦称篇，入汉始有卷”[①]，说的即是先秦时期多以竹、木简为书写载体，故而周秦之书多以篇计量；汉代以后开始较多地使用帛，所以开始兼用卷计量。但因缣帛造价高且数量有限，即使是皇家校书也无法承担全部使用缣帛的高成本。所以，西汉末年，刘向、刘歆父子校书，皆书竹简之上，以其便于修改；每部书校勘完毕，方书于缣帛，用以奏上。可见，汉代竹简、缣帛并用，篇卷不分。《汉书・艺文志》中所著录之篇数，有些即后世之卷数，篇卷往往通用。如在统计论语类古籍、小说家类等古籍的总篇数时，将该类古籍的篇与卷数混合统计，篇与卷在篇幅上可以没有分别。甚至有些古籍，《汉书・艺文志》只计卷不计篇，如《礼古经》《尚书古文经》《百家》等经书、小说家言等皆只计卷数，天文二十一家、历谱十八家、五行三十一家、蓍龟十五家、杂占十八家皆计卷不计篇。余嘉锡认为，在缣帛盛行的时代，“易篇为卷，一幅所容，与简篇约略相当。故多以一篇为一卷。”[②]在缣帛盛行的初期，使用新的书写载体尚保存有旧习惯，故而一卷缣帛所书篇幅与竹简相当，篇与卷也因此相等。

但实际上，缣帛的容量比竹木简要大。竹、木简笨重，而每根简容量

① 〔清〕章学诚撰，叶瑛校注：《篇卷》，《文史通义校注》卷三，中华书局，2014年，第356页。

② 余嘉锡：《目录书之体制一》，《目录学发微》三，岳麓书社，2010年，第29页。

又有限，所以一篇文章就要由许多简用麻绳或丝线编联起来。这样的话，编连起来的简不但容易断裂，也不便于翻阅、携带，故而一篇简书的篇幅较短，“量其字之多寡，度丝韦之所能胜，断而为篇”①，所以，“篇之为名，专主文义起迄”②。缣帛柔软，可根据文字篇幅的长短而随意裁剪。在简帛并行的初期，帛书可根据简书的长短而裁剪，一卷即是一篇，即章学诚所说“卷则系乎缣帛短长”。随着帛书写优势的凸显，汉代前后的著述不再先于竹木简，一卷书可书写多篇文字，卷就开始大于篇，一卷中可以包括数篇。所以,《汉书·艺文志》也有单独用篇的，如《诸子略·儒家》五十三家，皆书篇；或单独用卷的,《六艺略·诗》六家，皆书卷。其中,《诗经》三百零五篇，在孔子时期还称为“诗三百”,《汉书·艺文志》作二十八卷，说明《诗经》在汉代已经由篇分为卷；或篇卷交替使用，如《六艺略·书》十三家,《左氏传》《公羊传》《谷梁传》《邹氏传》《夹氏传》皆书卷，其他皆以篇计数；或篇卷混合使用，如《尔雅》著为三卷二十篇。可见在汉代，竹、木简与缣帛通用，篇与卷亦通用。篇与卷的区别不甚大，在篇幅上可对等，但也存在卷大于篇的情况。

南北朝以后，纸作为书写载体被广泛使用，因为纸书的装潢方式最初沿用帛书的卷轴式，计量单位开始以卷为主，如《隋书·经籍志》多称卷不称篇，甚至先秦、两汉时期的典籍也会出现由篇分卷的现象。并且，纸的造价低廉，一卷纸书的容量相较于帛书就更大了。到了宋代，雕版印刷术盛行，图书的装潢方式随之由卷轴装变为册页装，卷的容量就更大了。因为“卷从卷轴，势自不能过长；后人纸册为书，不过存卷之名，则随其意之所至，不难巨册以载也”③。宋代以来的书目在著录图书篇卷时，开始著册数。《崇文总目》《宋史·艺文志》尚多称卷，间有著册数而不详卷数者，明

① 余嘉锡:《目录书之体制一》,《目录学发微》三，第29页。
② 〔清〕章学诚:《篇卷》,《文史通义校注》卷三，第356页。
③ 〔清〕章学诚:《篇卷》,《文史通义校注》卷三，第357页。

代《文渊阁书目》“但计册而无卷矣”。可见，书写载体的变化不但影响了图书装潢方式，也影响了图书的计量单位。古人整理、著录图书，为了更好地说明图书的外在形式特征，以探究一个时期的藏书情况，考察其学术文化发展的概貌，客观上供后人推知其图书的规模，用以辨伪、校勘、考证其存亡散佚等情况，所以对于各个时期计量单位的变化必要有所考量。

如章学诚所言，“篇既用以计文之起迄矣，是终古不可改易……卷则限于轴之长短，而并无一定起讫之例……故著书但当论篇，不当计卷。”[①] 篇取决于文字内容的起迄，卷原本取决于缣帛的长短。故而篇数决定图书的容量，而“卷非一定而不可易”，[②] 即可合多篇为一卷，也可打乱卷次，分散各篇，篇卷离合之外，“无关于义例”。[③] 从这个意义上来说，篇数对于研究图书的内容而言要更重要。或许，曾巩出于同样的考量，校勘图书时，首重篇，不重卷。尤其是校勘唐代之前的经、史、子部图书，力图恢复古书原本的形式，故而坚持以篇计量。

惟有对于集部图书，曾巩则首重卷，次重篇。如《鲍溶诗集》汇聚为六卷二百三十三篇、《李白诗集》著录为二十卷一千零一篇、杂著六十篇。对同时代人著述，如祖父曾致尧的著作，曾巩也录为卷。如《仙凫羽翼》三十卷、《西陲要纪》十卷、《清边备要》五十卷、《广中台志》八十卷、《为臣要纪》三卷、《四声韵》五卷，以及曾巩所编次之一百二十三篇诗文集为十卷。究其原因，到了宋代，图书装潢形式已固定为册页装，纸成为最为主流的书写载体。因纸张造价低廉、雕版印刷技术高超，刻印、传播图书较之前代变得十分容易。书的篇幅可以任作者发挥，不再受限于简策装时每根简的字数限额和篇、卷笨重的装潢，宋代文人单人的著述都可大篇大论、卷帙浩繁。一部书包括若干册，一册书中包括若干卷，一卷

① 〔清〕章学诚：《篇卷》，《文史通义校注》卷三，第 357—358 页。
② 〔清〕章学诚：《篇卷》，《文史通义校注》卷三，第 358 页。
③ 〔清〕章学诚：《篇卷》，《文史通义校注》卷三，第 358 页。

中包括若干篇，篇就成了一部书中最小的单位。若再以篇来表述一部书的容量，就显得不合时宜。所以，宋代的图书普遍以卷作计量单位。曾巩在整理其祖父的诗文集时，自然以当时通行的计量方式来著录。

至于诗集，一般来说，一首诗篇幅有限，多至百十字，少至二十字，篇与篇之间的容量很难统一。所以，自《诗经》以来，诗集向来便是首称卷。《汉书·艺文志》著录《诗经》六家，皆言卷，不称篇。所以，曾巩著录诗集也是首称卷。至于篇，为了统计鲍溶、李白等人诗歌的流传情况，更好地整理出最为完整的诗集，曾巩也著录了篇数。

（五）撰写书序

同刘向校书一样，曾巩等人每校毕一书，必撰写书序上奏。书序开篇必交代所校之书的基本信息，诸如编著者、编著时代、篇数、散佚存亡情况等；篇末必以“正其误谬，著其大旨，臣巩谨序”之类的字样来结束全篇。这在曾巩留下来的十三篇书序中毫无例外。比较符合刘向书录体例的有《鲍溶诗集目录序》《徐幹中论目录序》《李白诗集后序》，序文集中介绍著者生平、图书主旨，而其他书序只在篇头、篇末带过校勘过程和图书外形，绝大部分篇幅则在借题抒发。如《梁书目录序》借南朝梁佞佛来论佛教肆虐的危害；《礼阁新仪目录序》《战国策目录序》则论礼、法应因时而变，法先王之意，不可拘泥于旧法；《列女传目录序》谈女教之宜；《新序目录序》《说苑目录序》则论学问之道要在驱弊纠偏，尽乎精微，有所自得，不可陷于俗说异端。

这并不是宋代目录序的普遍写法。考察曾巩前后入馆的馆阁官员撰写的目录序，无论是为集体校书而发，还是为私人校书而作，大多以解题为主。如上文中所说之乐史，其校勘李白诗文集而作之《李翰林别集序》，篇幅虽长，但主要是为前作《李白传》增补李白事迹，可见此序要在考证作者生平。宋敏求序《李翰林集》只有二百多字，只记整编李白诗文集的过程，别无他论。元丰三年（1080），毛渐校晏知止家藏李白诗集而作之《李太白文集后序》也只述李白诗经宋敏求编类、曾巩考次、晏知止镂版的版本流变过程。比曾巩稍前在馆的苏颂所作目录序，《校〈风俗通义〉题序》《校〈淮南子〉题序》《校定〈备急千金要方〉序》《补注〈神农本草〉总序》、又《后序》《〈本草〉后序》《〈本草图经〉序》等都是标准的解题式书序。以《校〈淮南子〉题序》来说，苏颂先述《淮南子》来历及亡佚情况，再就以崇文院藏本、蜀川印本、自己家藏本等七部《淮南子》版本互相对比，考释出《淮南子》传本中许慎注和高诱注在注释上的不同，首次将混而为一的二家注区分开来。《校〈风俗通义〉题序》则据庾仲容《子抄》、马总《意林》考证出《风俗通义》的篇目、卷次。两序皆以考证为主，并无对所校书之议论，颇有后来清代朴学之风。

明代王慎中曾将曾巩与其他宋代学者撰写目录序的风格进行比较，曰："宋人叙古人集及古人所著书，往往有此家数，然多以考订次第为一篇之文而已，不能如先生更有一段大议论以成其篇也。"[①]可以说，曾巩于北宋，甚至是整个目录学史上，其书序自成一家。现代文献学家余嘉锡先生认为，"曾巩封诏校书，每书作序，模仿此篇（注：此篇指的是刘向《战国策序》），皆空言无事实，此但可以入文集耳，不足以言目录也。"[②]即是说，曾巩所作书序非目录学意义上的序，而是议论之作，当入文集。所谓"空言无事实"，并非指曾巩目录序皆是空洞无物的议论，而是说其目录序缺少对于图书、作者等文献信息必要的考证，即"（曾）巩好借题抒议，往往冗长，而本书之始末源流转从疏略"[③]。余嘉锡纯粹从目录学的角度来看待曾巩的目录序，认为曾巩目录序多议论，而目录学乃考证之学，"夫考证之学贵在征实，议论之言易于蹈空。"[④]从这个意义上来说，曾

① 高海夫主编:《唐宋八大家文钞校注集评》，第3844页。
② 余嘉锡:《目录书之体制》，《目录学发微》四，第55页。
③ 余嘉锡:《目录书之体制》，《目录学发微》四，第55页。
④ 余嘉锡:《目录书之体制》，《目录学发微》四，第54页。

巩之序确非真正的目录序。

曾巩校书馆阁，又熟悉刘向校书，当对规范的书序写法了如指掌。为何曾巩抛弃了传统的书序章法，大发议论？原因很简单，嘉祐、治平时期的曾巩并不甘于校书，而是自辟蹊径，借撰书序而发治国、治学、修史之论，其目的当与谭献论刘向“以著述当谏书”[①]相去不远，所以后人说曾巩“自负要似刘向”[②]，当有一定的喻意，非仅谓整理图书、校定文字而已。但是，曾巩撰写的书序被《郡斋读书志》《直斋书录解题》《文献通考》《四库全书总目》等历代著名解题书目所引用，尤其是《郡斋读书志》《文献通考》基本上是全文转引，可见其书序在文献学与学术史上的影响力。

第二节　曾巩目录序中的政治文化思想

曾巩并不是严格意义上的文献学家，个人校书是宋代士大夫普遍的爱好，馆阁校书则是其职责所在。而其目录序除了说明校书的过程，以及篇目、卷次的安排以外，最主要的是将由此书中所引发的关乎历史兴衰、治国得失、风俗流弊等问题的思考付诸序文，上奏天子御览，以资借鉴。

一、变法思想

宋仁宗嘉祐年间是北宋中期政治暗潮涌动最为复杂的时段，旧的革新余波未了，新的变法又迫在眉睫。曾巩亲历其时，且与庆历新政、熙宁变法的核心人物有密切往来，因此对变法事宜自有其深刻的思考。然而，曾巩此时身处馆阁，并无资格就具体政务发表谏议。所以，曾巩怀着“扶

① 〔清〕谭献：《复堂日记》卷六，河北教育出版社，2001 年，第 149 页。
② 〔宋〕王震：《南丰先生文集序》，曾巩：《曾巩集》下册，第 810 页。

衰救缺之心”[①]，选择与时务相关的图书进行整理、校勘，就图书大意进行引申发挥，撰写书序上奏。因此，曾巩的校勘工作就带有很强的现实目的性，这在《礼阁新仪目录序》和《战国策目录序》中有明显地体现。

宋代自立国之初，为惩晚唐五代之弊，建立了一套防范武官掌权、地方割据的官僚体系，因而导致宋廷冗官、冗兵、冗费问题越来越严重。兵不知将，将不知兵，军事实力薄弱；但军费开支却未见减少，反而因为西北边境的连年动乱而逐年增加。另一方面，恩荫滥赏不知节制，每逢大礼，“臣僚之家及皇亲、母后外族皆奏荐，略无定数，多至一二十人，少不下五七人，不限才愚，尽居禄位，……是则将国家有数之品名，给人臣无厌之私惠”[②]。不学无术的纨绔子弟越来越多，尸位素餐、数量庞大的官员俸禄给朝廷财政开支带来极大负担。朝廷又因战事不利，而对辽国、党项（西夏）等国年年支付大量的财物以维护暂时的和平。无论是军费、官员俸禄还是岁币皆出自百姓，所以宋代的赋税徭役繁重，百姓生活困苦。一旦发生天灾人祸，就会有大大小小的农民起义爆发。宋仁宗宝元元年（1038），党项李元昊建立西夏国，与宋廷战事不断。庆历二年（1042），宋、西夏爆发了定川寨战役（今宁夏固原西北），宋军几乎全军覆没，“贼长驱直抵渭州，幅员六七百里，焚荡庐舍，屠掠居民而去。”[③]辽国也趁火打劫，“复增岁遗至五十万，自是岁费弥有所加”。[④]在内忧外患之下，朝野上下革新的呼声很高，宰相富弼甚至告诉宋仁宗：“自此以往，只忧转炽，若不早为堤备，事未可知。”[⑤]重重压力之下，宋仁宗启用范仲淹制定新政，革新吏治，改善民生，即是“庆历新政”。但新政仅推行一年有余即告流产，各项改革措施也随之废除，“三冗”现象有增无减。

① 〔宋〕曾巩：《上欧阳学士第一书》，《曾巩集》上册，第 232 页。
② 〔宋〕李焘：《续资治通鉴长编》卷一百三十二，第 3125 页。
③ 〔清〕毕沅：《续资治通鉴》卷四十四，大众文艺出版社，1998 年，第 28 页。
④ 〔元〕脱脱等：《食货志》，《宋史》卷一百七十九，第 4352 页。
⑤ 〔宋〕李焘：《续资治通鉴长编》卷一百四十三，第 3450 页。

曾巩是赞同变革的，他在庆历至熙宁时期他与范仲淹、欧阳修、王安石等皆有相关书信、诗文往来。庆历新政失败后，曾巩还为欧阳修、蔡襄被贬而愤愤不平："二公相次出，两府亦更改。而怨忌毁骂谗构之患，一日俱发，翕翕万状。至于乘女子之隙，造非常之谤，而欲加之天下之大贤，不顾四方人议论，不畏天地鬼神之临己，公然欺诬，骇天下之耳目，令人感愤痛切，废食与寝，不知所为。噫！二公之不幸，实疾首蹙额之民之不幸也！"① 故在此时，曾巩校书也会有所选择，进而在目录序中表达自己的观点，"庶几发于天子视听，有所开益"②。如曾巩选择校勘《礼阁新仪》这部"记开元以后元和之变礼"的典籍即是一例。一般认为，"唐礼的发展大体上分为贞观礼、显庆礼、开元礼、'开元后礼'等四个阶段。"③ 曾巩没有选择他向来推崇的贞观时期的礼制，也没有选择"唐朝统治兴盛之际完成的一部内容最为完备、恢弘的儒家礼典"④ ——《开元礼》，而是《礼阁新仪》这部"变礼"，原因大概有二：

首先一点，《礼阁新仪》在北宋前中期是"一部实用性的仪注"⑤，屡次被礼官征引。据《宋史・礼志》所载，"建隆二年，礼院准礼部贡院移，按《礼阁新仪》云：'旧仪无贡举人谒先师之文。开元二十六年，诏诸州贡举人见讫，就国子监谒先师，官为开讲，质问疑义，所司设食。昭文、崇文两馆学士及监内诸举人，亦准此。'自后诸州府贡举人，十一月朔日正衙见讫，择日谒先师，遂为常礼。"⑥ 宋太祖改革科举制度时，即按照

① 〔宋〕曾巩：《上欧蔡书》，《曾巩集》下册，第 708 页。
② 〔宋〕曾巩：《上欧蔡书》，《曾巩集》下册，第 709 页。
③ 姜伯勤：《唐贞元、元和间礼的变迁——兼论唐礼的变迁与敦煌元和书仪文书》，《敦煌艺术宗教与礼乐文明》，中国社会科学出版社，1996 年，第 442 页。
④ 吴丽娱：《皇帝"私"礼与国家公制："开元后礼"的分期及流变》，《中国社会科学》，2014 年第 4 期。
⑤ 姜伯勤：《唐贞元、元和间礼的变迁——兼论唐礼的变迁与敦煌元和书仪文书》，《敦煌艺术宗教与礼乐文明》，第 449 页。
⑥ 〔元〕脱脱等：《礼志》，《宋史》卷一百五，第 2553 页。

《礼阁新仪》所载之旧习规定考生谒先师之礼。乾德六年（968），判太常寺和岘上言按《礼阁新仪》的规定，安排禘祫、时享的礼制。[1]景德四年（1007），判太常礼院孙奭以《礼阁新仪》《唐六典》为据，商议籍田礼的时间。[2]嘉祐初，礼官还在引《礼阁新仪》完善兖国公主下嫁的仪制。[3]由此可见，《礼阁新仪》在北宋前中期是一部非常重要的礼典，其浅近易操作，对各种典礼的运作有很好的指导、示范意义。可见，曾巩校勘其书确有现实的需要。

更为重要的一点则是，这部“变礼”，是为了适应形势而对前代礼制进行的调整。中晚唐后，藩镇势力庞大，朝廷软弱，天子势微。地方门阀屡有僭越逾制，无视朝廷之举。贞元、元和之际，朝廷及儒家学者为匡扶朝廷、天子威严，恢复上下秩序，不断对礼制进行调整。“一方面是应付藩镇膨胀和加强王权，引起朝廷对陵寝之礼和国家郊祀之礼的整备；一方面则是家礼散佚和私家礼仪逾制，引起朝廷及礼学家对士庶吉凶礼仪的整顿。”[4]《礼阁新仪》即在这种背景下产生的，其本质是为了加强王权，端正上下尊卑的秩序，实现儒家以礼治国的理念。这种理念正是曾巩所信奉的治国之道。

在曾巩看来，先王本之人情制礼作乐，用于言动视听之间，“设其器，制其物，为其数，立其文，以待其有事者，皆人之起居、出入、吉凶、哀乐之具”[5]，以教万民，使其一举一动皆符合礼，则“祸乱可息，而财用可充”。这是儒家以礼治民之本意，如汉初叔孙通所言“礼者，因时世人情为之节文者也”[6]。宋人多有礼本人情之论，如苏轼认为“夫礼之初，缘诸

① 〔元〕脱脱等:《礼志》,《宋史》卷一百八，第 2593 页。
② 〔元〕脱脱等:《礼志》,《宋史》卷一百二，第 2490 页。
③ 〔元〕脱脱等:《礼志》,《宋史》卷一百一十六，第 2752 页。
④ 姜伯勤:《唐贞元、元和间礼的变迁——兼论唐礼的变迁与敦煌元和书仪文书》,《敦煌艺术宗教与礼乐文明》，第 446 页。
⑤ 〔宋〕曾巩:《礼阁新仪目录序》,《曾巩集》上册，第 181 页。
⑥ 〔汉〕班固:《叔孙通传》,《汉书》卷四十三，第 2126 页。

人情，因其所安者，而为之节文，凡人情之所安而有节者，举皆礼也，则是礼未始有定论也。然而不可以出于人情之所不安，则亦未始无定论也。执其无定以为定论，则途之人皆可以为礼”[①]。吴淑也说：“礼缘人情，事资适变”[②]。景德三年（1006）的太常丞、直集贤院任随也认为：“人情者圣王之田，治道所由生也。是则时之否泰，事之损益，万化所系，必因人情。”[③]常州司法参军贾易“自以儒者不闲法令，岁议狱，唯求合于人情，曰：‘人情所在，法亦在焉。’”[④]曾巩与贾易、苏轼、吴淑、任随等人在礼本人情这个问题上的看法是一致的。

礼为根本，因礼而设法，“礼之所去，刑之所取，失礼则入刑，相为表里者也。”[⑤]礼本诸人情，“其立意微”，故而设定法制数度来规范人的行为。既然礼无定论，“则法制数度，其久而不能无弊者”。法度有弊端，“则必改制以求其当”[⑥]。在曾巩看来，礼以时为大，天下无恒定之礼法，必得应时而变。故而，伏羲以至三代，三代以至当今，“古今之变不同，而俗之便习亦异，则亦屡变其法以宜之，何必一二追先王之迹哉？”[⑦]世事变化，礼俗也应该随之变化，随之改制，以求适合时代的要求，不必拘泥于先王之迹。毕竟先王生活的时代与后世截然不同，不能固守一时之礼。要“因其所遇之时、所遭之变而为当世之法”，甚至提出“法者所以适变也，不必尽同”[⑧]。法是今王顺应现今形势而设置的外在规范，不必一一因循先王，只要遵守“养民之性，防民之欲”的“先王之意”即可，此乃立法

① 〔宋〕苏轼：《礼以养人为本论》，《苏轼文集》卷二，第 49 页。
② 〔宋〕李焘：《续资治通鉴长编》卷八十一，第 1840 页。
③ 〔宋〕李焘：《续资治通鉴长编》卷六十二，第 1392 页。
④ 〔元〕脱脱等：《贾易传》，《宋史》卷三百五十五，第 11173 页。
⑤ 〔南朝宋〕范晔：《陈宠传》，《后汉书》卷四十六，第 1554 页。
⑥ 〔宋〕曾巩：《礼阁新仪目录序》，《曾巩集》上册，第 181–182 页。
⑦ 〔宋〕曾巩：《礼阁新仪目录序》，《曾巩集》上册，第 182 页。
⑧ 〔宋〕曾巩：《战国策目录序》，《曾巩集》上册，第 184 页。

“制作之方也”[①]但是“改易更革，不至乎拂天下之势，骇天下之情”，尤其不能为者，“陷于罪戾，则繁于为法以御之，其亦不仁也”[②]。曾巩认为，改革要合乎人心，顺乎形势，因势利导，不能逆势而上，更不能以变法为名，罗织罪名，以重刑厉法来强制性地推行新法。

曾巩认为，法之设当合乎先王养民之礼，法之行在于教化，所谓“先王之养民而迪之以教化”[③]。何为“教化”？“养之于学，所以使之讲明；文之以礼乐，所以使之服习，皆教之之具也。”为政者设学校、学官教导百姓礼乐文明，朝廷律法，使之谙于所习，遵守法令秩序，“使之讲明者，所以达上之所为，使之服习者，所以顺上之所为，所谓效之也。”最终达到“上之所有，故下得而效之，未有上之所无，下得而效之也”，即“尧之治何为也哉？民之从之也”[④]。教化有所不逮，“不得不加之以刑”。而刑法之要“在宽”：“盖忧民之不亲，而念其不顺上之化，命之以谨布其教，而终戒之以在宽，岂迫蹴之也哉？”[⑤]天子治民如父养子，要上下和谐相亲，不能以严酷厉法迫害百姓，使之离心离德，所以要宽刑重教。但是教化不易，要“待之以久，然后乃可以为治”。[⑥]法令之设是为使民“迁善远罪”的教化服务，教化是为“同道德，一风俗”的礼法服务。教化非一日之功可成，法令的更革新变也非朝夕可待。因此，曾巩曾劝说王安石变法必要“待之以久”，如此“人之功罪善恶之实自见，虽有幽隐，不能掩也。故有渐磨陶冶之易，而无按致操切之难；有恺悌忠笃之纯，而无偏听摘抉之苛。己之用力也简，而人之从化也博。”[⑦]若“按致操切之法用，而怨忿违倍之情生；偏听摘抉之

① 〔宋〕曾巩：《礼阁新仪目录序》，《曾巩集》上册，第 182 页。
② 〔宋〕曾巩：《礼阁新仪目录序》，《曾巩集》上册，第 182-183 页。
③ 〔宋〕曾巩：《洪范传》，《曾巩集》上册，第 160 页。
④ 〔宋〕曾巩：《洪范传》，《曾巩集》上册，第 160 页。
⑤ 〔宋〕曾巩：《洪范传》，《曾巩集》上册，第 160 页。
⑥ 〔宋〕曾巩：《与王介甫第二书》，《曾巩集》上册，第 255 页。
⑦ 〔宋〕曾巩：《与王介甫第二书》，《曾巩集》上册，第 255 页。

势行，而谮诉告讦之害集。己之用力也愈烦，而人之违己也愈甚”[①]。操之过急、严刑以待的后果，即是违反人性人情，直人君子敬而远之，奸诈小人浑水摸鱼，最终招致“谤议纷然”，群贤“谤且怒”的局面。曾巩对变法的看法虽有儒家的“迂阔”，但“怨忿违倍之情生”“谮诉告讦之害集”的后果也被曾巩所言中，说明曾巩的判断也有其现实意义。

新的法令的推行不易，必得为政者佐以教化。而法令的更革，也要参考历代礼法之沿革。《礼阁新仪》作为一代之变礼，“虽其事已浅”，但所记“皆有所本”，以尊王复古为本旨，“故其书不得不贵”。曾巩自言“为之定著，以俟夫论礼者考而择焉”。[②]这里的“论礼者”既有治平“濮议”之论礼者，也当有变革礼法之论礼者。所以，孙觌说，曾巩曾多次向欧阳修、蔡襄等当政者引荐王安石，及至治平时期曾巩秘阁校勘群书，王安石申变法之议，实欲“致主行道，以共功名”，其“序《礼阁新仪》则指新法”。惜乎二人于变法之推行歧义甚大，曾巩被“摈弃不用，通判越州而去”[③]。

二、辟佛思想

曾巩的辟佛有深刻的时代背景。晚唐五代以来，藩镇、武将擅权，集权统治松弛，“强化皇权、重振国家权威和加强思想统一，便成为时代的课题”[④]。这个课题到了宋代右文环境下，毫无疑问落到了儒家学者身上。“儒家学者从复兴儒学的角度出发，对与儒学鼎足而立的佛、老之学进行了猛烈的批判”，“继承了中唐韩愈排佛的传统，掀起了一场自佛、老流行中国以来最广泛持久且最深入的反宗教的思想运动”。[⑤]辟佛兴儒是宋代儒家面对的共同课题，上接韩愈坚决辟佛的传统，自北宋初期即有柳开、孙

① 〔宋〕曾巩：《与王介甫第二书》，《曾巩集》上册，第 256 页。
② 〔宋〕曾巩：《礼阁新仪目录序》，《曾巩集》上册，第 183 页。
③ 〔宋〕孙觌：《读〈临川集〉》，曾枣庄主编：《宋代序跋全编》第六册，第 3618 页。
④ 韩毅：《宋代僧人与儒学研究》，河北大学博士论文，2004 年，第 18 页。
⑤ 韩毅：《宋代僧人与儒学研究》，第 18 页。

复、石介、王禹偁、李觏等人著书立说，对佛教的危害进行了激烈的批判。其后，欧阳修、张载、二程、司马光等人皆有辟佛之言，甚至在庆历年间形成了排佛道的思潮，[①]“天下士大夫争以排释老为言”[②]，辟佛成为北宋士林普遍的潮流。

在这种时代浪潮下，曾巩作为家世业儒的儒家学者自当义无反顾地高举辟佛旗帜。且曾巩辟佛有家族传统：其祖父曾致尧临终之际曾言：“毋陷于俗，媚夷鬼以污我”[③]；其父曾易占著《时议》十卷，皆“辨邪正之实，去万事之例，而归宰相之责；破佛与老，合兵为农，以立天下之本；设学校，奖名节，以材天下之士；正名分，定考课，通财币，以成制度之法”[④]。其祖父、父亲看到佛教盛行对于儒家治国的危害，所以皆以坚决的态度辟佛。可惜二人的著述没有流传下来，无法得知其具体的表述。[⑤]另一方面，曾巩辟佛又有师友间的相互影响。其师欧阳修便是效法《孟子》辟异端的做法，是“采取思想上论辩，达到祛除疑惑，彰明儒学的目的”来辟佛的先驱。[⑥]

曾巩奉命校勘《梁书》，在校毕撰写目录序时，曾巩放弃了传统书序的写法，大谈佞佛之害，《梁书目录序》尤可与其《说非异》一文对读。在《梁书目录序》中，曾巩云：“自先王之道不明，百家并起，佛最晚出，

① 韩毅：《宋代僧人与儒学研究》，第 27—28 页。

② 〔宋〕苏洵：《彭州圆觉禅院记》，曾枣庄、金成礼笺注：《嘉祐集笺注》，上海古籍出版社，1993 年，第 399 页。

③ 〔宋〕王安石：《户部郎中赠谏议大夫曾公墓志铭》，《曾巩资料汇编》上册，第 28 页。

④ 〔宋〕王安石：《太常博士曾公墓志铭》，《曾巩资料汇编》上册，第 30 页。

⑤ 曾巩的某些论说文应是来源于曾易占之《时议》。以曾巩《说夷》篇为例，曾巩认为夷狄之祸“生于不自治尔”，若“修其政令，择材而任职，使百姓乐于为上用”，则夷狄无间可窥，动辄触死（《曾巩集》下册，第 741—742 页）。这与王安石为曾易占所作之墓志铭中言曾易占论西夏事的言论是一样的：“天下之安危顾吾自治不耳，吾已自治，夷狄无可忧者，不自治，忧将在于近。”（《曾巩资料汇编》上册，第 30 页。）

⑥ 于广杰：《曾巩“尊孟”思想及诗学意义》，《河北大学学报》（哲学社会科学版），2015 年第 3 期。

为中国之患，而在梁为尤甚”。[①]曾巩并未与韩愈一样，认为佛乃夷狄之道，[②]从夷夏之防的角度来排佛；而是将佛与诸子百家之学并列，皆是于先王之道晦暗不明之时产生的异端。佛最晚出现，“崛起西陲荒忽枭乱之地，假汉魏之衰世，基僭迹，文诡辩，奋丑行”[③]，自产生之日起就是中国之祸患，在佛事最盛的南朝梁危害最为突出。在《梁书》序中，曾巩重点在于驳斥佛教徒“自以为吾之所得者内，而世之论佛者皆外”的观点，重申儒家穷物致知之道。

曾巩的《梁书》序，以儒家经典中《尚书·洪范传》之“思曰睿，睿作圣”，《大学》之“致知”，《论语》之“知之者不如好之者，好之者不如乐之者”，《中庸》之“唯天下至诚为能尽其性”，《孟子》之“扩而充之”，《易·系辞传》之“三才之道”“穷理尽性”“无思无为”“智周乎万物而道济天下”等言论作为例证，说明儒家致知之道当求诸己，由思以致知；致知必得诚心尽性，不惑于外物，通天、地、人三道，“辨万物之理，小大精粗”，如此方能穷理；穷尽事物之理并非最终目的，所谓“有知之之明而不能好之，未可也，故加之诚心以好之。有好之之心而不能乐之，未可也，故加之至意以乐之。能乐之则能安之矣。”如此，万物自外而内皆存于己心，即孟子所说“万物皆备于我”[④]，“安能累我哉”？万物之理可穷，皆为我所有，则可“穷理尽性”。“能尽其性，则诚矣。”诚者不惑，扩而充之，“使可化焉”。“能化矣，则含智之民，肖翘之物，有待于我者，莫不由之以全其性，遂其宜，而吾之用与天地参矣。”儒学致知之道，始于求诸一己之思，终于化成天下。教化所及，民之“衣冠饮食、冠婚丧祭之具”，“君臣

① 〔宋〕曾巩：《梁书目录序》，《曾巩集》上册，第177页。
② 韩愈著名的辟佛宣言《论佛骨表》中开篇即言：“佛者夷狄之一法耳”，又云：“佛本夷狄之人”。钱仲联、马茂元校点：《韩愈全集》，上海古籍出版社，1997年，第334—335页。
③ 〔宋〕曾巩：《说非异》，《曾巩集》下册，第697页。
④ 杨伯峻编著，兰州大学中文系《孟子译注》小组修订：《尽心章句上》，《孟子译注》，中华书局，1962年，第302页。

父子兄弟夫妇”之情，“吉凶忧患”之理皆可教之明之。“故与之处而安且治之所集也，危且乱之所去也。”治平去乱，其德如此，“可不谓圣矣乎！”所以，曾巩认为儒家之道，“智周乎万物而道济乎天下”。反之，佛家及其他诸子百家之道“知足以知一偏，而不足以尽万事之理；道足以为一方，而不足以适天下之用”，皆是一偏之见，不足以治世临民，“亦可谓妄矣”。由此可见，曾巩在辟佛一事上，已超出韩愈夷夏之防的偏见，开始从儒佛两家在心性之学、致知教化等形而上的理论角度进行辨析。

相对而言，《说非异》与汉唐以来儒家之辟佛并无二致。在《说非异》中，曾巩列举了佛家的弊端：夷狄之学，“离君臣，叛父子，捐耒耜桑柘之务，髡而缁，不俪不嗣”[①]，毫无君臣父子夫妇之伦理秩序，不务农桑之根本，“杜塞仲尼之训检”，与儒家背道而驰；虚伪之学，“浮屠利心无足，而假无欲也；行伪险秽，而强高言淡泊也”，口不言荣利，却广积天下之财，只事修寺造像，浪费国家财用，误国误民，“悉天下之财什伍而奉焉。其庐益侈，其众益蕃，其辩益枝叶，耗费无穷而怪乱无极，耗矣，哀哉！”为招揽底层受众，创设“鬼神之相司察、冥报阴谪、灾福相胜相摩之说，以震恐于其心，觊其惑惧而创艾”，蛊惑人心。在曾巩看来，佛家于国于民毫无益处。尤其是现今之世，“虞庠夏校之制未备，而塔庙丛于海宇，缘南亩、操机杼之民寡，而断发胡服之隶肩相摩、踵相交也；缀学立制、补礼改乐之道未极，而蛮貊之音眩中国者，骊驾联驷不足载，邃宇高栋不足容也；声明文物之具未完，而洪钟垒鼓之声铿锵于闾阎也。崇奉之侈，古之未极者，今复尽行之矣。”佛教寺庙林立，则国家财用寡；教众徒遍及海内，则务农之民、求学之士寡，国家产出亦寡，儒学随之亦衰。于此，曾巩甚至赞同韩愈“复其人，庐其居，明先王之道以导之”的做法，主张自上而下地压制佛教的发展，减少寺院和佛教徒的数量，禁止压胜之

① 〔宋〕曾巩：《说非异》，《曾巩集》下册，第697页。

术，天子“正德以应天，纯仁以得民”，教民以至顺。[①]

此外，曾巩还有《兜率院记》《鹅湖院佛殿记》等多篇受请托为佛寺所作之记文，则多从佛家浪费国家财用、破坏社会经济发展等方面辟佛。曾巩认为，佛教徒削发弃冠，背弃君臣、父子、兄弟、夫妇之人伦，“不劳于谋议，不用其力，不出赋敛”[②]，却广占良田、巨资扩建“穹墉奥屋”以为居所，心安理得地享受“文衣精食”，奢比封君，如寄生虫般吸食民脂民膏：“飞奇钩货以病民，民往往颦呻而为途中瘠者。”[③]佛寺之奢靡浪费，曾巩每以具体数字来揭示，如鹅湖院佛殿耗费“十万不已，必百万也；百万不已，必千万也；或累累而千万之不可知也”[④]，江州景德寺新戒坛“总费钱二十余万”[⑤]，金山寺水陆堂“积钱之数百三十万”[⑥]，而“资其宫之侈，非国则民力焉”。[⑦]在曾巩看来，佛教及其教众可谓是于国于民于家于己，非但无用，反而像蠹虫一般有害，却放言：“其法能为人祸福”[⑧]，欺世盗名，却骗来“四方人奔走附集”，甚至是“常锢百货之利，细若蓬芒，一无所陋失”的官府也扶持佛寺：“至于浮屠，人虽费如此，皆置不问，反倾府空藏而弃与之”，实在令人费解。曾巩文名在外，不少佛寺高僧求其文以广其声誉，甚至有同乡里人求文门前，曾巩限于人情，推托不得，又自叹“无力以拒”佛家之兴盛，唯有“介然于心，而掇其尤切者，为是说以与之。其使子之徒，知己之享利也多，而人蒙病已甚，且以告有

① 如上所言，曾巩早年的某些言论受到父亲曾易占《时议》的影响。而《说非异》一文的风格、观点亦颇似曾易占，不似曾巩文平和。且曾巩对佛教的态度不似韩愈、曾致尧、曾易占等人偏激，如在《菜园院佛殿记》《江州景德寺新戒坛记》等文章中对佛教、佛教徒还是有一些称许之意，与僧人往来唱和亦有不少。

② 〔宋〕曾巩：《鹅湖院佛殿记》，《曾巩集》上册，第287页。

③ 〔宋〕曾巩：《兜率院记》，《曾巩集》上册，第289页。

④ 〔宋〕曾巩：《鹅湖院佛殿记》，《曾巩集》上册，第287页。

⑤ 〔宋〕曾巩：《江州景德寺新戒坛记》，《曾巩集》上册，第313页。

⑥ 〔宋〕曾巩：《金山寺水陆堂记》，《曾巩集》上册，第286页。

⑦ 〔宋〕曾巩：《鹅湖院佛殿记》，《曾巩集》上册，第287页。

⑧ 〔宋〕曾巩：《兜率院记》，《曾巩集》上册，第289页。

司”[①]。曾巩对佛教于国家的危害郁结于心，伺机宣诸于文，告诫佛教徒当敛其欲，民众当识佛教之害，有司当抑制佛教之盛。

需要指出的是，曾巩对佛教的态度并不如韩愈、欧阳修及其父、祖般偏激，在其庆历年间[②]为佛寺所作之记文中指责的多是佛寺圈地费钱，佛教徒不务生产，徒设虚妄之术欺世盗名，但也不吝于对高僧个人品行的赞美。如《分宁县云峰院记》中，曾巩考察到分宁县地理位置不佳，“在山谷穷处”，生存艰难，故分宁人“勤生而啬施，薄义而喜争”[③]，亲如父子、兄弟、夫妇皆以利害相往来，偶有争执，“则相告讦，结党诈张”，甚至胆大包天，敢伪造官印、文书，“变伪一日千出，虽笞扑徒死交迹，不以属心”[④]。简言之，此地好利轻义，民风彪悍，难以推行儒家教化。此间云峰院高僧道常“治生事不废，其勤亦称其土俗”，然“不为黍累计惜，乐淡泊无累，则又若能胜其啬施喜争之心”[⑤]。曾巩索其学说，“其归未能当于义”，有不合儒家之道者，但其勤于治生，又淡泊名利的操守足以为分宁县之榜样。所以，曾巩为之作文“宠嘉之”，使其美德善行“刻示邑人，其有激也”。[⑥]由此可见，曾巩虽不苟同佛家教义，但认同某些佛教徒的品行，希望能借助佛教在民间的影响力，引导百姓向善，以佐儒家教化。

《菜园院佛殿记》中说到曾巩家乡抚州菜园院高僧可栖费十年之功将“草木生之，牛羊践之”的废地建成颇具规模的寺院，其中“寝庐、讲堂、重门、斋庖之房、栖客之舍”之费，皆可栖行医所得，佛殿、佛像之造则是州人募捐而成。曾巩十分赞赏可栖“披攘经营，捃摭纤悉，忘十年之

① 〔宋〕曾巩:《兜率院记》,《曾巩集》上册，第 290 页。

② 曾巩所作佛寺记文多在庆历时期，篇首或篇末多书其作文时间。如《金山寺水陆堂记》和《菜园院佛殿记》作于庆历八年,《鹅湖院佛殿记》作于庆历某年,《分宁县云峰院记》作于庆历三年。

③ 〔宋〕曾巩:《分宁县云峰院记》,《曾巩集》上册，第 272 页。

④ 〔宋〕曾巩:《分宁县云峰院记》,《曾巩集》上册，第 272 页。

⑤ 〔宋〕曾巩:《分宁县云峰院记》,《曾巩集》上册，第 273 页。

⑥ 〔宋〕曾巩:《分宁县云峰院记》,《曾巩集》上册，第 273 页。

久，以及其志之成”的志业，并推及整个佛教群体“凡有所兴作，其人皆用力也勤，刻意也专，不肯苟成，不求速效，故善以小致大，以难致易，而其所为，无一不如其志者，岂独其说足以动人哉？其中亦有智然也。”[①]曾巩将佛教徒与儒家学者进行了比较，不由得感叹世之儒者虽习圣人之道，但“未尝有勤行之意，坚持之操”，至使儒家历千余载，“虽有贤者作，未可以得志于其间也。由是观之，反不及佛之学者远矣。”所以，佛法盛行于天下，不唯是佛教徒“善殖如此”，更是因为儒家“自守者衰”，难于任事，致使儒衰佛盛。这也印证了曾巩在《说夷》中的观点：“天下之敝，常生于不自治。”[②]因此，到了撰写《梁书目录序》时，曾巩对佛的理解不再局限于表层的经济问题，而是上升到形而上的哲学问题，从《尚书》《大学》《中庸》《孟子》等儒家经典中挖掘心性之学，去抵制佛家修身养心之说。

三、女教思想

宋代崇文尚儒，流风所及，不但男子热衷读书应举，也鼓励女子读书。如强调“妇人无故不窥中门”[③]的司马光曾说：“为人皆不可以不学，岂男女之有异哉！”若是“但教男而不教女，不亦蔽于彼此之教乎？”[④]甚至宋代的皇帝也发表宣言，鼓励女子读书：“朕以谓书不惟男子不可不读，虽妇女亦不可不读，读书则知自古兴衰，亦有所鉴诫。”[⑤]宋人甚至认为女子不读书不知事便是愚。孙觌曾云：“予尝谓妇人女子虽以幽闲静专为德，

① 〔宋〕曾巩：《菜园院佛殿记》，《曾巩集》上册，第 280 页。
② 〔宋〕曾巩：《说夷》，《曾巩集》下册，第 741 页。
③ 〔宋〕司马光：《居家杂仪》，〔清〕陈宏谋辑：《居家杂仪》，《五种遗规》，线装书局，2015 年，第 161 页。
④ 〔宋〕司马光著，王宗志注释：《温公家范》卷之六，天津古籍出版社，1995 年，第 107 页。
⑤ 〔清〕徐松辑：《后妃》，《宋会要辑稿》，第 237 页。

而尸居块然，懵不知事，如土木偶人，则为愚妇。”[①] 而女子有才极受到士大夫推崇，袁燮将才女称为“女士”，曰：“所谓女士者，女子而有贤士之行也，其识高，其虑远，其于义理甚精，而不移于流俗，闺阃楷模于是乎在，岂独惟中馈是供乎？”[②] 家族女子好学，在士大夫看来亦是颇为骄傲之事，如苏洵就曾自豪于其女苏八娘“幼而好学，慷慨有过人节，为文亦往往有可喜。”[③] 可见，宋人对于女子读书向学普遍抱有支持、鼓励的态度，并不存在女子无才便是德的迂腐观念。

曾巩家族世代书香传家，对家族女性的教育也非常重视。曾巩之姑、河东县太君曾氏“自司马氏以下史所记世治乱、人贤不肖，无所不读，盖其明辨智识，当世游谈学问知名之士有不能如也。”[④] 曾巩的姐妹也多通诗书，如大妹“喜读书……为人进退容止皆有法度”[⑤]，二妹“孝爱聪明，能读书言古今，知妇人法度之事”[⑥]，联姻的妻子也是“为人聪明，于事迎见立解，无不尽其理”，甚至“约己以法度，学士大夫有所不能也”。[⑦] 不但如此，曾巩还曾为二十多位女性撰写墓志铭，对其中好学不倦者，多有表彰，如寿昌县太君许氏夫人“读书知大意，其兄所为文，辄能成诵”[⑧]；仁寿县太君吴氏夫人“好学强记，老而不倦，其取舍是非，有人所不能及者”[⑨]；周氏夫人“独喜图史，好为文章，日夜不倦，如学士大夫”[⑩]。可见，

① 〔宋〕孙觌：《恭人杨氏墓志铭》，《鸿庆居士集》卷四十，《四库全书》，不著页码。
② 〔宋〕袁燮：《何夫人宣氏墓志铭》，《絜齐集》卷二十一，中华书局，1985年，第349页。
③ 〔宋〕苏洵：《自尤》，张玉霞编：《苏洵全集》第一册，时代文艺出版社，2001年，第246页。
④ 〔宋〕王安石：《河东县太君曾氏墓志铭》，《曾巩资料汇编》上册，第31页。
⑤ 〔宋〕曾巩：《郓州平阴县主簿关君妻曾氏墓表》，《曾巩集》下册，第637页。
⑥ 〔宋〕曾巩：《江都县主簿王君夫人曾氏墓志》，《曾巩集》下册，第626页。
⑦ 〔宋〕曾巩：《亡妻宜兴县君文柔晁氏墓志铭》，《曾巩集》下册，第633页。
⑧ 〔宋〕曾巩：《寿昌县太君许氏墓志铭》，《曾巩集》下册，第611页。
⑨ 〔宋〕曾巩：《仁寿县太君吴氏墓志铭》，《曾巩集》下册，第610页。
⑩ 〔宋〕曾巩：《夫人周氏墓志铭》，《曾巩集》下册，第613页。

曾巩如宋代的士大夫一样，对女性读书亦保持赞同、褒扬的态度。不过，曾巩之所以支持女性接受教育，并非男女平等的超前意识，而是从儒家修身齐家治国平天下的男性理想出发。

（一）女教化俗

自先秦以来，儒家对男性与女性已有了明确的社会分工：

> 有天地，然后有万物；有万物，然后有男女；有男女，然后有夫妇；有夫妇，然后有父子；有父子，然后有君臣；有君臣，然后有上下；有上下，然后礼仪有所错。[①]
>
> 家人，女正位乎内，男正位乎外。男女正，天地之大义也。家人有严君焉，父母之谓也。父父，子子，兄兄，弟弟，夫夫，妇妇，而家道正。正家而天下定矣。[②]

天地孕育万物，人为万物之首。人在天地间的生存以男女结合为夫妇，组成家庭为“生民之始”。有男女，方有父子、君臣。故而，男女之道关乎人伦、治化。男女结合构成了社会的基本单位——家庭，在家庭中，男子居外理事，女子居内教养子嗣、主持中馈，这才是天下大义。男女各正其本位，繁衍子女，家族成员间父行父道、子行子道，兄行兄道，弟行弟道，夫行夫道，妻行妻道，各行其是，各遵其位，那么家道即为正确无偏。每一个家庭皆行正道，那么由一个个家庭组成的天下就可得到安定有序的稳定状态。

这种男主外女主内的分工得到后世的认可与加强，汉儒在对先秦典籍进行阐释的时候，进一步强调了女性在家庭中的主导地位和对男性的辅佐作用。如马融云：“家人以女为奥主”，王弼也说：“家人之义，以内为

① 〔清〕孙星衍撰，黄晃点校：《序卦》，《孙氏〈周易〉集解》卷十，中华书局，2018年，第702—703页。
② 〔清〕孙星衍：《家人卦》，《孙氏〈周易〉集解》卷五，第306—307页。

本者也。故先说女矣。”[①] 女性在家庭中谨守本位，则家道正。家是国的组成，家正则国正，故《礼记》中说“治国必先齐其家”[②]，而齐家必得教女以正道。

按照这样的逻辑推理，女教又与治国有莫大的关系。再有汉代政治生活中太后临朝、外戚专政的现象屡现不鲜，汉儒对女性在国家政治生活中的重要作用也有深刻的认识，屡有劝谏，匡衡曾说：“福之兴莫不本乎室家，道之衰莫不始乎阃内。故圣王必慎妃后之际，……慎防其端，禁于未然，不以私恩害公义。”[③] 刘向编纂《列女传》，正是意识到女性小至影响一家，大至影响一国的重要作用，有意以历代贤妇的嘉言善行引导后世女性学习效仿，以历代恶毒妇人毁家灭国之恶行恶果警示统治者防范后妃外戚乱政。

匡衡、刘向的劝谏没有被汉成帝接纳，但在宋代却颇多知音。曾巩即是其中之一。曾巩校正《列女传》的目的不只是为恢复古书原貌，更多的还是为保存汉代《列女传》对女性的教化意义。所以，曾巩与王回同时校勘《列女传》，王回主张复原刘向古本的最初面貌，将隋唐以来盛行的十五篇本恢复为刘向的八篇本；而曾巩则将班昭所注之十五篇本与苏颂修复之八篇本分别进行校勘、缮写，旨在重申刘向著其书的深意。

曾巩认为，汉承秦弊，以霸道治国，如汉宣帝所言：“汉家自有制度，本以霸王道杂之，奈何纯任德教，用周政乎！且俗儒不达时宜，好是古非今，使人眩于名实，不知所守，何足委任！”[④] 故而，“风俗已大坏”[⑤]，使得后宫之中屡屡有女祸乱政，至有“溷于衽席，女祸及宗”[⑥] 者，此尤可为

① 〔清〕孙星衍：《家人卦》，《孙氏〈周易〉集解》卷五，第 306 页。
② 〔汉〕郑玄注，〔唐〕孔颖达疏，〔清〕阮元校刻：《礼记正义》，《十三经注疏》，第 1673 页。
③ 〔汉〕班固：《匡衡传》，《汉书》卷八十一，第 3340 页。
④ 〔汉〕班固：《元帝纪》卷九，《汉书》，第 277 页。
⑤ 〔宋〕曾巩：《列女传目录序》，《曾巩集》上册，第 179 页。
⑥ 〔宋〕曾巩：《进太祖皇帝总序》，《曾巩集》上册，第 174 页。

鉴。所以，曾巩说："风俗之厚薄，人道之邪正，寿夭之原"[①]皆系于女教。

何为女教之正？曾巩认为，"妇人之于夫也，不独主酒食、奉巾栉而已，固实有以辅佐之也。"[②]即，贤德妇人当于闺门之内，柔顺侍夫，恭敬舅姑，慈爱子嗣，和睦亲族。一言一行皆秉礼知仪，待人接物皆和煦中度。同时，还要聪慧善谏，善于判断是非得失，以便于在丈夫有所欠缺时，委婉劝谏。如此方可辅佐丈夫持家养亲，繁荣家族。这样的教养非天生，必得后天进行学习。因此，曾巩认为女性也得接受教育，有专门的师傅讲授专门的教材，以养成其德：

> 先王之教，非独行于士大夫也，盖亦有妇教焉。故女子必有师傅，言动必以《礼》，养其德必以《乐》，歌其行，劝其志，与夫使之可以托微而见意，必以《诗》。此非学不能，故教成于内外，而其俗易美，其治易洽也。[③]
>
> 先王之制，闺门之内，姆保师傅，车服佩玉，升降进退，起居奉养，皆有条法。妇人少习而长安焉，故禔身正家莫有过也。[④]

在曾巩看来，先王所留下的经典，如《诗》《礼》《乐》不但包含男子修身治国之道，亦是女子养德之具，可知，先王之教不分男女，男子受教则化于外，女子受教则化于内，内外相成方可化成天下。所以，女子也应该自幼接受师傅保姆的教育，学习儒家经典，从中修习为人女、为人妻、为人母、为人媳之礼仪，德行，判断是非的能力，用以操持中馈，辅助丈夫。

若女子无人教化，或女教之功能未被治事者所重视，其善无表彰，其

① 〔宋〕曾巩:《说内治》,《曾巩集》下册，第 740 页。
② 〔宋〕曾巩:《说内治》,《曾巩集》下册，第 739—740 页。
③ 〔宋〕曾巩:《夫人周氏墓志铭》,《曾巩集》下册，第 613 页。
④ 〔宋〕曾巩:《说内治》,《曾巩集》下册，第 739 页。

恶无惩戒，其人其事无人问津，无人效仿，那么家道亦会就此衰微。家道衰，则人伦秩序将随之衰微，所以女教不可轻忽。有鉴于此，曾巩立意保留历代《列女传》对女性故事的保存与注释，以便为后世之劝诫，救风俗之衰微：

> “昔先王之治，必本之家，达于天下，而女子言动有史，以昭劝戒。后世以古为迂，为政者治吏事而已。女子之善，既非世教所奖成，其事实亦罕发闻于后，其苟如此，其衰微所以益甚……”①

曾巩与王回编校《列女传》时，王安石曾提出反对意义，嘲笑王回“述诸狂女而成书证其君，迂哉其所学也。子何区区喜治之耶”②？王安石认为，记述女性故事以劝谏君主的行为是“迂”的，毫无实际意义。“王安石所质疑的乃是历史教训所能发挥的作用力，而他轻蔑的则是刘向对于历史教训作用力的执迷。”③这种评价或许不只针对王回，要知道那时候的曾巩也在整理《列女传》。曾巩所说之“后世以古为迂，为政者治吏事而已”，或许也是在回应王安石。曾巩认识到时人对他的一个评价：迂阔，“夫世之迂阔，孰有甚于予乎？”但他并不以此为病，而是对“迂”有自己的解释：“知信乎古而不知合乎世，知志乎道而不知同乎俗，此余所以困于今而不自知也。”④在曾巩看来，所谓“迂”，其实是好古向道，不合流俗。若要不迂，必得随波逐流、同流合污，又非心之所愿，故而宁可抱“迂”守古。所谓“古”，是先王之古，先王之道。曾巩认为，上古先王垂

① 〔宋〕曾巩：《寿昌县太君许氏墓志铭》，《曾巩集》下册，第611页。
② 〔宋〕王回：《古列女传序》，第3页。
③ 刘静贞：《宋本〈列女传〉的编校及其时代——文本、知识、性别》，邓小南主编：《唐宋女性与社会》，上海辞书出版社，2003年，第30页。
④ 〔宋〕曾巩：《赠黎安二生序》，《曾巩集》上册，第217—218页。

统立制，亘古不变，“所以立本也，不可不一”[①]。其道一，但其法可因时而变。但变法需得因势因时而动，且以教化先行。教化中就包括女性的教育，女教成功，可反过来辅佐男性教化，“古者公侯卿大夫士，非惟外行淑也，盖亦有闺门之助焉。”[②]内外得化，则化成一家。一家得正，进而化成一国。所谓“女子言动有史，以昭劝诫”，“正家而天下定”。

曾巩屡次提到“女祸”，不能不让人联想到仁宗时期的温成皇后。温成皇后张氏出身颇类似于卫子夫，其母是大长公主府上的舞妓，张氏八岁被公主带入宫闱，后得到宋仁宗的宠爱，短短几年从最底层的宫女升至贵妃，“巧慧多智数，善承迎，势动中外”[③]。曾恃宠僭越，乘皇后车盖出游。为修媛时，“欲以门阀自表异”，屡次为伯父张尧佐求官，张尧佐累升至“计相”三司使，却使得“水冒城郭，地震河溢”，谏官包拯、陈升之、吴奎等人言：“诸路困于诛求，内帑烦于借助，法制刓敝，实自尧佐。”然而，因张贵妃之求，张尧佐不降反升，他的两个儿子也特赐进士出身。包拯等人反复谏言，认为女谒、近习与执政不能规谏，从谀顺旨，“致陷陛下于私昵后宫之过”[④]。孙甫直言“修媛宠恣市恩，祸渐已萌。夫后者，正嫡也，其余皆婢妾尔。贵贱有等，用物不宜过僭。自古宠女色，初不制而后不能制者，其祸不可悔。……若所谓前世女祸者，载在书史，陛下可自知也。”[⑤]张氏以贵妃位卒，仁宗在曹皇后在位的情况下，追封张氏为温成皇后，并大肆为之治丧，任命宰相张沆为监护使，权御史中丞孙抃“奏沆为宰相，不当为后妃护葬丧事。时又议为后建陵立庙，抃率官属言非礼。因相与请对，固争不能得，伏地不起，帝为改容遣之”。[⑥]仁宗过度宠爱

① 〔宋〕曾巩：《战国策目录序》，《曾巩集》上册，第184页。
② 〔宋〕曾巩：《说内治》，《曾巩集》下册，第739页。
③ 〔元〕脱脱等：《张贵妃传》，《宋史》卷二百四十二，第8622页。
④ 〔元〕脱脱等：《张尧佐传》，《宋史》卷四百六十三，第13557—13558页。
⑤ 〔元〕脱脱等：《孙甫传》，《宋史》卷二百九十五，第9839页。
⑥ 〔元〕脱脱等：《孙抃传》，《宋史》卷二百九十二，第9777页。

张氏，爱屋及乌之下，大肆封赏张氏家族，以高官、科第为滥赏。后又逾制追封，以超出礼法所允许的标准为之治丧、建陵立庙，使得庆历、皇祐年间，朝堂屡次为之争论不休，谏官亦为之反复进谏，甚至翻出唐朝武则天、杨贵妃等“女祸”故事，警示仁宗。此时的曾巩虽未立朝，但一直关注时政，于温成皇后事应该比较清楚；其《论内治》或为此事而作，之后校《列女传》，上《列女传目录序》于仁宗，实有谏书的意味。

（二）君子身化

曾巩在强调女教化俗有赖师傅保姆之教，《诗》《礼》《乐》之熏陶外，还专门提到“君子身化”。即，女性教养得益，可辅佐丈夫之外，其教化还受到丈夫的感化，内外可互相促进、互相影响。这是《列女传目录序》的另一层意思：

> 以臣所闻，盖为之师傅保姆之助，《诗》《书》图史之戒，珩璜琚瑀之节，威仪动作之度，其教之者虽有此具，然古之君子，未尝不以身化也。故《家人》之义归于反身，《二南》之业本于文王，夫岂自外至哉？世皆知文王之所以兴，能得内助，而不知所以然者，盖本于文王之躬化，故内则后妃有《关雎》之行，外则群臣有《二南》之美，与之相成。其推而及远，则商辛之昏俗，江汉之小国，兔罝之野人，莫不好善而不自知，此所谓身修故国家天下治者也。[①]

“家人”之义，指的是《周易·家人卦》：“家人：利女贞。彖曰：家人，女正位乎内，男正位乎外。”对于《家人》的诠释，宋儒已经“组接出了一串理想形态下的链条：女正——家道正——天下正。而当付诸实践时，这组链条的作用形式实际上是：正女——正家道——正天下；链条运

① 〔宋〕曾巩：《列女传目录序》，《曾巩集》上册，第179—180页。

转的推动者，则首先是以‘正心诚意修身齐家治国平天下’为己任的男性士人。”[①] 也即是，曾巩所说的，“归于反身”，女性需要男性士人反过来影响、训导女性，使之正。这就是君子身化。君子只有像周文王一样勤政爱民、修身养德，后宫才会有《关雎》之行。所谓“《关雎》之行”，以汉儒以来释《关雎》为男女乐而不淫、哀而不伤的和谐婚姻关系，是中庸之德在夫妻关系上的最佳体现，“所以风天下而正夫妇也”。

这说明，曾巩对女性的态度并没有超出时代的局限，给予女性以平等的地位与受教育的权力，女性依然是依附于男性。其接受教育的唯一目的是为了更好地辅佐父兄、丈夫、儿子成就在外的事业，而达到这一目的才是正。所谓“正”，正位也，如程颐所说：“男女各得其正位也。尊卑内外之道，正合天地阴阳之大义也。”[②] 男为尊，女为卑，卑以事尊，尊以教卑，尊卑有序，这才是曾巩理想中的社会状态。因而，女性教养是否为正，其实取决于她所依附的男性，或她所处的社会对她的评价。故而，从曾巩为女性所作之墓志铭中可以看到，曾巩所推崇的女教之正，如德清县君周氏夫人“为人柔嫕静庄”[③]；好学强记、通数术之学的仁寿县太君吴氏夫人虽“取舍是非，有人所不能及者”，但“于事未尝有所专也”[④]；永安县君李氏夫人“仁孝慈恕，言动必择义理。事父母不违其教，事舅姑不违其志，事夫顺而有以相其善，遇子至于内外属人，一以恩而不违于礼”[⑤]；寿安县君钱氏夫人“色庄气仁，言动不失绳墨，居族人长幼亲疏间尽其宜，事夫能成其忠，教子能成其孝”[⑥]；金华县君曾氏夫人更是典型的贤妻良母：“未嫁，承顺父母尽子道。既嫁，夫家贫，养姑尽妇道。辅其夫尽妻道。夫

① 邓小南：《“内外”之际与“秩序”格局：兼谈宋代士大夫对于〈周易·家人〉的阐发》，邓小南主编：《唐宋女性与社会》，第 108 页。
② 〔宋〕程颐：《周易程氏传》卷第三，程颢、程颐著：《二程集》，第 884 页。
③ 〔宋〕曾巩：《德清县君周氏墓志铭》，《曾巩集》下册，第 612 页。
④ 〔宋〕曾巩：《仁寿县太君吴氏墓志铭》，《曾巩集》下册，第 610 页。
⑤ 〔宋〕曾巩：《永安县君李氏墓志铭》，《曾巩集》下册，第 615 页。
⑥ 〔宋〕曾巩：《寿安县君钱氏墓志铭》，《曾巩集》下册，第 608 页。

死，寓食于颍，以勤俭积日大其家，以诱教不倦成其子，又可谓尽母道也。”① 尤其值得人敬佩的是天长县君黄氏夫人，在丈夫外放做官二十多年间，居乡侍养公婆“能尽其力，治饮食、衣服以进，及丧，能尽其哀，皆如其夫之志”。独自督导儿子向学，“常夜治丝枲，居其旁以勉之”。丈夫、儿子皆早逝后，黄夫人“斥卖簪珥以经理其家，丝蓄粒聚，至有田以食，有宅以居。平居日夜课诸孙以学，有不中程，辄扑之。”② 这些女性无一例外皆是遵守尊卑礼仪，上孝公婆，下爱子孙，和睦亲族，事夫恭谨的贤内助，言行举止皆以夫家为重，以合丈夫之志为人所称道。甚至在夫家有为难之际，这些夫人还能独自撑起家业，教养子孙成才，以光耀夫家门楣。这些才是曾巩等宋儒所赞美的女教之正，是社会所推崇的贤妇典范，为舆论所褒扬。社会舆论的褒贬、名士大夫对其事迹的传写扬名等，其实也是“君子们”身化的方式之一。

曾巩在强调女教之正得益于君子身化的同时，也批评了当时的风气：“后世自学问之士，多徇于外物而不安其守，其家室既不见可法，故竟于邪侈，岂独无相成之道哉？士之苟于自恕，顾利冒耻而不知反已者，往往以家自累故也。”③ 后世士人被功名利禄等外物所迷惑，不坚持儒者的操守，其身不正，故无法端正家室之正，使得夫妇间竞于邪侈，大失夫妇内外相化之道。又有士人其身或无害，不能反身以治家，最终被闺门所连累，败德灭度，无法自拔。因而，近人钱基博读曾巩《列女传目录序》有感曰：“夫孟光粗衣椎髻，而梁鸿忘富贵之乐，鲍宣妻短裳挽鹿车，而宣以修德守约。此其德有以相成，为世所称慕也。”④ 孟光有安贫乐道之德，才影响了梁鸿忘富贵之乐，方得夫唱妇随，举案齐眉之欢。所谓君子身化，在钱

① 〔宋〕曾巩：《金华县君曾氏墓志铭》，《曾巩集》下册，第606页。
② 〔宋〕曾巩：《天长县君黄氏墓志铭》，《曾巩集》下册，第609页。
③ 〔宋〕曾巩：《列女传目录序》，《曾巩集》上册，第180页。
④ 傅宏星主编，龚琼芳校订：《读曾子固〈列女传目录序〉书后》，《钱基博集·序跋合编》，华中师范大学出版社，2014年，第331页。

基博看来，实为夫妇互相成就。一方有偏颇，而另一方无法约束，就有可能连累整个家族的兴盛。说到底，女教的成功以君子身化为关键，“这其实也是受儒学教养，欲以天下为己任的士大夫们的一种自我期许。”[①]

曾巩在馆阁校书九年，除经部书少有接触外，整理、校雠了不少史部、子部、集部的图书。有些是集体校书，多按照刘向校书故事，采取分工校勘，如《南齐书》《梁书》《陈书》，曾巩担任着主校者的角色，负责撰写书序；有些则是曾巩自主校勘，如《战国策》《说苑》《列女传》等刘向相关图书、《唐令》《礼阁新仪》等唐代典章制度史书和徐幹、鲍溶、李白、曾致尧等人诗文集等图书。这些图书在宋代散失较为严重，曾巩参考诸本，尽力补齐图书的原有篇数，从外在形式上恢复图书的完整性，为后来的校勘者提供了一个较好的底本，对这些图书的传世做出了很大的贡献。且其书序除记载图书流传的基本文献信息外，还记载着诸多曾巩对时政的议论，蕴含着丰富的政治理念。因此，曾巩校书不但具有文献学的意义，对北宋政治、学术演变等也具有较大的影响。

① 刘静贞：《宋本〈列女传〉的编校及其时代——文本、知识、性别》，邓小南主编：《唐宋女性与社会》，第34页。

附录1：曾巩校书目录序[①]

一、新序目录序

刘向所集次《新序》三十篇，目录一篇，隋唐之世尚为全书，今可见者十篇而已。臣既考正其文字，因为其序论曰：

古之治天下者，一道德，同风俗。盖九州之广，万民之众，千岁之远，其教已明，其习已成之后，所守者一道，所传者一说而已。故《诗》《书》之文，历世数十，作者非一，而其言未尝不相为终始，化之如此其至也。当是之时，异行者有诛，异言者有禁，防之又如此其备也。故二帝三王之际，及其中间尝更衰乱、而余泽未熄之时，百家众说未有能出于其间者也。及周之末世，先王之教化法度既废，余泽既熄，世之治方术者，各得其一偏。故人奋其私智，家尚其私学者，蜂起于中国，皆明其所长而昧其短，矜其所得而讳其失。天下之士各自为方而不能相通，世之人不复知夫学之有统、道之有归也。先王之遗文虽在，皆绌而不讲，况至于秦为世之所大禁哉！

汉兴，六艺皆得于断绝残脱之余，世复无明先王之道以一之者。诸儒苟见传记百家之言，皆悦而向之。故先王之道为众说之所蔽，暗而不明，郁而不发。而怪奇可喜之论，各师异见，皆自名家者，诞漫于中国。

① 本附录中所收目录序均出自陈杏珍、晁继周点校《曾巩集》卷十一至卷十二，中华书局1984年版。

一切不异于周之末世，其弊至于今尚在也。自斯以来，天下学者知折中于圣人，而能纯于道德之美者，扬雄氏而止耳。如向之徒，皆不免乎为众说之所蔽，而不知有所折中者也。孟子曰：待文王而兴者，凡民也。豪杰之士，虽无文王犹兴。汉之士岂特无明先王之道以一之者哉？亦其出于是时者，豪杰之士少，故不能特起于流俗之中、绝学之后也。

盖向之序此书，于今为最近古，虽不能无失，然远至舜禹，而次及于周秦以来，古人之嘉言善行，亦往往而在也，要在慎取之而已。故臣既惜其不可见者，而校其可见者特详焉，亦足以知臣之攻其失者，岂好辩哉？臣之所不得已也。

二、梁书目录序

《梁书》六本记、五十列传，合五十六篇，唐贞观三年诏右散骑常侍姚思廉撰。思廉者，梁史官察之子，推其父意，又颇采诸儒谢、吴等所记，以成此书。臣等既校正其文字，又集次为目录一篇，而叙之曰：

自先王之道不明，百家并起，佛最晚出，为中国之患，而在梁为尤甚，故不得而不论也。盖佛之徒，自以为吾之所得者内，而世之论佛者皆外也，故不可诎。虽然，彼恶睹圣人之内哉？

《书》曰思曰睿，睿作圣，盖思者所以致其知也。能致其知者，察三才之道，辨万物之理，小大精粗，无不尽也。此之谓穷理，知之至也。知至矣，则在我者之足贵，在彼者之不足玩，未有不能明之者也。有知之之明而不能好之，未可也，故加之诚心以好之。有好之之心而不能乐之，未可也，故加之至意以乐之。能乐之则能安之矣。如是则万物之自外至者，安能累我哉？万物之所不能累，故吾之所以尽其性也。能尽其性，则诚矣。诚者，成也，不惑也。既诚矣，必充之，使可大焉。既大矣，必推之，使可化焉。能化矣，则含智之民，肖翘之物，有待于我者，莫不由之以全其性，遂其宜，而吾之用与天地参矣。德如此其至也。而应乎外者，未尝不与人同，此吾之道所以为天下之通道也。故与之为衣冠饮食、冠婚丧祭之具，而由之以教，其为君臣父子兄弟夫妇者，莫不一出乎人情；与之同其吉凶而防其忧患者，莫不一出乎人理。故与之处而安且治之所集也，危且乱之所去也。与之处者其具如此，使之化者其德如彼，可不谓圣矣乎！既圣矣，则无思也，其至者循理而已，无为也，其动者应物而已。是以覆露乎万物，鼓舞乎群众，而未有能测之者也，可不谓神矣乎！神也者，至妙而不息者也。此圣人之内也。圣人者，道之极也。佛之说，其有以易此乎？求其有以易此者，故其所以为失也。夫得于内者，未有不可行于外也；有不可行于外者，斯不得于内矣。《易》曰：智周乎万物而道济乎天下，故不过。此圣人所以两得之也。知足以知一偏，而不足以尽万事之理；道足以为一方，而不足以适天下之用，此百家之所以两失之也。佛之失，其不以此乎？则佛之徒，自以谓得诸内者，亦可谓妄矣。

夫学史者将以明一代之得失也，臣等故因梁之事，而为著圣人之所以得及佛之所以失以传之者，使知君子之所以拒佛者，非外而有志于内者，庶不以此而易彼也。

三、列女传目录序

刘向所叙《列女传》，凡八篇，事具《汉书》向列传。而《隋书》及《崇文总目》皆称向《列女传》十五篇，曹大家注。以《颂义》考之，盖大家所注，离其七篇为十四，与《颂义》凡十五篇，而益以陈婴母及东汉以来凡十六事，非向书本然也。盖向旧书之亡久矣。嘉祐中，集贤校理苏颂始以《颂义》为篇次，复定其书为八篇，与十五篇者并藏于馆阁。而《隋书》以《颂义》为刘歆作，与向列传不合。今验《颂义》之文，盖向之自叙。又《艺文志》有向《列女传颂图》，明非歆作也。自唐之乱，古书之在者少矣，而《唐志》录《列女传》凡十六家，至大家注十五篇者，亦无录，然其书今在。则古书之或有录而亡，或无录而在者，亦众矣，非可惜哉！今校雠其八篇及其十五篇者已定，可缮写。

初，汉承秦之敝，风俗已大坏矣，而成帝后宫，赵卫之属尤自放。向以谓王政必自内始，故列古女善恶所以致兴亡者以诫天子，此向述作之大意也。其言大任之娠文王也，目不视恶色，耳不听淫声，口不出敖言。又以谓古之人胎教者皆如此。夫能正其视听言动者，此大人之事，而有道者之所畏也。顾令天下之女子能之，何其盛也！以臣所闻，盖为之师傅保姆之助，《诗》《书》图史之戒，珩璜琚瑀之节，威仪动作之度，其教之者虽有此具，然古之君子，未尝不以身化也。故《家人》之义归于反身，《二南》之业本于文王，夫岂自外至哉？世皆知文王之所以兴，能得内助，而不知所以然者，盖本于文王之躬化，故内则后妃有《关雎》之行，外则群臣有《二南》之美，与之相成。其推而及远，则商辛之昏俗，江汉之小国，兔罝之野人，莫不好善而不自知，此所谓身修故国家天下治者也。后世自学问之士，多徇于外物而不安其守，其家室既不见可法，故竞于邪侈，岂独无相成之道哉？士之苟于自恕，顾利冒耻而不知反己者，往往以家自累故也。故曰"身不行道，不行于妻子"，信哉！如此人者，非素处显也，然去《二南》之风，亦已远矣，况于南乡天下之主哉？向之所述，劝戒之意，可谓笃矣。

然向号博览群书，而此传称《诗·芣苢》《柏舟》《大车》之类，与今序《诗》者之说尤乖异，盖不可考。至于《式微》之一篇，又以谓二人之作。岂其所取者博，故不能无失欤？其言象计谋杀舜及舜所以自脱者，颇合于《孟子》。然此传或有之，而《孟子》所不道者，盖亦不足道也。凡后世诸儒之言经传者，固多如此，览者采其有补，而择其是非可也。故为之叙论以发其端云。

四、礼阁新仪目录序

《礼阁新仪》三十篇，韦公肃撰，记开元以后至元和之变礼。史馆秘阁及臣书皆三十篇，集贤院书二十篇。以参相校雠，史馆秘阁及臣书多复重，其篇少者八，集贤院书独具。然臣书有目录一篇，以考其次序，盖此书本三十篇，则集贤院书虽具，然其篇次亦乱。既正其脱谬，因定著从目录，而《礼阁新仪》三十篇复完。

夫礼者，其本在于养人之性，而其用在于言动视听之间。使人之言动视听一于礼，则安有放其邪心而穷于外物哉？不放其邪心，不穷于外物，则祸乱可息，而财用可充。其立意微，其为法远矣。故设其器，制其物，为其数，立其文，以待其有事者，皆人之起居、出入、吉凶、哀乐之具，所谓其用在乎言动视听之间者也。

然而古今之变不同，而俗之便习亦异。则法制数度，其久而不能无弊者，势固然也。故为礼者，其始莫不宜于当世，而其后多失而难遵，亦其理然也。失则必改制以求其当。故羲农以来，至于三代，礼未尝同也。后世去三代，盖千有余岁，其所遭之变，所习之便不同，固已远矣。而议者不原圣人制作之方，乃谓设其器，制其物，为其数，立其文，以待其有事，而为其起居、出入、吉凶、哀乐之具者，当一二以追先王之迹，然后礼可得而兴也。至其说之不可求，其制之不可考，或不宜于人，不合于用，则宁至于漠然而不敢为，使人之言动视听之间，荡然莫之为节，至患夫为罪者之不止，则繁于为法以御之。故法至于不胜其繁，而犯者亦至于不胜其众。岂不惑哉！

盖上世圣人，有为耒耜者，或不为宫室；为舟车者，或不为棺椁。岂其智不足为哉？以谓人之所未病者，不必改也。至于后圣有为宫室者，不以土处为不可变也；为棺椁者，不以葛沟为不可易也。岂好为相反哉？以谓人之所既病者不可因也。又至于后圣，则有设两观而更采椽之质，攻文梓而易瓦棺之素，岂不能从俭哉？以谓人情之所好者能为之节，而不能变也。由是观之，古今之变不同，而俗之便习亦异，则亦屡变其法以宜之，何必一二以追先王之迹哉？其要在于养民之性，防民之欲者，本末先后能合乎先王之意而已，此制作之方也。故瓦樽之尚而薄酒之用，大羹之先而庶羞之饱，一以为贵本，一以为亲用。则知有圣人作而为后世之礼者，必贵俎豆，而今之器用不废也；先弁冕，而今之衣服不禁也，其推之皆然。然后其所改易更革，不至乎拂天下之势，骇天下之情，而固已合乎先王之意矣。是以羲农以来，至于三代，礼未尝同，而制作之如此者，亦未尝异也。后世不推其如此，而或至于不敢为，或为之者特出于其势之不得已，故苟简而不能备，希阔而不常行，又不过用之于上，而未有加之于民者也。故其礼本在于养人之性，而其用在于言动视听之间者，历千余岁，民未尝得接于耳目，况于服习而安之者乎？至其陷于罪戾，则繁于为法以御之，其亦不仁也哉。

此书所记，虽其事已浅，然凡世之记礼者，亦皆有所本，而一时之得失具焉。昔孔子于告朔，爱其礼之存，况于一代之典籍哉？故其书不得不贵。因为之定著，以俟夫论礼者考而择焉。

五、战国策目录序

刘向所定《战国策》三十三篇，《崇文总目》称第十一篇者阙，臣访之士大夫家，始尽得其书，正其误谬而疑其不可考者，然后《战国策》三十三篇复完。叙曰：

向叙此书，言“周之先，明教化，修法度，所以大治。及其后，谋诈用，而仁义之路塞，所以大乱”。其说既美矣。卒以谓“此书战国之谋士度时君之所能行，不得不然”。则可谓惑于流俗，而不笃于自信者也。

夫孔孟之时，去周之初已数百岁，其旧法已亡，旧俗已熄久矣。二子乃独明先王之道，以谓不可改者，岂将强天下之主以后世之所不可为哉？亦将因其所遇之时、所遭之变而为当世之法，使不失乎先王之意而已。二帝三王之治，其变固殊，其法固异，而其为国家天下之意，本末先后，未尝不同也。二子之道，如是而已。盖法者所以适变也，不必尽同；道者所以立本也，不可不一，此理之不易者也。故二子者守此，岂好为异论哉？能勿苟而已矣，可谓不惑乎流俗而笃于自信者也。

战国之游士则不然，不知道之可信，而乐于说之易合，其设心注意，偷为一切之计而已。故论诈之便而讳其败，言战之善而蔽其患，其相率而为之者，莫不有利焉，而不胜其害也；有得焉，而不胜其失也。卒至苏秦、商鞅、孙膑、吴起、李斯之徒以亡其身，而诸侯及秦用之者亦灭其国，其为世之大祸明矣，而俗犹莫之悟也。惟先王之道，因时适变，为法不同，而考之无疵，用之无弊，故古之圣贤，未有以此而易彼也。

或曰：邪说之害正也，宜放而绝之，则此书之不泯其可乎？对曰：君子之禁邪说也，固将明其说于天下，使当世之人皆知其说之不可从，然后以禁，则齐；使后世之人皆知其说之不可为，然后以戒，则明，岂必灭其籍哉？放而绝之，莫善于是。是以孟子之书，有为神农之言者，有为墨子之言者，皆著而非之。至于此书之作，则上继春秋，下至楚汉之起，二百四五十年之间，载其行事，固不可得而废也。

此书有高诱注者二十一篇，或曰三十二篇，《崇文总目》存者八篇，今存者十篇云。

六、陈书目录序

《陈书》六本纪，三十列传，凡三十六篇。唐散骑常侍姚思廉撰。

始，思廉父察，梁陈之史官也，录二代之事，未就而陈亡。隋文帝见察，甚重之，每就察访梁陈故事，察因以所论载，每一篇成辄奏之，而文帝亦遣虞世基就察求其书，又未就而察死。察之将死，属思廉以继其业。唐兴，武德五年，高祖以自魏以来二百余岁，世统数更，史事放逸，乃诏论次，而思廉遂受诏为《陈书》，久之犹不就。贞观三年，遂诏论撰于秘书省，十年正月壬子始上之。

观察等之为此书，历三世，传父子，更数十岁而后乃成，盖其难如此。然及其既成，与宋、魏、齐、梁等书，世亦传之者少，故学者于其行事之迹，亦罕得而详也。而其书亦以罕传，则自秘府所藏，往往脱误，嘉祐六年八月始诏校雠，使可镂版，行之天下。而臣等言梁、陈等书缺，独馆阁所藏，恐不足以定著，愿诏京师及州县藏书之家，使悉上之。先皇帝为下其事，至七年冬稍稍始集。臣等以相校，至八年七月，《陈书》三十六篇者始校定，可传之学者。其疑者亦不敢损益，特各疏于篇末。其书旧无目录，列传名氏多缺谬，因别为目录一篇，使览者得详焉。

夫陈之为陈，盖偷为一切之计，非有先王经纪礼义风俗之美，制治之法可章示后世。然而兼权尚计，明于任使，恭俭爱人，则其始之所以兴；惑于邪臣，溺于嬖妾，忘患纵欲，则其终之所以亡。兴亡之端，莫非自己致者。至于有所因造，以为号令、威刑、职官、州郡之制，虽其事已浅，然亦各施于一时，皆学者之所不可不考也。而当时之士，争夺诈伪，苟得偷合之徒，尚不得不列以为世戒，而况于坏乱之中，仓皇之际，士之安贫乐义，取舍去就，不为患祸势利动其心者，亦不绝于其间。若此人者，可谓笃于善矣。盖古人之所思见而不可得，《风雨》之诗所为作者也，安可使之泯泯不少概见于天下哉？则陈之史其可废乎？

盖此书成之既难，其后又久不显，及宋兴已百年，古文遗事靡不毕讲，而始得盛行于天下，列于学者，其传之之难又如此，岂非遭遇固自有时也哉！

七、南齐书目录序

《南齐书》八纪，十一志，四十列传，合五十九篇，梁萧子显撰。始，江淹已为《十志》，沈约又为《齐纪》，而子显自表武帝，别为此书。臣等因校正其讹谬，而叙其篇目曰：

将以是非得失兴坏理乱之故而为法戒，则必得其所托，而后能传于久，此史之所以作也。然而所托不得其人，则或失其意，或乱其实，或析理之不通，或设辞之不善，故虽有殊功韪德非常之迹，将暗而不章，郁而不发，而梼杌嵬琐奸回凶慝之形，可幸而掩也。

尝试论之，古之所谓良史者，其明必足以周万事之理，其道必足以适天下之用，其智必足以通难知之意，其文必足以发难显之情，然后其任可得而称也。何以知其然也？昔者唐虞有神明之性，有微妙之德，使由之者不能知，知之者不能名，以为治天下之本。号令之所布，法度之所设，其言至约，其体至备，以为治天下之具，而为二典者推而明之。所记者岂独其迹也，并与其深微之意而传之，小大精粗无不尽也，本末先后无不白也。使诵其说者如出乎其时，求其旨者如即乎其人。是可不谓明足以周万事之理，道足以适天下之用，知足以通难知之意，文足以发难显之情者乎？则方是之时，岂特任政者皆天下之士哉！盖执简操笔而随者，亦皆圣人之徒也。

两汉以来，为史者去之远矣。司马迁从五帝三王既没数千载之后，秦火之余，因散绝残脱之经，以及传记百家之说，区区掇拾，以集著其善恶之迹、兴废之端，又创己意，以为本纪、世家、八书、列传之文，斯亦可谓奇矣。然而蔽害天下之圣法，是非颠倒而采摭谬乱者，亦岂少哉？是岂可不谓明不足以周万事之理，道不足以适天下之用，智不足以通难知之意，文不足以发难显之情者乎！

夫自三代以后，为史者如迁之文，亦不可不谓隽伟拔出之才、非常之士也。然顾以谓明不足以周万事之理，道不足以适天下之用，智不足以通难知之意，文不足以发难显之情者，何哉？盖圣贤之高致，迁固有不能纯达其情，而见之于后者矣，故不得而与之也。迁之得失如此，况其他邪？至于宋、齐、梁、陈、后魏、后周之书，盖无以议为也。

子显之于斯文，喜自驰骋，其更改破析刻雕藻缋之变尤多，而其文益下，岂夫材固不可以强而有邪？数世之史既然，故其事迹暧昧，虽有随世以就功名之君，相与合谋之臣，未有赫然得倾动天下之耳目，播天下之口者也。而一时偷夺倾危、悖礼反义之人，亦幸而不暴著于世，岂非所托不得其人故也？可不惜哉！盖史者所以明夫治天下之道也，故为之者亦必天下之材，然后其任可得而称也。岂可忽哉！岂可忽哉！

八、唐令目录序

《唐令》三十篇，以常员定职官之任，以府卫设师徒之备，以口分永业为授田之法，以租庸调为敛财役民之制，虽未及三代之政，然亦庶几乎先王之意矣。后世从事者多率其私见，故圣贤之道废而苟简之术用。太宗能超然远览，绌封伦而纳郑公之议，其为天下国家之意，故能及此。而当是之时，遂成太平之功。使能推其类，尽其道，则唐之治，岂难至于三代之盛哉！读其书，嘉其制度有庶几于古者，而惜其不复行也。故掇其大要可纪者，论之于此焉。

九、徐幹中论目录序

臣始见馆阁及世所有徐幹《中论》二十篇，以谓尽于此。及观《贞观政要》，怪太宗称尝见干《中论·复三年丧》篇，而今书此篇缺。因考之《魏志》，见文帝称干著《中论》二十余篇，于是知馆阁及世所有干《中论》二十篇者，非全书也。

干字伟长，北海人，生于汉魏之间。魏文帝称干“怀文抱质，恬淡寡欲，有箕山之志”。而《先贤行状》亦称干“笃行体道，不耽世荣，魏太祖特旌命之，辞疾不就，后以为上艾长，又以疾不行”。

盖汉承周衰及秦灭学之余，百氏杂家与圣人之道并传，学者罕能独观于道德之要，而不牵于俗儒之说。至于治心养性、去就语默之际，能不悖于理者，固希矣，况至于魏之浊世哉！干独能考六艺，推仲尼、孟轲之旨，述而论之。求其辞，时若有小失者；要其归，不合于道者少矣。其所得于内者，又能信而充之，逡巡浊世，有去就显晦之大节。臣始读其书，察其意而贤之。因其书以求其为人，又知其行之可贤也。惜其有补于世，而识之者少。盖迹其言行之所至，而以世俗好恶观之，彼恶足以知其意哉。顾臣之力，岂足以重其书，使学者尊而信之？因校其脱谬，而序其大略，盖所以致臣之意焉。

十、说苑目录序

刘向所序《说苑》二十篇，《崇文总目》云：“今存者五篇，余皆亡。”臣从士大夫间得之者十有三篇，与旧为十有八篇，正其脱谬，疑者缺之，而叙其篇目曰：

向采传记、百家所载行事之迹，以为此书。奏之欲以为法戒，然其所取，往往不当于理，故不得而不论也。

夫学者之于道，非知其大略之难也，知其精微之际固难矣。孔子之徒三千，其显者七十二人，皆高世之材也，然独称颜氏之子，其殆庶几乎？及回死，又以谓无好学者。而回亦称夫子曰：“仰之弥高，钻之弥坚。”子贡又以谓夫子之言性与天道，不可得而闻也。则其精微之际，固难知久矣。是以取舍不能无失于其间也，故曰“学然后知不足”，岂虚言哉！

向之学博矣，其著书及建言，尤欲有为于世，忘其枉己而为之者有矣，何其徇物者多而自为者少也。盖古之圣贤非不欲有为也，然而曰求之有道，得之有命。故孔子所至之邦，必闻其政，而子贡以谓非夫子之求之也，岂不求之有道哉？子曰：“道之将行也与，命也；道之将废也与，命也。”岂不得之有命哉？令向之出此，安于行止，以彼其志，能择其所学，以尽乎精微，则其所至未可量也。是以孔子称古之学者为己，孟子称君子欲其自得之，自得之则取之，左右逢其原，岂汲汲于外哉？向之得失如此，亦学者之戒也。故见之叙论，令读其书者，知考而择之也。然向数困于谗而不改其操，与夫患失之者异矣，可谓有志者也。

十一、鲍溶诗集目录序

《鲍溶诗集》六卷，史馆书旧题云《鲍防集》五卷，《崇文总目》叙别集亦然。知制诰宋敏求为臣言，此集诗见《文粹》《唐诗类选》者，皆称鲍溶作。又防之《杂感》诗最显，而此集无之，知此诗非防作也。臣以《文粹》《类选》及防《杂感》诗考之，敏求言皆是。又得参知政事欧阳修所藏《鲍溶集》，与此集同，然后知为溶集决也。史馆书五卷，总二百篇。欧阳氏书无卷第，才百余篇。然其三十三篇，史馆书所无，今别为一卷，附于后，而总题曰《鲍溶诗集》六卷。

盖自先王之泽熄而诗亡，晚周以来，作者嗜文辞，抒情思而已，然亦往往有可采者。溶诗尤清约谨严，而违理者少，亦近世之能言者也。故既正其误谬，又著其大旨以传焉。臣巩谨序。

十二、李白诗集后序

《李白诗集》二十卷，旧七百七十六篇，今千有一篇，杂著六十篇者，知制诰常山宋敏求字次道之所广也。次道既以类广白诗，自为序，而未考次其作之先后。余得其书，乃考其先后而次第之。

盖白蜀郡人，初隐岷山，出居襄汉之间，南游江淮，至楚观云梦。云梦许氏者，高宗时宰相圉师之家也，以女妻白，因留云梦者三年。去，之齐鲁，居徂徕山竹溪，入吴，至长安，明皇闻其名，召见以为翰林供奉，顷之不合去。北抵赵、魏、燕、晋，西涉岐邠，历商於，至洛阳，游梁最久。复之齐、鲁，南浮淮、泗，再入吴，转徙金陵，上秋浦浔阳。天宝十四载，安禄山反，明年明皇在蜀，永王璘节度东南，白时卧庐山，璘迫致之。璘军败丹阳，白奔亡至宿松，坐系浔阳狱。宣抚大使崔涣与御史中丞宋若思验治白，以为罪薄宜贯，而若思军赴河南，遂释白囚，使谋其军事，上书肃宗，荐白材可用，不报。是时白年五十有七矣。乾元元年，终以污璘事长流夜郎，遂泛洞庭，上峡江，至巫山，以赦得释。憩岳阳、江夏，久之复如浔阳，过金陵，徘徊于历阳、宣城二郡。其族人阳冰为当涂令，白过之，以病卒，年六十有四，是时宝应元年也。其始终所更涉如此，此白之诗书所自叙可考者也。

范传正为白墓志，称白“偶乘扁舟，一日千里，或遇胜景，终年不移”，则见于白之自叙者，盖亦其略也。《旧史》称白山东人，为翰林待诏，又称永王璘节度扬州，白在宣城谒见，遂辟为从事。而《新书》又称白流夜郎，还浔阳，坐事下狱，宋若思释之者，皆不合于白之自叙。盖史误也。

白之诗连类引义，虽中于法度者寡，然其辞闳肆隽伟，殆骚人所不及，近世所未有也。《旧史》称白有逸才，志气宏放，飘然有超世之心，余以为实录。而《新书》不著其语，故录之，使览者得详焉。

十三、先大夫集后序

公所为书，号《仙凫羽翼》者三十卷，《西陲要纪》者十卷，《清边前要》五十卷，《广中台志》八十卷，《为臣要纪》三卷，《四声韵》五卷，总一百七十八卷，皆刊行于世。今类次诗赋书奏一百二十三篇，又自为十卷，藏于家。方五代之际，儒学既摈焉，后生小子，治术业于闾巷，文多浅近。是时公虽少，所学已皆知治乱得失兴坏之理，其为文闳深隽美，而长于讽喻，今类次乐府已下是也。

宋既平天下，公始出仕。当此之时，太祖、太宗已纲纪大法矣，公于是勇言当世之得失。其在朝廷，疾当事者不忠，故凡言天下之要，必本天子忧怜百姓、劳心万事之意，而推大臣从官执事之人，观望怀奸，不称天子属任之心，故治久未洽，至其难言，则人有所不敢言者。虽屡不合而出，其所言益切，不以利害祸福动其意也。

始公尤见奇于太宗，自光禄寺丞、越州监酒税召见，以为直史馆，遂为两浙转运使。未久而真宗即位，益以材见知。初试以知制诰，及西兵起，又以为自陕以西经略判官。而公常激切论大臣，当时皆不悦，故不果用。然真宗终感其言，故为泉州，未尽一岁，拜苏州，五日，又为扬州。将复召之也，而公于是时又上书，语斥大臣尤切，故卒以龃龉终。

公之言，其大者，以自唐之衰，民穷久矣，海内既集，天子方修法度，而用事者尚多烦碎，治财利之臣又益急，公独以谓宜遵简易、罢管榷，以与民休息，塞天下望。祥符初，四方争言符应，天子因之，遂用事泰山，祠汾阴，而道家之说亦滋甚，自京师至四方，皆大治宫观。公益诤，以谓天命不可专任，宜绌奸臣，修人事，反复至数百千言。呜呼！公之尽忠，天子之受尽言，何必古人。此非传之所谓主圣臣直者乎？何其盛也！何其盛也！

公在两浙，奏罢苛税二百三十余条。在京西，又与三司争论，免民租，释逋负之在民者，盖公之所试如此。所试者大，其庶几矣。公所尝言甚众，其在上前及书亡者，盖不得而集。其或从或否，而后常可思者，与历官行事，庐陵欧阳公已铭公之碑特详焉，此故不论，论其不尽载者。

公卒以龃龉终，其功行或不得在史氏记，藉令记之，当时好公者少，史其果可信欤？后有君子欲推而考之，读公之碑与其书，及余小子之序其意者，具见其表里，其于虚实之论可核矣。

公卒乃赠谏议大夫。姓曾氏，讳某，南丰人。序其书者，公之孙巩也。至和元年十二月二日谨序。

附录 2：曾巩文献学研究论著

（按姓氏拼音顺序排序）

1. 车易嬴：《曾巩书序研究》，上海交通大学硕士论文，2019 年。

2. 葛怀东：《曾巩整理古籍的活动与影响》，《中国典籍与文化》，1999 年第 3 期。

3. 葛怀东：《曾巩在校雠史上的贡献》，《常熟高专学报》，1999 年第 3 期。

4. 黄毓任：《取法经典儒雅深醇——曾巩〈战国策目录序〉析论》，《名作欣赏》，2005 年第 12 期。

5. 简彦姈：《曾巩馆阁期散文研究》，台湾中国文化大学硕士论文，2006 年。

6. 李相文：《北宋文学家曾巩对古籍整理及其贡献考证》，《兰台世界》，2015 年 6 月上旬第 16 期。

7. 李昭英：《曾巩序跋文研究》，台湾师范大学博士论文，2012 年。

8. 孙钦善：《中国古文献学史简编》第五章第二节《欧阳修曾巩》，北京大学出版社，2008 年。

9. 魏耕原：《曾巩书序考论》，《陕西师范大学学报》（哲学社会科学版），1998 年 9 月第 27 卷第 3 期。

10. 鄢志明：《曾巩书序文之研究》，台湾东吴大学硕士论文，2010 年。

11. 杨朗：《“不合时宜”的读者——曾巩〈新序目录序〉》，《文史知识》，2016年第8期。

12. 喻进芳、常毓晗：《曾巩藏书考论》，《兰台世界》，2015年10月。

13. 喻进芳：《论曾巩的编辑理念及其现实意义》，《江汉大学学报》(社会科学版)，2014年第3期。

14. 喻进芳：《曾巩〈金石录〉编撰思想述略》，《江汉大学学报》(社会科学版)，2016年第1期。

15. 喻进芳、常毓晗：《曾巩校勘学论略》，《图书馆工作与研究》，2016年第9期。

16. 周晓音：《试论曾巩的目录序》，《浙江师范大学学报》，1989年第4期。

主要征引文献

（按朝代排序，同一朝代按姓氏拼音顺序排序）

一、曾巩著述

1.〔宋〕曾巩撰，陈杏珍、晁继周点校：《曾巩集》，中华书局，1984 年。

2.〔宋〕曾巩撰，王瑞来校证：《隆平集校证》，中华书局，2012 年。

二、古代学者著作

1.〔汉〕班固著，〔唐〕颜师古注：《汉书》，中华书局，1962 年。

2.〔汉〕高诱注：《吕氏春秋》，上海古籍出版社，2014 年。

3.〔汉〕刘向整理，贺伟、侯仰军点校：《战国策》，山东人民出版社，2005 年。

4.〔汉〕刘向撰，〔汉〕班昭增补：《古列女传》，中华书局，1985 年据文选楼丛书影印本。

5.〔汉〕司马迁：《史记》，中华书局，1959 年。

6.〔汉〕徐幹撰，龚祖培校点：《中论》，辽宁教育出版社，2001 年。

7.〔汉〕郑玄笺，〔唐〕孔颖达等正义：《毛诗正义》，上海古籍出版社，1990 年。

8.〔晋〕陈寿撰，〔南朝宋〕裴松之注：《三国志》，中华书局，2011 年。

9.〔晋〕郭璞注，〔清〕郝懿行笺疏，沈海波校点：《山海经》，上海古籍出版社，2015 年。

10.〔南朝宋〕范晔:《后汉书》，中华书局，1965 年。

11.〔南朝梁〕沈约等:《宋书》，中华书局，1974 年。

12.〔南朝梁〕萧统编，海荣等标校:《文选》，上海古籍出版社，1998 年。

13.〔南朝梁〕萧子显:《南齐书》，中华书局，1972 年。

14.〔北齐〕颜之推撰，贾二强校点:《颜氏家训》，辽宁教育出版社，2001 年。

15.〔后晋〕刘昫等:《旧唐书》，中华书局，1975 年。

16.〔唐〕孔颖达疏，龚抗云整理，王文锦审定，李学勤主编:《十三经注疏》(点校本)，北京大学出版社，1999 年。

17.〔唐〕房玄龄等撰:《晋书》，中华书局，1974 年。

18.〔唐〕韩愈著，钱仲联、马茂元校点:《韩愈全集》，上海古籍出版社，1997 年。

19.〔唐〕刘知几著，〔清〕浦起龙通释、王煦华整理:《史通通释》，上海古籍出版社，2009 年。

20.〔唐〕魏征等:《隋书》，中华书局，1973 年。

21.〔唐〕徐坚等著，董治安主编:《唐代四大类书》，清华大学出版社，2003 年。

22.〔唐〕姚思廉撰:《梁书》，中华书局，1973 年。

23.〔五代〕王定保:《唐摭言》，上海古籍出版社，2012 年。

24.〔宋〕晁公武:《昭德先生郡斋读书志》，《四部丛刊》三编，影印宋淳祐袁州本。

25.〔宋〕陈襄:《陈襄文化文集》，福建省纪念陈襄暨陈氏首届源流研讨会筹委会刊，2000 年。

26.〔宋〕陈振孙撰、徐小蛮、顾美华点校:《直斋书录解题》，上海古籍出版社，2015 年。

27.〔宋〕陈直原著，〔元〕邹铉增补，叶子、张志斌、张心悦校点：《寿亲养老新书》，福建科学技术出版社，2013 年。

28.〔宋〕范仲淹著，李勇先、王蓉贵校点：《范仲淹全集》，四川大学出版社，2002 年。

29.〔宋〕高似孙：《高似孙集》，浙江古籍出版社，2015 年。

30.〔宋〕洪迈：《容斋随笔》，《唐宋史料笔记丛刊》，中华书局，2005 年。

31.〔宋〕黄坚选编，熊礼汇校：《详说古文真宝大全》，湖南人民出版社，2007 年。

32.〔宋〕黄裳：《演山集》，《四库全书珍本初集》。

33.〔宋〕黄庭坚著，〔宋〕任渊、史容、史季温注，黄宝华点校：《山谷诗集注》，上海古籍出版社，2003 年。

34.〔宋〕胡宿：《文恭集》，《丛书集成初编》，商务印书馆，1935 年。

35.〔宋〕胡寅：《斐然集》，岳麓书社，2009 年。

36.〔宋〕江少虞：《宋朝事实类苑》，上海古籍出版社，1981 年。

37.〔宋〕李传道：《谥文节公告议》，辛更儒笺校：《杨万里集笺校》附录，中华书局，2007 年。

38.〔宋〕李昉等：《太平御览》，中华书局，1960 年。

39.〔宋〕黎靖德编，王星贤点校：《朱子语类》，中华书局，1986 年。

40.〔宋〕李焘：《续资治通鉴长编》，中华书局，1995 年。

41.〔宋〕李焘：《跋遂初堂书目》，《中华大典》，广西师范大学出版社，2015 年。

42.〔宋〕梁克家纂修：《淳熙三山志》，《宋元方志丛刊》，中华书局，影印明崇祯十一年版刻本，1989 年。

43.〔宋〕林亿等校：《重订唐王焘先生外台秘要方》，人民卫生出版社，

1982年。

44.〔宋〕林駉:《古今源流至论》,上海古籍出版社,1992年。

45.〔宋〕刘安世:《尽言集》,《丛书集成初编》,中华书局,1985年。

46.〔宋〕刘宰撰,王勇、李金坤校证:《京口耆旧传校证》,江苏大学出版社,2016年。

47.〔宋〕刘挚:《忠肃集》卷八,《丛书集成初编》,中华书局,1985年。

48.〔宋〕陆游:《老学庵笔记》,《宋元笔记小说大观》,上海古籍出版社,2001年。

49.〔宋〕陆游:《陆游集》,中华书局,1976年。

50.〔宋〕梅尧臣著,朱东润校:《梅尧臣集编年校注》,上海古籍出版社,2006年。

51.〔宋〕欧阳修著,李逸安点校:《欧阳修全集》,中华书局,2001年。

52.〔宋〕欧阳修等:《新唐书》,中华书局,1975年。

53.〔宋〕钱惟演:《钱惟演集》,浙江古籍出版社,2014年。

54.〔宋〕沈括注,施适校点:《梦溪笔谈》,上海古籍出版社,2015年。

55.〔宋〕宋敏求:《春明退朝录》上海古籍出版社,2012年。

56.〔宋〕司马光:《温公家范》,天津古籍出版社,1995年。

57.〔宋〕司马光:《资治通鉴》,中华书局,1956年。

58.〔宋〕苏轼著,孔凡礼点校:《苏轼文集》,中华书局,1986年。

59.〔宋〕苏洵著,曾枣庄、金成礼笺注:《嘉祐集笺注》,上海古籍出版社,1993年。

60.〔宋〕苏洵著,张玉霞编:《苏洵全集》,时代文艺出版社,2001年。

61.〔宋〕苏辙:《栾城集》,上海古籍出版社,2009年。

62.〔宋〕孙觌:《鸿庆居士集》,《四库全书珍本初集》。

63.〔宋〕王安石著,唐武标校:《王文公文集》,上海人民出版社,1974年。

64.〔宋〕王辟之:《渑水燕谈录》,《唐宋史料笔记丛刊》，中华书局，1981年。

65.〔宋〕王溥:《五代会要》，上海古籍出版社，2006年。

66.〔宋〕王明清:《挥麈录》，上海书店出版社，2001年。

67.〔宋〕王象之著，赵一生点校:《舆地纪胜》，浙江古籍出版社，2012年。

68.〔宋〕王尧臣等编次，钱东垣等辑释:《崇文总目》,《丛书集成初编》，商务印书馆，1937年。

69.〔宋〕王应麟:《玉海》，广陵书社，2016年。

70.〔宋〕王铚:《默记》,《宋元笔记小说大观》，上海古籍出版社，2001年。

71.〔宋〕魏了翁:《遂初堂书目跋》，王余光主编:《藏书四记》，湖北辞书出版社，1998年。

72.〔宋〕谢维新:《古今合璧事类备要》,《四库全书珍本初集》。

73.〔宋〕徐度:《却扫编宾却录》，上海古籍出版社，2012年。

74.〔宋〕薛居正等:《旧五代史》，中华书局，1976年。

75.〔宋〕杨仲良撰，李之亮校点:《皇宋通鉴长编纪事本末》，黑龙江人民出版社，2006年。

76.〔宋〕杨万里著，辛更儒笺校:《杨万里集笺校》，中华书局，2007年。

77.〔宋〕叶绍翁:《四朝闻见录》,《唐宋史料笔记丛刊》，中华书局，1989年。

78.〔宋〕佚名著，潘运告主编，桂第子译注:《宣和书谱》，湖南美术出版社，1999年。

79.〔宋〕佚名著:《宋大诏令集》，中华书局，1962年。

80.〔宋〕撰人不详:《儒林公议》,《丛书集成初编》，中华书局，

1985 年。

81.〔宋〕袁燮:《絜斋集》,商务印书馆,1985 年。

82.〔宋〕张方平:《乐全集》,《景印文渊阁四库全书》,台湾商务印书馆,1986 年。

83.〔宋〕赵明诚撰,金文明校证:《金石录校证》,广西师范大学出版社,2005 年。

84.〔宋〕赵汝愚编:《宋朝诸臣奏议》,上海古籍出版社,1999 年。

85.〔宋〕郑樵撰,王树民点校:《艺文略》,《通志二十略》,中华书局,1995 年。

86.〔宋〕郑獬:《郧溪集》,《宋集珍本丛刊》,线装书局,2004 年。

87.〔宋〕周必大:《〈大唐开元礼〉序》,转引自〔清〕张金吾撰,柳向春整理,吴格审定:《爱日精庐藏书志》上,上海古籍出版社,2014 年。

88.〔宋〕周必大:《文忠集》,《景印文渊阁四库全书》,台湾商务印书馆,1986 年。

89.〔宋〕周密:《齐东野语》,《唐宋史料笔记丛刊》,中华书局,1983 年。

90.〔元〕马瑞临:《文献通考》,中华书局,1986 年影印本。

91.〔元〕吴师道:《战国策校注》,《丛书集成初编》,中华书局,1991 年。

92.〔元〕袁桷:《延祐四朋志》,成文出版社有限公司,1983 年。

93.〔元〕脱脱等:《宋史》,中华书局,1977 年。

94.〔元〕刘埙:《隐居通议》,中华书局,1985 年。

95.〔明〕焦竑:《国史经籍志》,中华书局,1985 年。

96.〔明〕杨慎著,杨文生校笺:《杨慎诗话校笺》,四川人民出版社,1990 年。

97.《大清高宗纯皇帝圣训》,清嘉庆十二年版武英殿刻本。

98.〔清〕毕沅：《续资治通鉴》，大众文艺出版社，1998 年。

99.〔清〕陈宏谋辑：《五种遗规》，线装书局，2015 年。

100.〔清〕何焯：《义门读书记》，中华书局，1987 年。

101.〔清〕黄以周等辑注，顾吉辰点校：《续资治通鉴长编拾补》，中华书局，2004 年。

102.〔清〕纪昀等：《四库全书总目》，中华书局，1965 年。

103.〔清〕潘德舆：《养一斋诗话》，清道光十六年版刻本。

104.〔清〕孙星衍等辑，周天游点校：《汉官文种》，中华书局，1990 年。

105.〔清〕孙星衍撰，黄冕点校：《孙氏〈周易〉集解》，中华书局，2018 年。

106.〔清〕谭献：《复堂日记》，河北教育出版社，2001 年。

107.〔清〕徐松辑：《宋会要辑稿》，中华书局，1957 年。

108.〔清〕阮元校刻《十三经注疏》本，中华书局，1982 年影印本。

109.〔清〕王夫之：《船山遗书》，中国书店，2016 年。

110.〔清〕王琦注：《李太白全集》，中华书局，1977 年。

111.〔清〕严可均辑：《全上古三代秦汉三国六朝文》，河北教育出版社，1997 年。

112.〔清〕姚鼐编：《古文辞类纂评注》，安徽教育出版社，1995 年。

113.〔清〕张金吾撰，柳向春整理，吴格审定：《爱日精庐藏书志》，上海古籍出版社，2014 年。

114.〔清〕张金吾：《爱日精庐文稿》，凤凰出版社，2015 年。

115.〔清〕章学诚著，叶瑛校注：《校雠通义校证》，中华书局，2014 年。

116.〔清〕章学诚撰、叶瑛校注：《文史通义校注》，中华书局，2014 年。

117.〔清〕赵翼著，王树民校注：《廿二史札记校注》，中华书局，1984 年。

118.〔清〕庄仲方辑：《南宋文范》，吉林人民出版社，1998 年。

119.〔清〕曾国藩:《经史百家杂钞》，岳麓书社，2015 年。

三、现代学者论著

1. 陈柏泉:《江西出土墓志选编》，江西教育出版社，1991 年。

2. 陈寅恪:《金明馆丛稿二编》，生活·读书·新知三联书店，2015 年。

3. 陈智超编注:《陈垣史源学杂文》，生活·读书·新知三联书店，2007 年。

4. 邓骏捷:《刘向校书考论》，人民出版社，2012 年。

5. 邓小南主编:《唐宋女性与社会》，上海辞书出版社，2003 年。

6. 邓之诚:《中华二千年史》，东方出版社，2013 年。

7. 范凤书:《中国私家藏书史》，武汉大学出版社，2013 年。

8. 傅宏星主编，龚琼芳校订:《钱基博集序跋合编》，华中师范大学出版社，2014 年。

9. 傅增湘:《藏园群书题记》，上海古籍出版社，1989 年。

10. 高海夫主编:《唐宋八大家文钞校注集评》，三秦出版社，1998 年。

11. 管锡华:《汉语古籍校勘学》，巴蜀书社，2003 年。

12. 郭伯南、刘福元:《中国史话》，上海古籍出版社，2016 年。

13. 胡朴安、胡道静:《校雠学》，岳麓书社，2013 年。

14. 姜伯勤:《敦煌艺术宗教与礼乐文明》，中国社会科学出版社，1996 年。

15. 李更:《宋代馆阁校勘研究》，凤凰出版社，2006 年。

16. 李舜臣、欧阳江琳编:《历代制举史料汇编》，武汉大学出版社，2009 年。

17. 李玉生:《唐令与中华法系研究》，南京师范大学出版社，2005 年。

18. 李震:《曾巩资料汇编》，中华书局，2009 年。

19. 林明星:《史海摭零：史实和传统文化》，海风出版社，2009 年。

20. 柳诒徵：《中国文化史》，东方出版中心，1988 年。

21. 罗伽禄：《曾巩家族》，江西人民出版社，2019 年。

22. 潘美月：《宋代藏书家考》，台北学海出版社，1980 年。

23. 齐思和：《中国史探研》，河北教育出版社，2000 年。

24. 钱基博：《中国文学史》，东方出版中心，2008 年。

25. 宋友贤：《曾巩传》，广东高等教育出版社，2000 年。

26. 苏勇强：《北宋书籍刊刻与古文运动》，浙江大学出版社，2010 年。

27. 唐长孺著：《山居存稿》，武汉大学出版社，2013 年。

28. 王红霞：《宋代李白接受史》，上海古籍出版社，2010 年。

29. 王琦珍：《曾巩评传》，江西高校出版社，1990 年。

30. 王余光主编：《藏书四记》，湖北辞书出版社，1998 年。

31. 王泽应、唐凯麟：《宋元卷》，《中华民族道德生活史》，东方出版中心，2015 年。

32. 夏承焘：《二晏年谱》，《唐宋词人年谱》，商务印书馆，2013 年。

33. 夏汉宁、黎清、刘双琴著：《宋代江西文学家考录》，中山大学出版社，2011 年。

34. 许怀林：《江西史稿》，江西高校出版社，1993 年。

35. 徐梓，王雪梅编：《蒙学歌诗》，山西教育出版社，1991 年。

36. 杨伯峻编著，兰州大学中文系《孟子译注》小组修订：《孟子译注》，中华书局，1962 年。

37. 杨伯峻译注：《论语译注》，中华书局，1980 年。

38. 姚名达：《中国目录学史》，上海书店据商务印刷馆 1934 年版影印本。

39. 杨渭生：《宋代文化新观察》，河北大学出版社，2008 年。

40. 叶德辉：《书林清话》，上海古籍出版社，2012 年。

41. 余嘉锡：《古书通例》，上海古籍出版社，1985 年。

42. 余嘉锡:《目录学发微》,岳麓书社,2010 年。

43. 曾祥旭:《西汉后期的文学和儒学》,河南大学出版社,2016 年。

44. 曾枣庄主编:《宋代序跋全编》,齐鲁书社,2015 年。

45. 曾枣庄、刘琳主编:《全宋文》,上海辞书出版社、安徽教育出版社,2006 年。

46. 张富祥:《宋代文献学研究》,上海古籍出版社,2006 年。

47. 张保见:《乐史〈太平寰宇记〉的文献学价值与地位研究——以引书考索为中心》,四川大学出版社,2016 年。

48. 张京华:《湘妃考》,湖南人民出版社,2011 年。

49. 张三夕主编:《中国古典文献学》(第三版),华中师范大学出版社,2018 年。

50. 张舜徽:《广校雠略》,上海古籍出版社,2013 年。

51. 张舜徽:《汉书艺文志通释》,华中师范大学出版社,2004 年。

52. 张正男:《〈战国策〉初探》,台湾商务印刷馆,1984 年。

53. 赵晶:《〈天圣令〉与唐宋法制考论》,上海古籍出版社,2020 年。

54. 赵铁寒主编:“宋史资料萃编”,文海出版社,1980 年。

55. 周少川:《藏书与文化:古代私家藏书文化研究》,北京师范大学出版社,1999 年。

56. 周勋初主编,葛渭君、周子来、王华宝编:《宋人轶事汇编》,上海古籍出版社,2015 年。

57.《中华大典》工作委员会、《中华大典》编纂委员会编纂:《中华大典》,广西师范大学出版社,2015 年。

58. 朱易安、傅旋琮等主编:《全宋笔记》,大象出版社,2008 年。

59. [日] 井上进著,李俄宪译:《中国出版文化史》,华中师范大学出版社,2015 年。

四、期刊、硕博论文

1. 成明明:《北宋馆阁文人的物质生活与精神生活论略》,《西北大学学报》(哲学社会科学版),2007年第6期。

2. 陈晓强、陈小芒:《江西书院文化谈》,《西南民族大学学报》(人文社科版),2004年第11期。

3. 戴建国:《天一阁藏明抄本〈官品令〉考》,《历史研究》,1999年第3期。

4. 邓广铭:《谈谈有关宋史研究的几个问题》,《社会科学战线》,1986年第2期。

5. 冯志弘:《北宋"江西文风"与古文运动关系研究——兼论南丰曾氏、临川王氏之士族家风》,《江西师范大学学报》(哲学社会科学版),2008年第5期。

6. 葛渭君、周子来、王华宝编:《宋人轶事汇编》,上海古籍出版社,2015年。

7. 龚延明:《宋代崇文院双重职能探析——以三馆秘阁官实职、贴职为中心》,《北京大学学报》(哲学社会科学版),2016年第4期。

8. 韩杰:《南朝四代史撰修考说》,云南大学历史系编《史学论丛》第7辑,云南大学出版社,1999年。

9. 韩丽华:《圣贤教育拯救危机——〈群书治要〉的圣贤教育思想与民族复兴中国梦》,《江南大学学报》(人文社会科学版),2014年第4期。

10. 韩毅:《宋代僧人与儒学研究》,河北大学博士论文,2004年。

11. 贺圣迪:《班固对医学文化的贡献》,《中医药文化》,2006年第3期。

12. 李昌宪:《宋代文官贴职制度》,《文史》,1988年第30辑。

13. 李更:《北宋馆阁校书之人员构成及其政治文化内涵》,《江西社会科学》,2004年第7期。

14. 廖应生、周世泉:《北宋南丰曾氏考》,《抚州师专学报》,2002年第

3期。

15. 刘琳霞:《刘向〈说苑〉考论》,河南大学硕士论文,2006年。

16. 鲁明、胡珂:《北宋校刻南北朝七史事发微》,《中华文史论丛》,2018年第2期。

17. 路保安、杨雅君、马明霞:《北宋馆阁搜求校勘典籍文献述略》,《兰台世界》(下半月),2010年第1期。

18. 潘超:《日本宫内厅书陵部藏〈陈书〉写本校读》,《古籍整理研究学刊》,2019年第1期。

19. 汝企和:《北宋中后期官府校勘述论》,《中国史研究》,2000年第1期。

20. 汝企和:《论两宋馆阁之校勘史书》,《史学史研究》,2001年第3期。

21. 汝企和:《宋代馆阁之校勘经部书》,《中国文化研究》,2003年第1期。

22. 汤江若:《曾巩之祖父曾致尧考略——曾巩及其主要亲属行实考略之一》,《华中师范大学学报》(人文社会科学版),2003年第1期

23. 王晓薇:《从庆历新政到熙宁变法——两次变法之间的北宋政治研究》,河北大学硕士论文,2001年。

24. 王永波:《李白诗在宋代的编集与刊刻》,中国李白研究会主编《中国李白研究》,黄山书社,2014年。

25. 王曾瑜:《从门第到有无出身》,《燕京学报》,2007年第22期。

26. 吴丽娱:《皇帝"私"礼与国家公制:"开元后礼"的分期及流变》,《中国社会科学》,2014年第4期。

27. 肖鲁阳:《北宋官书整理事业的特点》,《上海师范学院学报》,1982年第1期。

28. 于广杰:《曾巩"尊孟"思想及诗学意义》,《河北大学学报》(哲学社会科学版),2015年第3期。

29. 喻进芳、常毓晗：《曾巩藏书考论》,《兰台世界》，2015 年 10 月上旬。

30. 詹锳：《李太白集版本叙录》,《李白诗论丛》，人民文学出版社，1984 年。

31. 郑杰文：《〈战国策〉在北宋时期的整理和流传》,《山东大学学报》（哲学社会科学版），2000 年第 1 期。

32. 祖慧：《宋代科举唱名赐第与期集仪制》，浙江大学古籍研究所编：《礼学与中国传统文化》，中华书局，2006 年。

后 记

这本小书考察的是“唐宋八大家”中最为低调的曾巩最为低调的校书事业。然而，资料有限，可资借鉴者有限，写作时间也有限；且我二人又非曾巩的专门研究者，一年多之内完成一部《曾巩校书考》，难度确实颇高。故而，本书不仅是曾巩校书问题的草创之作，也是名副其实的“急就章”。错漏之处，当不在少数，敬请方家赐教。

2018 年 4 月，接到江西高校出版社为迎接曾巩诞辰 1000 周年而策划的“曾巩研究书系”丛书之《曾巩校书考》的写作任务。一年多来，诚惶诚恐。因为这是一个全新的题目，前人研究者无多。与此同时，曾巩历来被认为是一位文学家，其校书活动及其校书所成之目录序很难进入文学研究者的视域。曾巩又很难被称为文献学家或校勘学家，因为宋代编纂、辨伪、辑佚成果丰富，然这些成果中并无曾巩的身影；宋代出现了校勘理论的论著，出现了郑樵、彭淑夏、朱熹等校勘学家，有相关的校勘理论或校勘成果传世，这其中又无曾巩之作。曾巩或许是藏书家和金石学家，他藏书至二万卷之多，著有《金石录》，但可惜的是其藏书和《金石录》皆亡佚，仅留下十四首《金石录跋尾》，不知其是否撰有藏书目录，对图书分类是否有创建，更难以概见其金石学的全貌。所以，文献学论著中也较少关注曾巩。

有确切文献记载的曾巩馆阁校书有九年之久，但馆阁校书是馆阁这一特殊育才机构的基本工作，宋代著名官员，如范仲淹、司马光、欧阳修、苏颂、沈括、黄庭坚等人大多都有其经历，曾巩似乎又算不得特殊。唯一区别于众人的是，曾巩在馆阁校书时效仿刘向校书故事，每校毕一书，必撰写书序上奏天子。其中十多篇书序被收录到《元丰类稿》中保存了下来，使得我们得以窥见北宋馆阁校书的具体流程和曾巩校书的得失。基于此，此书就有了撰写的必要条件和可能。

此书能够出版面世，有赖于江西高校出版社诸位领导的重视，重点图书工程办公室毛静主任及多位编辑老师的辛苦工作，更要感谢主编闵定庆教授的信任与鼓励。遗憾的是，本书写作的时间较短，许多问题尚未来得及进行深入思考，某些观点也需细细斟酌。这些遗憾与不足，只能留待读者批评，以待日后修订。

闫真真　邓骏捷

2019 年 6 月